Gisela Steins

IDENTITÄTSENTWICKLUNG

WIE MÄDCHEN ZU FRAUEN WERDEN – UND JUNGEN ZU MÄNNERN

3. überarbeitete Auflage

PABST SCIENCE PUBLISHERS
Lengerich, Berlin, Bremen, Miami
Riga, Viernheim, Wien, Zagreb

Bibliografische Information Der Deutschen Bibliothek
Die Deutsche Bibliothek verzeichnet diese Publikation in der Deutschen Nationalbibliografie; detaillierte bibliografische Daten sind im Internet unter <http://dnb.ddb.de> abrufbar.

Anschrift der Autorin:
Prof. Dr. Gisela Steins
Universität Duisburg-Essen
FB Bildungswissenschaften
Abteilung Psychologie
Allgemeine Psychologie und Sozialpsychologie
D-45117 Essen
E-mail: gisela.steins@uni-due.de

© 2008 Pabst Science Publishers, D-49525 Lengerich

3. überarbeitete Auflage

Konvertierung: Linda Aarne
Druck: Digital Druck AG, D-96158 Frensdorf

ISBN 978-3-89967-498-9

Dieses Buch ist meinen Kindern gewidmet,
Anna Francesca, Ella Luisa, Emily Maria und *Bruno Nick*.

DANKSAGUNG

Ich möchte ganz herzlich allen Studierenden der Vorlesung „Psychologie der Geschlechter" danken für ihr ermutigendes Interesse und ihre kritischen und konstruktiven Anmerkungen. Vielen Dank!

Essen, 2008 *Gisela Steins*

VORWORT ZUR 3. AUFLAGE

Die Unterschiede zwischen Frauen und Männern sind prinzipiell klein und nicht bedeutsam. Die Unterschiede innerhalb der Gruppe der Frauen und Männer sind weitaus gravierender und interessanter. Dennoch halten sich hartnäckig Mythen von weiblichen und männlichen Eigenheiten. Wenn wir das Verhalten von Männern und Frauen beobachten kommen wir tatsächlich zu bestimmten Differenzen, allerdings: Sagen diese etwas über die Psyche des Mannes oder der Frau aus? Wohl kaum, aber viel über die Konventionen, denen die Geschlechter im Laufe ihres Sozialisationsprozesses angepasst werden.

Dieses Buch beschäftigt sich mit der geschlechtsspezifischen Identitätsentwicklung im Rahmen der generellen Identitätsentwicklung. Es beruht auf einer Vorlesung, die das erste Mal 1997 gehalten wurde: Für Studierende der Psychologie. Die Vorlesung gehört mittlerweile zum Standardrepertoire des erziehungswissenschaftlichen Studiums, auch für Studierende des Lehramtes, denn es hat sich gezeigt, dass die Beschäftigung mit diesem Thema besonders für die Berufsgruppen relevant ist, die in den Sozialisationsprozess junger Menschen eingreifen. Sie sollten dies erst dann tun, wenn Sie Ihre verhaltenswirksamen Meinungen sorgfältig geprüft haben. Wie wir zu der Geschlechterfrage stehen ist eine verhaltenswirksame und relevante Meinung. Sie entscheidet darüber, welche Chancen wir Mädchen und Jungen geben und damit letztendlich dem einzelnen Individuum.

Diese 3. Auflage wurde um neuere Forschung, einige Abbildungen und Tabellen erweitert. Ich hoffe, sie regt dazu an, unsere gesellschaftlichen Konventionen immer auf ein Neues kritisch zu überprüfen und das eigene Verhalten danach auszurichten.

Essen, 2008   *Gisela Steins*

INHALT

10

11

12

EINFÜHRUNG

„Es muß nochmals darauf hingewiesen werden, dass es in der menschlichen Gesellschaft nichts Natürliches gibt..."

(Simone de Beauvoir, *Das andere Geschlecht*, S. 675, 1951)

„Meine Damen, wenn Sie auf die Stimme der Natur hören, werden Sie belohnt werden, wenn Sie sie aber mißachten, wird sie sich rächen, und Sie werden bestraft werden."

(Elisabeth Badinter, *Die Mutterliebe*, S. 144, 1981).

1. WAS IST IDENTITÄT?
ODER
KÖNNEN WIR WISSEN, WER WIR SIND?

Folgendes Argument möchte ich in diesem Kapitel untermauern: Wenn wir geschlechtsspezifische Identitätsentwicklung verstehen wollen, müssen wir uns auch mit dem Begriff der Identität im allgemeinen auseinandersetzen. Da es hierzu unterschiedliche Perspektiven gibt, sollten wir diese kennen, um eine eigene Meinung, die nur vorläufig sein kann, auszubilden.

Die Fragen danach, wer wir sind, woher wir kommen und wohin wir gehen, sind alte Fragen. Wahrscheinlich beschäftigen sich alle Lebewesen mit der Fähigkeit zur Selbstreflexion mit dieser Art von Fragen. Die Antworten hierzu fallen recht unterschiedlich aus. Wahrscheinlich werden sie von Annahmen gesteuert, die uns nicht bewußt sind. Es ist wichtig, Konzepte und Theorien zu kennen, mit deren Hilfe eine differenzierte Reflexion über Identität möglich wird und unbewußte Annahmen über uns selbst sinnvoll eingeordnet und hinterfragt werden können.

Das Thema Identität ist ein weites Feld. Deshalb möchte ich es anhand eines spezifischen Aspektes untersuchen, nämlich unter dem Aspekt der Entwicklung der Geschlechtsidentität. Ich werde herausarbeiten, welche Bedeutung es für uns hat, als weiblicher beziehungsweise als männlicher Mensch geboren zu werden. Da unsere bewußten und unbewußten Annahmen von Identität die Gestaltung unserer Gesamtbiographie zu einem entscheidenden Anteil bestimmen und Vorstellungen von Männlichkeit und Weiblichkeit Strukturen darstellen, die in nahezu allen Gesellschaften mit dem biologischen Geschlecht verknüpft werden, ist Identitätsentwicklung untrennbar verwoben mit unseren Vorstellungen von Männlichkeit (Maskulinität) und Weiblichkeit (Feminität).

Deswegen werde ich allgemeine Aspekte von Identität mit geschlechtsspezifischen Aspekten verbinden. So möchte ich zeigen, wie Identität und Vorstellungen über die Geschlechter zusammenhängen, sich gegenseitig bedingen und möglicherweise auch wieder voneinander getrennt werden können.

Zunächst beginne ich mit dem Begriff der Identität und den Fragen, die hiermit zusammenhängen.

14

1.1 IDENTITÄT: EINE ANNÄHERUNG AN DEN BEGRIFF

Beginnen wir mit einer bildlichen Vorstellung. Stellen Sie sich so lebhaft wie möglich drei Bilder vor. Stellen Sie sich die Verwandlung von Eis in eine Pfütze vor. Erst ist das Eis so dick, dass Kinder darauf gleiten können, dann verwandelt sich die glatte Oberfläche in eine immer poröser werdende Eisdecke und schließlich, wenn das letzte Eis geschmolzen ist, können wir uns kaum noch vorstellen, dass auf dieser Wasseroberfläche eine Eisdecke gewesen ist. Wir werden durch nichts mehr daran erinnert. Weiterhin stellen Sie sich die Veränderung eines kahlen Baumes in einen grünen Laubbaum vor. Ein halbes Jahr lang sehen wir nur braunschwarze Äste und irgendwann schleicht sich eine Ahnung von Grün in dieses Bild, der Baum treibt Knospen. Aus den Knospen werden Blätter, die die Gestalt des Baumes völlig verändern. Schließlich: Stellen Sie sich die Entwicklung eines Kindes zu einem Erwachsenen vor. Ein Baby wird geboren, wächst heran, wird erwachsen, wird alt.

In diesen drei Bildern finden wir die Idee der Identität:

„People age, some trees regularly shed their leaves, ice melts with the coming of spring, and wood, when burned, gives way to fire and ash. The world seems to be in perpetual flux, undergoing ceaseless transformation. Yet in spite of the alterations we notice, we want to say that this is the same tree which shed its leaves last month, that this adult is the same person we knew as a child, and that this pool of water is made up of the same „ stuff" as the piece of ice which melted there"[1] .

Trotz permanenter Änderungen entdecken wir einen roten Faden in dem sich verändernden Element Wasser, dem Baum oder dem Menschen. Identität bewegt sich also mindestens in einem bipolaren Raum zwischen Veränderung und Konstanz.

Verbunden mit der Idee von Identität sind nun metaphysische Fragen wie „Woher kommen wir?" und „Wohin gehen wir?". Religiöse Anschauungen versuchen hier plausible Antworten zu finden. „Wer sind wir?" – diese Frage beschäftigt traditionellerweise PhilosophInnen und in relativ neuerer Zeit auch PsychologInnen. Wie wir aber noch sehen werden, schleichen sich auch hier metaphysische Anschauungen in den Versuch, die Frage „Wer bin ich?" zu beantworten.

1.1.1 Selbstkenntnis in der Antike

Ein Grundgedanke in der Antike geht davon aus, dass eine Beantwortung dieser Fragen den großen Vorteil hat, dass wir uns selber richtig einschätzen und möglichen Gefahren entgehen können. *Die Sorge um sich selbst* wurde so

15

zu einem wichtigen Thema. Da in einem späteren Verständnis die Seele als Substanz für das Selbst bedeutungslos ist und dieses vielmehr etwas mit einem Prinzip der Seele zu tun hat und nicht des Körpers wurde die Maxime „Erkenne Dich selbst!" relevant[2]. Als so bedeutsam galt das Wissen um sich selbst, dass im alten Griechenland für die Beantwortung dieser Fragen göttliche Institutionen befragt wurden, beispielsweise das Orakel von Delphi. Das Orakel von Delphi war ein Tempel des Gottes Apollon. In diesem Tempel lebten Seher und Seherinnen, welche versuchten den Antwort suchenden Personen Hinweise zu geben.

So ein Orakel mag praktisch erscheinen. Auch heute finden wir vielerlei Varianten von Orakeln, die Menschen aufsuchen, um bedeutsame Dinge über sich selbst zu erfahren. Astrologie, Tarot, Wahrsagen – all diese und ähnliche Praktiken zeigen, dass viele Menschen, sich zumindest phasenweise, mit Fragen nach Identität beschäftigen und versuchen, sich, ihre Vergangenheit, Gegenwart und Zukunft einzuschätzen.

Zwei Beispiele jedoch mögen illustrieren, dass die Frage nach der eigenen Person und nach dem eigenen Schicksal zwar wichtig erscheinen mögen, aber durchaus gefährlich sein können – die Beispiele von Narziß und Ödipus.

Aus Ovids Metamorphosen geht hervor, dass es Narziß geraten wurde, sich selber besser nicht zu kennen. „Gefragt, ob diesem lange Lebenszeit und hohes Alter bestimmt seien, sprach der schicksalskundige Seher: „Wenn er sich selbst nicht kennt". Lange hielt man des Wahrsagers Worte für nichtig, doch was am Ende wirklich geschah, die Art, wie Narziß dann starb und seine unerhörte Leidenschaft, das erwies ihre Wahrheit" (S. 72[3]). Die Geschichte von Narziß beginnt mit der Vergewaltigung der Nymphe Liriope durch Kephisos. Diese gebärt Narziß, einen wunderschönen Knaben. Narziß wird sowohl von Jünglingen als von Jungfrauen begehrt, flieht jedoch vor jeder intimeren Begegnung. Einer der Verschmähten fleht: "So soll er selbst auch lieben, so nicht den Geliebten gewinnen!". Dieser Stoßseufzer wird erhört von der Göttin der Rache, die Narziß zu einer besonders klaren Quelle führt, in welcher er zum erstenmal sein Spiegelbild erblickt und vor Liebe zu sich selbst entbrennt. Diese Liebe ist jedoch unrealisierbar: „... wie oft tauchte er die Arme mitten in die Flut, um den Hals, den er sah, zu umfassen, und konnte doch sich selbst nicht ergreifen" (S. 75). Vor Sehnsucht verzehrt, kann er sich nicht von seinem Anblick losreißen und stirbt schließlich, verhungert und verzehrt. Seine Leiche verwandelt sich in „eine safrangelbe Blume, deren Kelch rings weiße Blütenblätter umgeben.." (S. 77).

Umgekehrt – so geht es aus den Aufzeichnungen Homers hervor – wurde es Oedipus geraten, sich selber zu erkennen. Seine Umwelt aber ließ es nicht zu. In einer Übersetzung von Schwab[4] beginnt die tragische Geschichte von Oedipus mit einer Erkenntnis seines Vaters, die dieser aber nicht selbst in Handlung umsetzt. Sein Vater Laios erfährt vom delphischen Apoll (einem

16

Orakel), dass er durch die Hand seines Sohnes sterben wird. Zu diesem Zeitpunkt ist dieser jedoch noch gar nicht geboren. Nach der Geburt eines Sohnes lassen die Eltern, Laios und Iokaste den Sohn mit durchbohrten und zusammen gebundenen Füßen in einem wilden Gebirge aussetzen. Das Kind wird jedoch von einem mitleidigen Hirten gerettet, der das Kind *Oedipus* (Schwellfuß) nennt. Der Hirte übergibt das Kind seinem eigenen König Polybos. Oedipus wird dort liebevoll in dem Glauben erzogen, dass er der Sohn des Königs sei. Durch Äußerungen eines neidvollen Menschen regen sich bei Oedipus irgendwann Zweifel an seiner Herkunft und er stellt seine Pflegeeltern zur Rede. Da diese ihm jedoch keine klare Antwort geben, sucht er das Orakel von Delphi auf und erfährt, dass er seinen eigenen Vater ermorden, seine eigene Mutter heiraten und den Menschen *„ eine Nachkommenschaft von verabscheuungswürdiger Art zeigen"* wird (S. 257$^{(4)}$). Da er immer noch glaubt, dass seine Pflegeeltern seine wahren Eltern sind und er ihnen dieses Unglück ersparen möchte, flieht er aus deren Wirkungsbereich. Auf diesem Weg wird er in einen Kampf verstrickt, bei dem er Laios, seinen ihm unbekannten Vater, tötet. Nachdem er die von einer Sphinx belagerte und geknechtete Stadt Theben seiner Mutter erlöst hat, heiratet er Iokaste, gleichfalls ohne ihre Identität zu kennen und zeugt mit ihr vier Kinder (die gleichzeitig seine Geschwister sind). Lange glückliche Jahre folgen, aber die Geschichte endet tragisch. Von einer Pest befallen, wird das Orakel wiederum nach der Ursache befragt und gibt an, dass der Mörder des Laois in der Stadt weile und gefunden werden müsse. Der blinde (!) Seher Teiresias bringt Oedipus nun auf die richtige Spur und nachdem Oedipus und Iokaste die Verstrickungen erkennen, in die sie hinein geraten sind, erhängt sich Iokaste und Oedipus sticht sich mit ihren Goldspangen die Augen aus. Er ist nun tatsächlich so blind, wie er zuvor gehalten wurde.

Diese Geschichte zeigt deutlich, dass es in diesem Fall besser gewesen wäre, die Wahrheit über die eigene Herkunft zu kennen. Oedipus wären dadurch die Augen geöffnet worden und er wäre nicht Zeit seines Lebens zur Blindheit verdammt gewesen. Es ist also mitunter wohl gut, sich selbst zu kennen, aber – und das zeigt die Geschichte von Narziß – durchaus nicht immer.

Es mag also wichtig sein, sich selber zu kennen. Es scheint aber nicht für jeden von Vorteil zu sein. Im übrigen haben wir es hier mit einer Frage zu tun, die bis heute ungelöst ist. So streiten auch heutzutage WissenschaftlerInnen darum, ob es funktional oder hinderlich ist, sich selbst und die eigene Zukunft realistisch einschätzen zu können oder aber positive Illusionen darüber zu haben$^{(5-6)}$.

17

1.1.2 Das Problem der Wahrheit

Zu dieser pragmatischen Ungewißheit kommt noch eine substantiellere hinzu, nämlich das Problem der Wahrheit. Kann man sich überhaupt kennen? Hierzu gab es und gibt es unterschiedliche Positionen. Welche Position wir hierzu einnehmen, hängt davon ab, wie wir den Begriff Identität definieren. Unter vielen anderen gibt es sicherlich zwei ganz entscheidende Dimensionen von Identität, nämlich die Dimension Permanenz/Veränderung und diejenige von Einheit/Verschiedenartigkeit[1].

Betrachten wir zunächst die Dimension Permanenz/Veränderung. Wir können einerseits behaupten, dass es ein erstrebenswertes Ziel von Identität sein könnte, „aus einem Guß" zu sein, als Mensch ein „harmonisches Ganzes", eine „integre und integrierte Gestalt" zu verkörpern. Wir können diese Position ausbauen und sogar behaupten, dass Widersprüche in uns selbst, disharmonische Aspekte unserer Person einen Leidensdruck entstehen lassen, der nur dadurch gelindert wird, indem wir zu einem wahren Kern, der harmonisch und widerspruchsfrei ist, zurückfinden. Vertreter dieses Einheitsgedankens sind vor allem in der humanistischen Psychologie angesiedelt wie beispielsweise Carl R. Rogers[7] und Abraham Maslow[8]. Wir können aber auch die Idee der Verschiedenartigkeit gutheißen. So meint der Sozialpsychologe Kenneth Gergen[9] beispielsweise, dass nur eine flexible und facettenreiche Identität uns so anpassungsfähig machen kann, dass wir uns den alltäglichen Anforderungen gewachsen fühlen. Wir können auch diese Position ausbauen und behaupten, dass Vielfältigkeit und Facettenreichtum notwendigerweise durch Widersprüche gekennzeichnet ist und uns stressresistenter und gesünder macht, wie beispielsweise Patricia Linville[10] zu belegen versucht.

Wie steht es mit der Dimension Permanenz/Veränderung? Wenn wir uns die anfangs genannten drei Bilder erneut vor Augen halten, dann wissen wir, dass Identität als Entwicklungsprozess Veränderung impliziert. Dennoch ist es immer derselbe Baum, es ist dieselbe Pfütze und es ist derselbe Mensch. Platon[11] beispielsweise geht von dieser Essenz aus: Identität beruht demnach auf Permanenz, auf einer unsterblichen immateriellen Seele, die einem beobachtbaren Phänomen zugrunde liegen kann. Dennoch können wir nicht bestreiten, dass, nehmen wir die Existenz dieser Essenz an, es Veränderungen zu beobachten gibt. Deswegen finden wir einige Positionen als Kompromiß zwischen beiden Polen dieses Kontinuums formuliert. So verwirft beispielsweise Epikur[12] den platonischen Gedanken einer unsterblichen Seele und relativiert den Einfluß der Götter auf die Gestaltung des individuellen Schicksals.

Wie sehr gerade die Dimension der Permanenz unsere Bewertung von Personen prägt, möchte ich an einem Beispiel illustrieren, dem Fall Hans Ernst Schneider alias Hans Schwerte[13]. Hans Ernst Schneider wurde 1909 in Königsberg geboren und promovierte 26 Jahre später über „Turgenjew und die

18

deutsche Literatur". Um 1938 herum, also zur Zeit des nationalsozialistisch geführten Deutschlands wurde Hans Schneider Leiter der Zentralstelle des Germanischen Wissenschaftseinsatzes in Heinrich Himmlers Ahnenerbe. Er wurde in dieser Zeit auch Hauptsturmführer der SS. 1945 gelingt es ihm zusammen mit seiner Frau zu fliehen. Schneider flieht von Berlin nach Lübeck. Es ist spannend, was sich nun ereignet: In Lübeck läßt er sich mit einem veränderten Namen nieder. Aus Schneider wird Schwerte. Er heiratet seine Frau erneut unter diesem Namen. Er promoviert wieder in Germanistik mit einem veränderten Thema. Er schließt eine Habilitation an mit dem Thema „Faust und das Faustische – ein Kapitel deutscher Ideologie". Irgendwann wird er Rektor der Technischen Universität Aachen und nach seiner Emeritierung wird er Ehrensenator. Zusammen mit Johannes Rau wird er als Beauftragter der NRW-Landesregierung für Wissenschaftsaustausch von der niederländischen Königin in Den Haag empfangen. Erst 1995 wird durch einen Zufall die Vergangenheit von Ernst Schwerte bekannt. Obwohl Ernst Schwerte beteuert, dass er in diesen fünfzig Jahren nichts mehr mit dem Ernst Schneider zu tun hat, der er einmal gewesen war, wird er dennoch juristisch belangt. Der Journalist Ulrich Greiner[13] schließt seinen Artikel mit den Worten: „Die alte Aufspaltung in das Innen und Außen. Schneider mag eine Weile gedacht haben, dass er innerlich anständig blieb, obwohl er an der Gemeinheit mitwirkte. Als das gescheitert war, wurde er Schwerte, der log, um am Richtigen mitwirken zu dürfen. Der psychologische Gemeinspruch, die abgedrängte Wahrheit richte sich irgendwann von innen gegen die Person und beschädige sie, gilt keineswegs immer. Selbstbewußt und stark schien Schwerte zu sein, bis ihn die Wahrheit von außen traf. ‚Ich dachte, ich könnte in den Sarg gehen, ohne als Betrüger dazustehen', sagt Schwerte."

Dieses Beispiel macht klar, wie Identität wahrgenommen wird: Die Vergangenheit wird in die Gegenwart mit einkalkuliert, dergestalt, dass ein Wandel skeptisch stimmt. Es verdeutlicht auch, was es bedeutet, Permanenz von Identität anzunehmen. Eine Person kann sich selber als eine andere, veränderte empfinden, sie wird dann doch an ihren Taten gemessen, die sie vor langer Zeit begangen hat. Sie kann also subjektiv anders sein, aber sie ist objektiv immer noch als dieselbe zu identifizieren. Das, was jemand vor 40 Jahren getan hat, eine für ein Menschenleben sehr lange Zeitspanne, zählt in den Augen des Betrachters, wenn es moralisch verwerflich war, immer noch als Ausdruck einer aktuellen Identität. Das ist ein Ausdruck des Permanenzgedankens.

Nun zurück zu unserer Ausgangsfrage: „Kann man sich selber kennen?" Glauben wir an die Permanenz von Identität, dann könnten wir uns durchaus selber ganz gut kennenlernen, dann ist da vielleicht so etwas wie ein wahrer Kern. Glauben wir an Veränderung von Identität, dann können wir dies nicht, einfach aus dem Grund, dass wir nicht mit Sicherheit wissen können, mit welchen Ereignissen wir konfrontiert werden, wie wir sie bewältigen werden und welche Spuren sie möglicherweise hinterlassen. Unsere Versuche der Selbstkenntnis sind dann zum Scheitern verurteilt: *„...Auf geheimnisvolle Weise scheint sich unser innerstes Wesen jedem direkten Zugriff zu entziehen. Wie stellt man es bloß an, sich selbst näher zu kommen? (...) Ist da überhaupt etwas hinter der Charaktermaske, die angeblich unser wahres Selbst verbirgt, das man entdecken und fördern könnte? ... nein. Wie die Schalen einer Zwiebel sich als die Zwiebel selbst entpuppen, so sind auch wir nur das, was wir tagtäglich zu sein scheinen."* (S. 97-98[14]).

Glauben wir also an Permanenz, dann sind die Beteuerungen eines Hans Schwerte unglaubwürdig, er wäre ein anderer Mensch seit jener Zeit vor fünfzig Jahren geworden. Glauben wir an Veränderung, dann werden wir ihm eher glauben können. Verquickt mit dieser Dimension ist die Dimension Einheit/Verschiedenartigkeit: Verschiedenartigkeit kommt durch Veränderung zustande, Permanenz impliziert einen Einheitsgedanken. Glauben wir an Permanenz und Einheit, dann macht es Sinn, ein Orakel aufzusuchen, denn dann scheint es plausibel, dass unser Leben schicksalhaft vorherbestimmt ist, dann muß es einen roten Faden geben, den wir entdecken können[15].

Was bedeuten diese Ausführungen für den Begriff der Identität und eine Reflexion dieses Themas? Erstens bedeuten sie, dass wir unterschiedliche Perspektiven kennenlernen und, zweitens, ihre Plausibilität prüfen sollten. Und drittens bedeuten sie, dass wir hier keine endgültigen Antworten auf die Fragen nach Identität und ihrer Entwicklung kennenlernen werden. Das beste, was in Hinblick auf die Erkenntnis von Identität erreicht werden kann, ist eine Reflexion, ein Infragestellen, und Wiederinfragestellen eigener Positionen, also eine andauernde Suche nach der Wahrheit, die nicht endgültig oder vollständig erfaßt werden kann, weil es sie ja auch – möglicherweise – gar nicht gibt. Das Beste, was wir also vermutlich bezüglich Identität erreichen können, ist, statt Gewißheit und Sicherheit, Zweifel und Unsicherheit zu entwickeln.

20

1.2 WAS IST IDENTITÄT UNTER GESCHLECHTSSPEZIFISCHER PERSPEKTIVE?

Was hat es nun mit Identität zu tun, ob wir als Frauen oder Männer geboren werden? Leben wir nicht in einer Gesellschaft, in der beiden Geschlechtern alle Möglichkeiten offen stehen? Werden die Unterschiede zwischen den Geschlechtern nicht grob überschätzt? Waren nicht Frau und Mann sogar, wenn wir Mythen Glauben schenken möchten, eine Einheit?

1.2.1 Mann und Frau in der Antike

So geht es unter anderem aus Platons Symposium hervor. Wir erinnern uns, Platon ist ein Verfechter des Permanenzgedankens von Identität. Demnach soll es in einer mythischen Vorzeit drei gottähnliche Geschlechter gegeben haben, männlich, weiblich und mannweiblich. Diese Menschen bestanden aus zylindrischen Doppelwesen mit Januskopf, vier Armen und Beinen und zwei Geschlechtsteilen. Die Doppelmänner stammten von der Sonne, die Mannfrauen vom Mond und die Doppelfrauen von der Erde ab. Da die Götter von dieser vollkommenen Art Konkurrenz befürchteten, beschlossen sie, diese Doppelmenschen entzweizuschneiden. So wird Liebe interpretiert als das Bestreben, die verlorene Häfte, das Symbolon, wiederzufinden, um die ursprüngliche Ganzheit zurückzugewinnen „Seit so langer Zeit ist demnach die Liebe zu einander den Menschen eingeboren und sucht die alte Natur zurückzuführen und aus zweien eins zu machen und die menschliche Schwäche zu heilen. Jeder von uns ist also eine abgebrochene Hälfte eines Menschen, weil wir zerschnitten wie die Schollen, aus einem zwei geworden sind.".

Dieser Mythos impliziert stark nicht nur eine Trennung der Geschlechter, sondern überhaupt eine Zerrissenheit aller Personen, die nur aufgehoben werden kann, wenn das komplementäre Teil, das Symbolon gefunden wird. Außerdem impliziert dieser Mythos eine hierarchische Ordnung[16]. In Platons Vorstellung nämlich werden die Geschlechtervarianten der Urmenschen auf die Gestirne Sonne (männlich-männlich), Mond (männlich-weiblich) und Erde (weiblich-weiblich) bezogen. Die Gestirne jedoch sind mit bestimmten Bedeutungen verbunden, die dann wieder der jeweiligen Kategorie Urmensch zugeschrieben wird. Die Sonne verkörpert das aktive Prinzip, der Mond das ausgeglichene und die Erde das passive Prinzip. Daraus ergibt sich für die Vereinigungsformen eine Rangordnung, die vorsieht, dass Vereinigungen, in denen weibliche Anteile vorkommen, niemals an die Spitze der Hierarchie treten. Ein durch und durch weiblicher Urmensch steht demnach am unteren Ende, ein durch und durch männlicher Urmensch jedoch an der Spitze.

21

Übertragen auf moderne Zeiten impliziert dieser Mythos, dass Maskulinität (Männlichkeit) am höchsten geschätzt wird, gefolgt von Androgynität (Männlichkeit-Weiblichkeit) und Feminität (Weiblichkeit). Er impliziert auch, dass besonders feminine Menschen sich nach einem maskulinen Gegenstück sehnen. Außerdem sollten diese besonders stark leiden, da sie sich am Ende einer Hierarchie befinden. Zwar sehen sich auch maskuline Lebewesen nach einem femininen Gegenstück, aber da sie sich an der Spitze der Hierarchie befinden, werden sie in den öffentlichen Bereichen der Gesellschaft eher Anerkennung finden können. Androgyne Personen sollten hier eher in der Mitte liegen.

Wenn wir selber eine Permanenzvorstellung von Identität aufgebaut haben, die häufig mit der Idee einer einheitlichen Identität zusammenhängt, dann sollte sich diese Vorstellung auf unsere Lebensgestaltung als Frau oder Mann auswirken.

1.2.2 Der Permanenzgedanke in der Geschlechterforschung

Betrachtet man populärwissenschaftliche Literatur zum Thema „Psychologie der Geschlechter", dann entdecken wir in mehr oder weniger versteckter Form den Permanenzgedanken von Identität bezogen auf Männer und Frauen. Frauen kommen von der „Venus" und Männer kommen vom „Mars"[17]. Frauen kommunizieren besser, sind friedlicher, wollen gefallen, wollen Sicherheit, um geschützt ihren Nachwuchs aufzuziehen. Männer wollen entdecken, sind aggressiver, wollen möglichst viel Nachwuchs mit unterschiedlichen Frauen[18]. Auch in wissenschaftlichen Positionen sind solche Kategorisierungen zu entdecken. Die Schlußfolgerungen lauten: Da Frauen und Männer so verschieden sind, ergänzen sie sich wunderbar. Es gibt zwar Schwierigkeiten, aber sie können auch nicht voneinander lassen. Hier schließt sich der Kreis und wir sind an Platons Mythos angelangt von den entzwei geschnittenen Urmenschen. Nur mit der Ausnahme, dass in wissenschaftlichen genauso wenig wie in populärwissenschaftlichen Positionen homosexuelle Kombinationen eine merkbare Beachtung finden würden.

Sind diese Behauptungen denn wirklich übertrieben, sind Männer und Frauen nicht wirklich wie Feuer und Wasser? Schauen wir uns ein Inventar zur Erfassung von Geschlechtsrollen an, das von Schneider-Düker und Kohler[19] für den deutschen Sprachraum entwickelt wurde. Diese Skala besteht aus einer Reihe von Eigenschaften. Die VersuchsteilnehmerInnen (Männer und Frauen) hatten die Aufgabe, diese Eigenschaften auf einer Skala einzuschätzen, die sieben Punkte aufwies und die beiden Pole umfaßte „überhaupt nicht erwünscht" bis „außerordentlich erwünscht für einen Mann in unserer Gesellschaft" beziehungsweise „für eine Frau in unserer Gesellschaft". Jede beurteilende Person

22

nahm die Einschätzung der sozialen Erwünschtheit nur für ein Geschlecht vor. Die Autoren finden, dass folgende Eigenschaften als statistisch bedeutsam angemessener für Männer in unserer Gesellschaft gelten: „hat Führungseigenschaften", „tritt bestimmt auf", „ehrgeizig", „respekteinflößend", „kritisiert ohne Unbehagen", „verteidigt eigene Meinung", „entschlossen", „sachlich", „nicht leicht beeinflußbar", „unerschrocken", „intelligent", „hartnäckig", „bereit, etwas zu riskieren", „kraftvoll", „furchtlos", „scharfsinning", „wetteifernd", „sicher", „zeigt geschäftsmäßiges Verhalten" und „konsequent". Diese Eigenschaften stellen die sogenannte Maskulinitätsskala dar. Es findet sich, dass sowohl Frauen als auch Männer diese Items als angemessen für Männer in unserer Gesellschaft beurteilen. Zusammenfassend kann man wohl sagen, dass die meisten der genannten Eigenschaften Leistungsfähigkeit und Kompetenz, also im weitesten Sinn *Selbstwirksamkeit* und *Kontrolle* beschreiben.

Wie sieht es für das Bild der Frau aus? Was wird als angemessen für eine Frau in unserer Gesellschaft beurteilt? Wir finden folgende Items für die sogenannte Feminitätsskala: „romantisch", „abhängig", „weichherzig", „bemüht, verletzte Gefühle zu besänftigen", „glücklich", „feinfühlig", „sinnlich", „fröhlich", „nachgiebig", „bescheiden", „empfänglich für Schmeicheleien", „empfindsam", „selbstaufopfernd", „benutzt keine barschen Worte", „verspielt", „verführerisch", „achtet auf äußere Erscheinung", „leidenschaftlich", „herzlich", „liebt Sicherheit".

Je nachdem, wie stark ausgeprägt diese Eigenschaften nun in unserer Selbstbeschreibung ausfallen, als desto maskuliner oder feminiter werden wir klassifiziert. Weiterhin kann man die Maskulinitätswerte von den Feminitätswerten abziehen. Je kleiner die Differenz, desto androgyner sind wir, also desto zahlreicher sind die maskulinen und femininen Anteile, die wir gleichzeitig in uns vereinen. Schließlich finden die AutorInnen, dass die Dimensionen Maskulinität und Feminität statistisch unabhängig voneinander sind.

Diese Befunde zeigen, dass Vorstellungen von Männlichkeit und Weiblichkeit weit verbreitet sind, die nahezu klischeehaft wirken. Männer verkörpern das rationale Prinzip, Frauen das emotionale Prinzip. Für Männer ist es wesentlich, leistungsfähig und kompetent zu sein, für Frauen ist es wesentlich, gefühlsbetont zu sein. Diese Zuweisungen werden auch als rational-instrumentell beziehungsweise expressiv-interpersonell bezeichnet[20-21]. Diese Vorstellungen – nennen wir sie Stereotype[22] – werden auch mit anderen Skalen gefunden und zwar für eine Reihe von Nationen. Eine ähnliche Zuschreibung fanden Rosenkranz, Vogel, Bee, Broverman und Broverman bereits 1968[23], dies konnte von Rustemeyer[24] für den deutschsprachigen Raum noch zwanzig Jahre später bestätigt werden. Frauen und Männer beschreiben also Frauen als emotional einfühlsam, fürsorglich und hilfsbereit und Männer als durchsetzungsfähig, kompetent und dominant. Damit werden Frauen eher als kompetent für die emotionale Dimension des zwischenmenschlichen Bereiches wahrgenommen und Männer für die Durchsetzung sachlicher Interessen.

1.2.3 Haben wir es hier mit Vorurteilen zu tun?

Der Prozess, der bei unserer menschlichen Wahrnehmung stattfindet wird als Selektion, also Auswahl, bezeichnet. Von allen gegebenen und zugänglichen Reizen wird nur ein ausgewählter Teil beachtet und verarbeitet. Auf der Basis dieser Informationen jedoch ziehen wir unbewußt Schlüsse auf weitere, nicht beobachtbare oder noch nicht beobachtete Eigenschaften des Wahrnehmungsobjektes. Diesen Prozess nennen wir Inferenz, also Schlußfolgerung. Wir nehmen einen selegierten Teil wahr, und ziehen aufgrund dieser unvollständigen Basis auch noch unsere Schlüsse. Genau diese Abfolge von Selektion und Inferenz tritt bei Kategorisierungsprozessen auf, also auch bei der Wahrnehmung eines Menschen als Frau oder Mann. Kategorisierung jedoch führt zur Akzentuierung, also zur Betonung von Unterschieden. Die Unterschiede zwischen Mitgliedern verschiedener Kategorien werden überschätzt, die der Mitglieder der eigenen Gruppe unterschätzt (Ingroup/Outgroup Effekt[26]).

Vermutlich spielen diese bedeutsamen Prozesse bei der Wahrnehmung der Geschlechter eine Rolle. Aufgrund der Information „weiblich" werden je nach Kontext ganz andere Aspekte beachtet und andere Schlußfolgerungen gezogen, als wenn die erste Information „männlich" wäre.

Selektion und Inferenz ist bei der Wahrnehmung von Gruppen und deren Angehörigen dabei mit impliziten Persönlichkeitstheorien verbunden. Dies sind in bestimmten Gruppen vorherrschende Meinungen über das gemeinsame Auftreten von Persönlichkeitsmerkmalen und darüber, welche Merkmale einander ausschließen[27]. Diese Meinungen sind implizit, da unbewußt, sie werden in der Regel nicht überprüft und führen zu interpersonellen Implikationsregeln, das heißt Regeln, die bei unseren Schlußfolgerungen in Hinblick auf die Wahrnehmung von Personen relevant sind.

Ein klassisches Experiment hierzu stammt von Asch[28]. Dieser gab seinen Probanden nur eine Information über eine fiktive Person S. Gruppe A erhielt die Information „S. ist intelligent, geschickt, fleißig, warmherzig, bestimmt, praktisch, vorsichtig." In Gruppe B wurde warmherzig ersetzt durch kalt, in C durch höflich und in D durch grob. Nachdem die Probanden diese Information zur Kenntnis genommen hatten, sollten sie anhand einer Reihe von Eigenschaften ankreuzen, welche weiteren Eigenschaften auf S zutrafen. Asch fand, dass insbesondere die Dimension kalt-warmherzig einen Unterschied in der Wahrnehmung von S herbeiführten. Wenn S zuvor als warmherzig bezeichnet wur-

24

de, wurde S auch in höherem Maße als großzügig, weise, glücklich, gutmütig, humorvoll, menschenfreundlich, altruistisch und phantasievoll bezeichnet, also mit mehr positiven Eigenschaften bedacht, als wenn S zuvor als kalt bezeichnet wurde.

Wie kann dieser Effekt erklärt werden? Je zentraler ein Merkmal für eine Person ist, desto eher stellt man sich unbewußt als beobachtende Person die Frage: „Wie wahrscheinlich ist es, wenn P die Eigenschaft x hat (beispielsweise männlich ist), dass sie auch die Eigenschaft y hat (beispielsweise dominant ist)?" Die Zentralität von Merkmalen ist also ein wichtiges Kriterium für die Zuschreibung weiterer Eigenschaften. Insbesondere die soziale und die intellektuelle Bewertungsdimension hat sich hier als zentral in der Personwahrnehmung erwiesen[29]. Dabei zeigt sich, dass eine positive Bewertung auf der sozialen Dimension auch eine positive Bewertung auf der intellektuellen Dimension nach sich zieht. Beide Dimensionen überlappen sich also, und werden im Sinne eines *Halo-Effektes* interpretiert[30], das heißt, weil wir einen widerspruchsfreien Eindruck präferieren, nehmen wir auch weitere positive Eigenschaften an einer Person wahr, wenn die erste positiv war. Wichtig an diesen allgemeinen Gesetzen der Personenwahrnehmung ist deren unbewußter Ablauf, der uns wahrscheinlich bei unserer alltäglichen Wahrnehmung eine vorurteilsfreie Wahrnehmung von Männern und Frauen erschwert. In Abbildung 1 sind die wichtigsten Schritte in der Personenwahrnehmung zusammengefaßt.

Möglicherweise ist unsere Wahrnehmung in Kontexten, in denen das Geschlecht einer Person bedeutsam ist, durch implizite Persönlichkeitstheorien gesteuert. So zeigt sich, dass dieselben Kunstwerke besser beurteilt werden, wenn die einschätzenden Personen dachten, sie wurden von männlichen Personen hergestellt als wenn sie davon ausgingen, dass Frauen sie geschaffen hatten[31]. Vergleichbarerweise berichtet Greenglas, dass ein angeblich von einer Frau verfaßter Aufsatz schlechter bewertet wurde als ein angeblich von einem Mann geschriebener identischer Aufsatz[32]. Die Information „weiblich" beziehungsweise „männlich" war hier offensichtlich ein zentrales Merkmal, das zu unterschiedlichen Schlußfolgerungen über die Kompetenz der vermeintlichen Person geführt hat. Die Wahrnehmung von Geschlecht impliziert also zumindest in bestimmten Leistungskontexten Hierarchien.

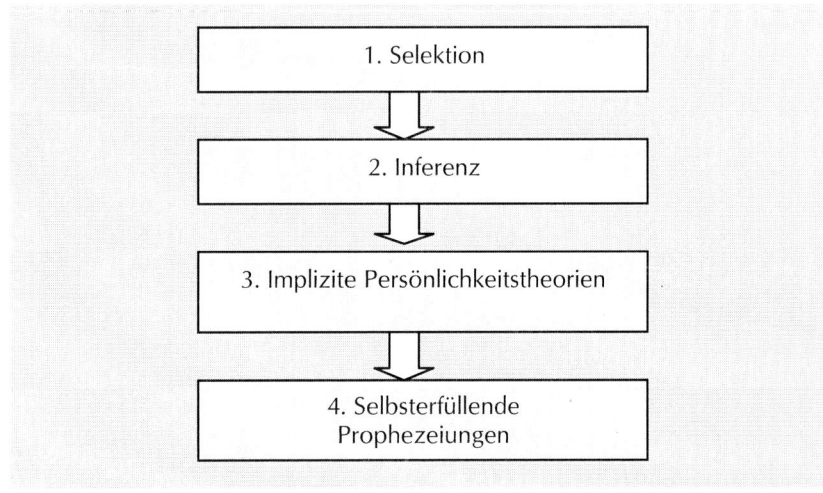

1. Selektion

2. Inferenz

3. Implizite Persönlichkeitstheorien

4. Selbsterfüllende Prophezeiungen

Abbildung 1: *Prozesse der Personenwahrnehmung; wir steuern unsere Wahrneh-mung unbewusst und schaffen damit oftmals genau das, was wir se-hen wollen.*

1.2.4 Implizite Hierarchien

Betrachten wir weitere Befunde von Schneider-Düker und Kohler. Die Autoren gaben ihre Skala Personen, die „ mit dem Leben besonders gut zurecht kom-men". Bei den besonders lebenstüchtigen Frauen ist ein besonders hoher Prozentsatz androgyner Frauen zu finden, also Frauen, die sich sowohl mit maskulinen als auch mit femininen Eigenschaften beschreiben. Unter den besonders lebenstüchtigen Männern fand sich ein besonders hoher Prozent-satz maskuliner Männer. Weiterhin berichten sie, dass essgestörte Frauen, denen sie diese Skala ebenfalls vorlegten, sich als besonders feminin be-schrieben, der Prozentsatz der androgynen und maskulin orientierten Patien-tinnen war hier geringer als in jeder anderen Gruppe. Dieses Ergebnis deckt sich auch mit den Befunden von Klingenspor[33].

Wir finden also nicht nur Stereotype vor, sondern wir finden auch eine implizi-te Hierarchie, die an Platons Vorstellungen erinnert. Personen, die sich als besonders feminin empfinden rangieren hier, was die Qualität ihrer psychi-schen Anpassung angeht, ganz unten. Personen, die hier besonders hohe Maskulinitätswerte aufweisen, befinden sich ganz oben. Personen mit hohen Feminitätswerten – überwiegend Frauen – können also ihre Feminität nur ausgleichen, wenn sie maskuline Eigenschaften annehmen.

26

Diese Art der Forschung – so angreifbar sie auch aus methodischen Gründen sein mag[34-35] – zeigt interessante Aspekte auf. Zum einen zeigt sie, dass das biologische Geschlecht soziale Folgen hat. Wenn wir als Mann geboren werden, werden andere Verhaltensweisen und Fertigkeiten erwartet als wenn wir als Frau geboren werden. Einer Frau wird eine andere Identität unterstellt als einem Mann und Frauen unterstellen sich genauso eine andere Identität wie Männer dies tun. Mit dem biologischen Geschlecht ist also untrennbar eine soziale Kategorie verknüpft, „Gender". Weiterhin zeigt diese Forschung, dass es für Frauen in unserer Gesellschaft einen doppelten Auftrag gibt: Eigentlich ist es erwünscht, feminin zu sein, aber maskuline Eigenschaften spiegeln genau die Normen einer Leistungsgesellschaft wieder, in der wir leben. Frauen profitieren also offensichtlich, wenn sie auch maskuline Anteile erwerben, die aber eigentlich nicht angemessen sind. Männer mögen also vom Mars kommen und auch dort bleiben, aber Frauen sollten sich zumindest auf einer Umlaufbahn zwischen Venus und Mars befinden.

Vielleicht gilt dies aber auch für Männer? Immer wieder ist vom *neuen Mann* die Rede und von der Verunsicherung moderner Männer in modernen Gesellschaften[36]. Wir sehen hier zumindest, dass die Wahrheit komplizierter zu sein scheint, sobald wir von einem Einheitsgedanken von Identität abrücken. Frauen, die beide Anteile in sich vereinen und nicht „ganz Frau" sind, sind besser dran, „richtige Männer" aber auch. Abbildung 2 gibt einen Überblick über die relevanten Dimensionen der Betrachtung geschlechtsspezifischer Identität.

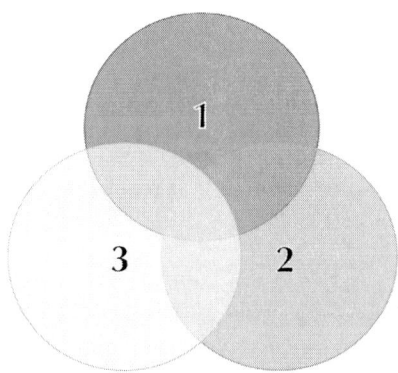

Abbildung 2: Dimensionen geschlechtsspezifischer Identität. 1: Psychische Dimension: Maskulinität, Androgynität, Feminität; 2 : Biologische Dimension: Männlich-Weiblich; 3: soziale Verhaltensdimension: rational-instrumentell, expressiv-interpersonell. Diese Dimensionen können unterschiedlich kombiniert sein und unterschiedlich stark bei einem Individuum überlappen.

27

Ob wir also wollen oder nicht, Männer und Frauen sind bestimmten Stereotypen unterworfen. Diese Stereotype wenden nicht nur andere (unbewußt und bewußt) auf uns an, sondern wir wenden sie auch auf uns selber an. Wir verfügen also über ein Wissen über uns selbst als Angehöriger/e einer biologischen Kategorie, das auch unsere Vorstellung von uns selbst, also unsere Identität prägt.

Umso wichtiger erscheint es mir, sich mit dem Identitätsaspekt auf einer breiten Ebene auseinanderzusetzen. Wenn wir uns dem Thema Identität nämlich nur unter einer rein geschlechtsspezifischen Perspektive annähern, besteht die Gefahr, dass wir bestimmte Informationen ausblenden und nur diejenigen selegieren, die möglicherweise wieder unsere Vorurteile und Urteile bestätigen. Diese Gefahr versuche ich zu umgehen, indem ich zunächst generelle Betrachtungsweisen von Identität einführe und diese dann im Einzelnen auf ihre Plausibilität hin überprüfe. Das Vorgehen hierzu möchte ich abschließend für die Einführung in das Thema kurz erläutern.

1.3 ZUSAMMENFASSUNG UND LEITFADEN

Die Frage nach „Wer bin ich" ist relevant für eine realistische Einschätzung, aber schwer zu beantworten. Die wissenschaftlichen (und populärwissenschaftlichen) Antworten unterscheiden sich beträchtlich hinsichtlich der Dimensionen Permanenz und Veränderung sowie Einheit und Verschiedenartigkeit von Identität. Das Beste, was in Hinblick auf die Erkenntnis von Identität erreicht werden kann, scheint eine Reflexion zu sein, eine andauernde Suche nach einer Wahrheit, die möglicherweise nicht endgültig oder vollständig erfaßt werden kann. Es erscheint mir daher notwendig, Zweifel und Unsicherheit an eigenen Identitätsauffassungen zu entwickeln. Dem Aspekt der Geschlechtsidentität wird hierbei besonderes Augenmerk gewidmet. Indem der Begriff der Identität auf einer breiten Basis reflektiert wird, kann auch die eigene geschlechtsspezifische Position in unserer Gesellschaft reflektiert werden und die Einflußgrößen, die diese bestimmen, bewußt gemacht werden.

Zunächst werden in *Voraussetzungen für die Entwicklung von Identität: Eine Auswahl notwendiger Bedingungen und Beobachtungen* einige Grundlagen dargestellt, auf deren Basis dann die geschlechtsspezifische Identitätsentwicklung spezieller untersucht werden kann. Danach folgt eine Beschreibung des Status Quo: Wenn wir Mädchen und Jungen beobachten und Männer und Frauen, was können wir dann beobachten, wenn wir uns an die Fakten halten (*Beobachtungen: Was tun Mädchen, Frauen und Jungen, Männer*)? Die Erklärungen für diese Beobachtungen werden in einem zweiten Teil (*Menschenbilder*) aus unterschiedlichen Perspektiven betrachtet, nämlich aus der des *sozialen Konstruktivismus, des Humanismus* und der *Soziobiologie.* Diese drei Perspektiven auf Identität kommen zu teilweise recht unterschiedlichen Aussagen darüber, wie Identität im allgemeinen und männliche beziehungsweise weibliche Identität im besonderen entsteht. Ihr Vergleich soll eine differenzierte und kritische Betrachtung des Themas ermöglichen (*Ein Vergleich: Menschenbilder*). Speziellere *Anwendungsfelder* sind dann Thema des dritten Teils, nämlich *Psychopathologie* und *Leistung, Beruf, Karriere*. Sollten Sie sich mit den einzelnen Menschenbilder noch nicht so gut auskennen, wäre es ratsamer, sich diese zunächst anzuschauen, bevor Sie zu den Anwendungsfeldern übergehen.

2. VORAUSSETZUNGEN FÜR DIE ENTWICKLUNG VON IDENTITÄT:
EINE AUSWAHL NOTWENDIGER VORBEDINGUNGEN

Dieses Kapitel ist zentriert um das folgende Argument: Biologische Voraussetzungen bilden in Interaktion mit sozialen Faktoren die notwendigen Bedingungen für die Entwicklung von Identität.

Damit sich Identität überhaupt entwickeln kann, bedarf es einiger grundlegender Fähigkeiten und bestimmter sozialer Gegebenheiten. Die wichtigsten dieser notwendigen Voraussetzungen für die Entwicklung von Identität möchte ich in diesem Kapitel erläutern. Einige der nun dargestellten Überlegungen beruhen auf den Ausführungen von John McCrone[37].

2.1 GESTALTPRINZIPIEN: ERKENNEN OHNE SPRACHE

Gestalttheoretiker waren daran interessiert, den Basisprozessen der Wahrnehmung auf die Spur zu kommen. Sie waren der Meinung, dass unsere Wahrnehmung von einigen grundlegenden Prinzipien geleitet wird und versuchten diese zu formulieren. Diese Prinzipien scheinen fest verdrahtet und universell zu sein und stellen einen Bestandteil unseres Erbes dar, der kulturell zwar auch geformt werden kann, was die Inhalte der Wahrnehmung betrifft – die Prinzipien bleiben jedoch die gleichen. Die grundlegende Prämisse der Gestalttheorie besagt, dass Menschen in ihrer Wahrnehmung nach der „guten Gestalt" streben.

Betrachten wir einige der Prinzipien, die uns eine gute Gestalt wahrnehmen lassen: Das Prinzip der Nähe beinhaltet, dass wir Merkmale, die nahe zueinander gelegen sind, als verbunden betrachten, wenn wir darin eine gute Gestalt erkennen können. Diese Wahrnehmung von Zusammengehörigkeit wird ebenfalls durch das Prinzip der Ähnlichkeit vermittelt. Was mit geometrischen Figuren oder einzelnen Figuren anschaulich gezeigt werden kann, bezieht sich auch auf Gruppenprozesse. Wenn wir Menschen, die sich relativ ähnlich sind, sehen – die beispielsweise alle eine dunkle Hautfarbe aufweisen in einem Land, in dem eine helle Hautfarbe durchschnittlich häufiger vorkommt – dann neigen wir dazu, diese Menschen als eine einheitliche Gruppe wahrzunehmen. Auch die Wahrnehmung von Bewegung wird durch gestalttheoretische Prinzipien bestimmt. Die „gute Weiterführung" verführt uns zu der Wahrnehmung, dass es dort und nicht hier weitergeht. Deswegen sind im Straßenverkehr bei Straßen, die keine gute Weiterführung haben, auch bestimmte Kennzeichen in Form von Schildern, welche Vorfahrt regeln, wichtig. Wenn eine Gestalt symmetrisch ist, dann empfinden wir sie als eine bessere Gestalt. Asymmetrie wird durchschnittlich nicht so sehr geschätzt wie Symmetrie.

Die Gestaltprinzipien der Wahrnehmung interagieren nun mit dem kulturellen Kontext, in dem wir uns befinden und bestimmen die Inhalte unserer Wahrnehmung. So entschlüsseln wir nach diesen Prinzipien die Symbole unserer Kultur und sind in der Lage Gegenstände und Personen zu erkennen und wiederzuerkennen und uns in unserer räumlichen Umwelt zu orientieren. Diese Basisprozesse bilden also eine wichtige Voraussetzung für Wahrnehmung und sind den meisten Menschen angeboren. Wie wir aber am Beispiel von Menschen sehen können, die blind sind, sind diese Voraussetzungen nicht unbedingt unabdinglich zur Entwicklung einer Identität, sondern sie erleichtern diese Entwicklung lediglich[37]. Was sind also die notwendigen, unerläßlichen Voraussetzungen für die Entwicklung von Identität?

2.2 DER MENSCH IST EIN SOZIALES WESEN: DIE SOZIALE DIMENSION

Wir alle kennen das Experiment von Friedrich dem II von Sizilien, der wissen wollte, welche Sprache Kinder sprechen, wenn sie zuvor mit keiner menschlichen Sprache in Berührung gekommen sind[37]. Um dies herauszufinden, durften die Pfleger auf keinen Fall mit diesen Kindern sprechen. Kein Kind überlebte dieses Experiment. Um physisch zu überleben, brauchen neugeborene Menschen ein bestimmtes Quantum an Zuwendung.

2.2.1 Synchronisation, Empathiebereitschaft, Imitation

Warum? Körperkontakt und Zuwendung stärken nicht nur das Immunsystem des Neugeborenen und regen dieses überhaupt erst an, sich zu entwickeln, sondern Zuwendung und Aufmerksamkeit ermöglichen es einem Neugeborenen, das soziale Repertoire zu entwickeln, das es zu einer Kommunikation mit seiner Bezugsgruppe befähigt. Die Aneignung dieses Repertoires sozialer Symbole beginnt vermutlich bereits vor der Geburt eines Menschen. Immer mehr Erkenntnisse aus der pränatalen Forschung legen beispielsweise nahe, dass bereits während der Schwangerschaft das sich entwickelnde Kind aktiv an den Ereignissen außerhalb seiner räumlichen Welt teilnimmt. Es ist also denkbar, dass dadurch eine Vertrautheit mit der Umgebung entsteht, insbesondere auf der Ebene des Gehörs, welches das erste Organ ist, das sich entwickelt (und auch das erste, das sich beim Sterbeprozess verabschiedet). So weiß

31

man, dass die Stimmen der Eltern, welche ein Kind im pränatalen Zustand in der Regel am häufigsten gehört hat, nach der Geburt wiedererkannt werden, das Kind hat sie also bereits vor der Geburt wahrgenommen.

Bereits 1982 schreibt William Condon:„ *I think that infants from the first moment of life and even in the womb are getting the rythm and structure and style of sound, the rythm of their culture, so that they imprint to them and the rythms become part of their very being. When they say the baby will babble French or babble Chinese, this may mean that the predominant rhythms are already laid into the neurological system, so that, when the child starts to talk, he incorporates the lexical items of the systems right into these rhythms.*" (S. 66-67[38]). Ein Kind wird also möglicherweise bereits während der Schwangerschaft seiner Mutter nicht nur mit Nahrung versorgt, sondern auch mit sozialen Symbolen, in dieser Phase insbesondere durch Laute, aber auch Berührungen.

Neugeborene bringen dann in einem hohen Ausmaß eine Grundfähigkeit mit, die von manchen ForscherInnen „emotionale Verschmelzung", von anderen „Einfühlungsvermögen" oder „Empathiebereitschaft" genannt wird[39-40].

Wie auch immer wir diese Fähigkeit bezeichnen wollen, gemeint ist damit die Fähigkeit, sich auf den Rhythmus der sozialen Umgebung und der sich darin befindenden Personen einzustellen, die sich wiederum auf das Neugeborene einstellen. Es gibt also einen Prozess der Synchronisation, des „Sich-Gegenseitig-Aufeinandereinstellens". Dieser fällt Menschen insbesondere darum nicht besonders schwer, da sie dazu neigen, sich gegenseitig zu imitieren[41]. Die Interaktion von Eltern und Kind ist so in der Regel auch durch gegenseitige Imitation gekennzeichnet. Ohne dass es vielen Eltern klar ist, erwirbt mit diesem Verhalten das Kind wie nebenbei die Symbole seiner Kultur. Das wichtigste Symbol hierfür ist die Sprache[42].

2.2.2 Der Erwerb eines gemeinsamen Symbolsystems: Sprache

Ein alter und ungelöster Theoriestreit beruht auf zwei verschiedenen Vorstellungen von Kausalität hinsichtlich Sprache und Denken. So besagt die Annahme der linguistischen Relativität von Benjamin Lee Whorf[43], dass Sprache Denken beeinflußt. Je nachdem wie wir verschiedene Dinge bezeichnen, wird dadurch unsere Wahrnehmung beeinflußt und selektiv wahrgenommen. Dadurch beispielsweise, dass Eskimos so viele Bezeichnungen für Schnee in ihrer Sprache aufweisen, können sie auch verschiedene Formen des Schnees erst differenzierter wahrnehmen als Menschen in Kulturen mit nur wenigen Bezeichnungen für Schnee. So kommt Whorf zu dem Schluß, „ *... dass kein Individuum Freiheit hat, die Natur mit völliger Unparteilichkeit zu beschreiben, sondern eben, während es sich am freiesten glaubt, auf bestimmte Interpretationsweisen beschränkt ist. (...) Wir gelangen daher zu einem neuen Relativitäts-*

32

prinzip, das besagt, dass nicht alle Beobachter durch die gleichen physikalischen Sachverhalte zu einem gleichen Weltbild geführt werden, es sei denn, ihre linguistischen Hintergründe sind ähnlich oder können in irgendeiner Weise auf einen gemeinsamen Nenner gebracht werden" ([43], S. 102 f.).

Es gibt allerdings Experimente, die darauf hindeuten, dass auch unterschiedliche Erscheinungsformen von Phänomenen und Dingen gleich wahrgenommen werden können, wenn wir dafür *kein* passendes Wort in dem Symbolsystem unserer Kultur vorfinden[44]. Solche Befunde stützen die Gegenthese, die bereits von Aristoteles vertreten wurde, nämlich, dass Denken Sprache beeinflußt. Sprache als Symbolsystem wäre danach ein Spiegel der Kultur.

Wahrscheinlich ist es, dass sich Sprache und Denken gegenseitig beeinflussen. Auf alle Fälle kann behauptet werden, dass Sprache das Instrument für die Übermittlung von Gedanken und Ideen ist, und auch das Instrument zum Ordnen von Gedanken und Ideen. Und diese zweite Funktion ist ganz entscheidend: Wenn ein Mensch kein Symbolsystem zur Verfügung gestellt bekommt, kann er keine sogenannte *innere Stimme* entwickeln.

2.2.3 Internalisierung und die Entwicklung einer inneren Stimme

Unter Symbolen werden alle sozialen Akte gefaßt, aus deren Verwendung sich eine Bedeutung ableiten läßt, die für eine Gruppe von Menschen vergleichbar ist. Der Erwerb von Symbolen ist nicht nur ein einfaches Wissen um Symbole, sondern diese Symbole repräsentieren irgendwann eine so genannte *innere Stimme* von Menschen – der Bedeutungsgehalt von Symbolen wird internalisiert[42]. So können verschiedene Bezeichnungen beispielsweise für Gefühle ganz bestimmte Empfindungen in einer Person wach rufen und erst hervorbringen und innere Selbstgespräche in Gang setzen.

Nehmen wir das Beispiel eines Mannes, der gerade eine Trennung von seiner Partnerin zu verarbeiten hat. Das Wort *Trennung* ist in unserem Kulturkreis negativ besetzt, ruft also, wenn wir es in Bezug auf eine für uns relevante Beziehung denken, negative Gefühle wie Traurigkeit oder Schmerz hervor. Je nachdem, welche Werte dieser Mann aber nun mit dem Wort Trennung verinnerlicht hat, wird auch sein inneres Selbstgespräch ausfallen, das sich auf einer unbewußten Ebene als innere Stimme melden wird. Er kann sich sagen „Wie schade, dass meine Partnerin mich nicht so liebt wie ich sie. Aber ich kann es nicht ändern. Der Schmerz wird vorbeigehen und es wird mir irgendwann besser gehen". Mit dieser Bewertung, beziehungsweise Konstruktion der Geschichte, ist dann verbunden ein Gefühl von Traurigkeit. Es gibt aber auch andere Konstruktionen: „Wie schrecklich, dass meine Partnerin mich nicht so liebt wie ich sie liebe. Das bedeutet, dass ich wertlos bin! Ich tauge nicht als

Mann! Ich werde niemals mehr eine Partnerin finden!" Eine solche Konstruktion geht einher mit Depression.

Innere Selbstgespräche werden also erst dann möglich, wenn wir Symbole verinnerlicht haben. Wenn wir nun kleine Kinder beobachten, die sich in der Phase des Spracherwerbs befinden, dann sehen wir, dass die meisten Kinder dazu neigen, unentwegt zu reden[37]. Dabei sprechen sie alles aus, was ihnen im Kopf herum geht. Sie haben zunächst keine Symbole verinnerlicht, sondern spielen ganz offen mit diesen herum. Kleine Kinder können soviel und permanent reden, dass sie in der Regel aus Bereichen, in denen man still sein muß, heraus gehalten werden. Sehr kleine Kinder sieht man also besonders in Leistungsgesellschaften, in denen es viele stille Kontexte gibt, nur äußerst selten. Irgendwann wird dieses laute Selbstgespräch jedoch ein inneres Selbstgespräch und steuert auf einer dann immer unbewußteren Ebene Verhalten und Gefühle, die Symbole werden also verinnerlicht. Da Kinder die Symbole der Umgebung völlig unkritisch anwenden, übernehmen sie damit auch in der Regel unreflektiert deren Regeln. Ohne äußeren Druck wird dann Verhalten nach internalisierten Normen ausgeführt.

Manche Personen nehmen diese inneren Selbstgespräche als Bilder wahr. Andere wiederum haben vielleicht einen relativ bewußten Zugang zu den verbalen Konstruktionen. In unserer Kultur wird vor allem der Erwerb der Schriftsprache hochgeschätzt. Diese ist aber nicht notwendig für die Entwicklung einer inneren Stimme. In keltischen Kulturen war jede Form der Schriftsprache tabu; Wissen wurde allein mündlich weitergegeben. In der Kultur der Azteken bediente man sich einer ganz besonderen Sprache, die in Bildern bestand[45]. Die ein oder andere Form der Sprache mag es eher fördern, die innere Stimme als bildhafter zu erleben. Wichtig ist es jedoch, überhaupt ein Symbolsystem zu erwerben, das mit einer Bezugsgruppe geteilt werden kann.

Wie wichtig dieser Punkt für Identitätsentwicklung ist, zeigt das Phänomen der Taubheit bei Kindern[37]. Ein Kind mit angeborener Taubheit wird nicht in der Lage sein, wenn ihm nur die Vermittlung von Symbolen durch einen akustischen Kanal angeboten wird, eine innere Stimme zu entwickeln, da es entscheidende Symbole gar nicht aufnehmen und mit diesen spielen kann. Deswegen wird der Taubheit Stummheit folgen, wenn nicht alternative Symbolsysteme vermittelt werden, wie beispielsweise die Gebärdensprache. Bis Anfang der achtziger Jahre galt die Gebärdensprache in vielen Ländern als ein Hilfsmittel, das auf keinen Fall in Anspruch genommen werden durfte, da es taubstumme Kinder vom richtigen Sprechen abhalten würde – so war die Meinung. Durch die Erkenntnisse der Forschung über die Entwicklung der inneren Stimme hat man aber dann die Tatsache akzeptieren müssen, dass auch alternative Symbolsysteme, die mit dem allgemeinen Sprachsystem abgestimmt sind, eine Person in die Lage versetzen, eine innere Stimme zu entwickeln, also diese Symbole zu verinnerlichen. Es wurde eingesehen, dass taube Kinder

34

nur so die Fähigkeit entwickeln können sich entsprechend sozialer Regeln zu verhalten und auch nur so eine Identität entwickeln können.

Wie wichtig dieser Erwerb gemeinsamer Symbole für die eigene Identitätsentwicklung ist, machen auch Fallgeschichten von so genannten Wolfskindern klar, deren bekanntester Fall derjenige von Kaspar Hauser sein dürfte. *„ Es war ein Jüngling von ungefähr siebzehn Jahren. Niemand wußte, woher er kam. Er selbst vermochte keine Auskunft darüber zu erteilen, denn er war der Sprache nicht mächtiger als ein zweijähriges Kind; nur wenige Worte konnte er deutlich aussprechen, und diese wiederholte er immer wieder mit lallender Zunge, bald klagend, bald freudig, als wenn kein Sinn dahintersteckte und sie nur unverstandene Zeichen seiner Angst oder seiner Lust wären. Auch sein Gang glich dem eines Kindes, das gerade die ersten Schritte erlernt hat: nicht mit der Ferse berührte er zuerst den Boden, sondern trat schwerfällig und vorsichtig mit dem ganzen Fuß auf. (...) Seine Augen schienen das Licht nicht erfassen zu können; er hatte offenbar Furcht vor der Bewegung seines eigenen Körpers, und wenn er seine Hände zum tasten erhob, war es, als ob ihm die Luft dabei einen rätselhaften Widerstand entgegensetzte. (...) Welch ein armseliges Ding, sagten die Leute."* ([46] S. 9-10).

Wolfskinder sind Menschen, die als kleine Kinder, bevor sie sprechen lernen konnten, einfach sich selber überlassen worden sind. Wie durch ein Wunder scheinen manche der Kinder jahrelang zu überleben. In Indien wurden zwei Fälle bekannt, die angeblich wie in der Sage von Romulus und Remus, von einer Wölfin ernährt wurden, deswegen die Bezeichnung Wolfskinder[37].

Was passiert nun, wenn diese Kinder in eine menschliche Gemeinschaft kommen, die sie zu integrieren versucht? Es zeigt sich erstens, dass es nahezu unmöglich zu sein scheint, den Spracherwerb ab einem bestimmten Lebensjahr nachzuholen. Das ist bereits relativ früh. Wolfskinder können also nur noch unzureichend das mächtigste Symbol einer Gemeinschaft, die Sprache, erwerben. Sie fühlen sich auch unwohl in einer Gruppe, haben oft große Ängste vor dem Kontakt mit anderen Menschen – auch noch nach einer längeren Bekanntheitsphase. In der Regel entwickeln Wolfskinder keinen Sexualtrieb. Auch Lachen, Tränen, Lächeln als wichtige soziale Ausdrucksweisen entwickeln sich erst nach Jahren der Sozialisation. Es bleiben Gedächtnisdefizite und mangelnde Selbstaufmerksamkeit.

Summa summarum läßt sich beobachten, dass Menschen, die in einem frühen Alter sich alleine überlassen bleiben und keine zwischenmenschlichen Kontakte haben, sich nicht auf eine Weise in eine soziale Gruppe integrieren können, die ihnen ein integriertes Zusammenleben mit dieser Gruppe sichern könnte. Es fehlt der Erwerb gemeinsamer Symbole. Somit kann keine innere Stimme und keine Identität ausgebildet werden. Die Entwicklungsrückstände scheinen irreversibel zu sein.

2.2.4 Entwicklung von Selbstaufmerksamkeit

Schauen wir nochmals zurück zu dem Zeitpunkt nach der Geburt. Das Neugeborene verschmilzt in ganz besonderem Ausmaße emotional mit seiner Umgebung, weil es noch kein „Ich" kennt, das eine Grenze zu der Außenwelt abbilden würde. Wenn Erwachsene in einem solchen Ausmaß emotional mit ihrer Umwelt verschmelzen, und sich nicht bis zu einem bestimmten Grad von ihr abgrenzen, also individualisieren, dann werden sie in unserer Gesellschaft auffällig.

Ein Beispiel aus der Kinowelt stellt Woody Allens *Zelig* dar. Zelig hat die unselige Tendenz, sich mit den Personen seiner unmittelbaren Umgebung auf eine solch intensive Weise zu identifizieren, dass er wie diese Personen wird, was im Film auch auf der physischen Ebene dargestellt wird. Er wird schließlich in die Psychiatrie eingeliefert und von Dr. Feodora Fletcher (gespielt von Mia Farrow) therapiert, allerdings unter großen Schwierigkeiten. Der Film endet mit der Hochzeit der beiden.

Unsere Fähigkeit zur Verschmelzung und Imitation anderer muß also irgendwann durch die Entwicklung weiterer Fähigkeiten gesteuert werden, sonst lernen wir nicht, uns von anderen abzugrenzen und können kein „Ich" ausbilden. Ein Prozess, der für diese Abgrenzung unabdingbar ist, ist die Fähigkeit zur Selbstreflexion, in der Sozialpsychologie, nach einer Theorie von Duval und Wicklund$^{(47)}$ auch als Selbstaufmerksamkeit bezeichnet.

Die Fähigkeit, sich selbst zum Objekt der eigenen Aufmerksamkeit zu machen, ermöglicht es, sich selbst durch die Augen anderer zu sehen und sich selbst anhand von bestimmten Kriterien zu bewerten. Das machen kleine Kinder in der Regel nicht. Die Fähigkeit zur Selbstaufmerksamkeit entwickelt sich erst allmählich im Laufe der Kindheit. Bevor wir uns diese Entwicklung anschauen, ist es wichtig zu verstehen, was passiert, wenn wir selbstaufmerksam sind.

Im Zustand der Selbstaufmerksamkeit vergleichen wir uns in der Regel mit Werten und Normen, die wir bereits internalisiert haben. Unser tatsächliches Verhalten wird also mit einem verinnerlichten Idealzustand verglichen. In der Regel tauchen hier negative Diskrepanzen auf: Wir sind ganz häufig nicht so, wie wir idealerweise oder gebotenerweise sein sollten. Entdecken wir diese Diskrepanzen, dann sinkt unser Selbstwert, wir entwickeln negative Emotionen. Das veranlaßt die meisten von uns, sich abzulenken, also die Selbstaufmerksamkeit zu zerstreuen, oder aber sich vermehrt anzustrengen. Entdecken wir hingegen eine positive Diskrepanz – wir sind sogar besser als wir eigentlich sein müßten – dann verharren wir im Zustand der Selbstaufmerksamkeit und unser Selbstwert erhöht sich. Damit also Selbstaufmerksamkeit wirksam werden kann, müssen bereits Standards internalisiert sein. Selbstaufmerksamkeit selber kann durch die Augen anderer wachgerufen werden: Wenn wir uns

36

beobachtet glauben oder tatsächlich beobachtet werden. Oder wird aktiviert, wenn wir unsere eigene Stimme vom Tonband hören, oder uns im Spiegel sehen. Das Betrachten unserer Standards und deren Anwendung auf unser Verhalten lenkt also unser emotionales Leben und unser Verhalten. Diese Standards sind zuvor durch den Erwerb gemeinsamer Symbole und die Ausbildung einer inneren Stimme internalisiert worden. Wie das Zusammenspiel von innerer Stimme und Selbstaufmerksamkeit dann wirkt, zeigen viele Experimente.

Ein besonders illustratives Experiment wurde von Diener[48] auf Halloween durchgeführt. Auf Halloween ziehen Kinder verkleidet von Haus zu Haus und bekommen Süßigkeiten geschenkt. Den Kindern wurde gesagt, sie könnten sich selber ein Bonbon aus einer Schale nehmen, nachdem sie gesungen hatten. Kinder, die alleine waren, nahmen sich in der Regel wirklich nur ein Bonbon aus der Schale. Kinder in Gruppen neigten zur Deindividuierung (sie passten sich der Gruppennorm an) und hielten sich weitaus seltener an dieses Gebot.

Je nachdem also, welche Norm durch unsere Umwelt aktiviert wird und welche zuvor internalisiert wird, verhalten wir uns entsprechend der aktivierten Norm, wenn wir selbstreflexiv sind. Selbstaufmerksamkeit stellt also nicht nur die Voraussetzung zur Abgrenzung der eigenen Person von der Außenwelt dar, sondern auch die Möglichkeit, sein eigenes Verhalten bestimmten Erfordernissen der sozialen Umwelt anzupassen. Dies setzt aber voraus, dass zuvor die passenden Normen internalisiert wurden.

2.2.5 Entwicklung von Selbsterkennen

Bevor wir jedoch selbstaufmerksam sein können, müssen wir erst in der Lage sein, uns selbst zu erkennen. Die Forschung auf diesem Gebiet arbeitet mit einem simplen Trick. Dem Kind wird ein Rougefleck oder ein Cremefleck auf Nase oder Stirn getupft. Wenn es sich selber erkennen könnte, dann sollte es bei seinem Anblick in einem Spiegel versuchen, sich seinen eigenen Fleck wegzuwischen oder ihn versuchen anzufassen. Die Ergebnisse zeigen, dass im ersten halben Lebensjahr überhaupt nicht reagiert wird, wenn ein Baby sich selber im Spiegel sieht. Zwischen dem sechsten und dem achten Lebensmonat jedoch steigert das Kind seine Aktivität bei seinem Anblick. In der zweiten Hälfte des ersten Lebensjahrs versucht es gar, mit „dem anderen Kind" zu spielen. Im zweiten Lebensjahr berichten einige ForscherInnen, das „dies andere Kind" eher vermieden wird – manche berichten jedoch auch, dass „das andere Kind" bewundert wird. Erst im Alter zwischen 20 und 24 Monaten können Kinder sich selber erkennen, sie fassen nicht an den Flecken „des anderen Kindes", sondern an ihre eigene Nase bzw. Stirn[39].

37

Bis hier sollten diese Ausführungen gezeigt haben, dass für die Entwicklung der Identität insbesondere zu einem frühen Alter der interaktive Austausch mit einer sozialen Umwelt die absolut notwendige Voraussetzung ist. Werden diese Jahre nicht genutzt, so sind die daraus entstandenen Defizite irreversibel und nur noch „kosmetisch" zu behandeln. Aber ebenfalls sollten die Ausführungen klargemacht haben, dass wir nicht als Tabula Rasa zur Welt kommen, sondern bereits Fertigkeiten mitbringen, die unsere Wahrnehmung der Welt beeinflussen.

3. BEOBACHTUNGEN:
WAS TUN MÄDCHEN, FRAUEN UND JUNGEN, MÄNNER?

Das Argument ist: Da die Zugehörigkeit zu einer biologischen Kategorie die erste soziale Kategorie ist, die wir erkennen, greift sie besonders wirksam in den Prozess der Identitätsentwicklung ein.

Die geschilderten Voraussetzungen sind nun mit der Entwicklung der Geschlechtsidentität auf ganz bestimmte Art und Weise verbunden. Die Prinzipien der Wahrnehmung werden auch auf das Erkennen des eigenen und des anderen Geschlechtes angewandt. Im folgenden möchte ich zunächst diesen Kategorisierungsprozess beschreiben und die Folgen, die sich daraus ergeben, erläutern. Dabei beziehe ich mich hauptsächlich auf die Arbeiten von Maccoby und Jacklin[49] und Maccoby[50]. Danach möchte ich wertneutral beschreiben, welche Beobachtungen wir machen können, wenn wir Mädchen und Jungen, Männer und Frauen versuchen, auf der Verhaltensebene zu beschreiben. Hierbei beziehe ich mich auf quantitative und qualitative Untersuchungen, die zu bestimmten Zeitabschnitten der Lebensspanne gemacht wurden.

3.1 BEGINN DER ENTWICKLUNG VON GESCHLECHTSIDENTITÄT

Wenn Jungen und Mädchen geboren werden, ist der auffälligste Unterschied der, dass das physiologische System von Jungen im Durchschnitt nicht so weit entwickelt ist wie das der Mädchen, so dass diese infektanfälliger sind und mehr schreien, weil sie häufiger Unpässlichkeiten durchstehen müssen. Dieser Rückschritt ist jedoch rasch aufgeholt, durchschnittlich kann man nach den ersten drei Monaten diesbezüglich keinen Unterschied mehr feststellen. Auch erwerben Mädchen durchschnittlich etwas schneller sprachliche Fertigkeiten, jedoch auch dieser Vorsprung wird von Jungen nach einer Weile eingeholt. Die Unterschiede in den körperlichen und intellektuellen Fähigkeiten sind zunächst gering und nicht signifikant[50].

Wie sich allmählich Selbsterkennen entwickelt, so entwickelt sich das Erkennen von sich selbst als Junge beziehungsweise Mädchen. Die Zugehörigkeit zu einer der beiden Kategorien ist das erste Merkmal, welches Kinder sich selbst zuschreiben. *„Das Gewahrsein, dass man entweder ein männliches oder ein weibliches Individuum ist, und die Integration dieser Erkenntnis in das Selbstkonzept"* stellt nach Maccoby[50] S. 199) die Definition von Geschlechtsidentität dar. Schon im Säuglingsalter sind wir in der Lage weibliche und männ-

39

liche Charakteristika zu unterscheiden. Säuglinge können gegen Ende des ersten Lebensjahres zwischen Männern und Frauen sowohl aufgrund der äußeren Erscheinung als auch mit Hilfe der Stimmen oder einer Kombination beider Faktoren unterscheiden[51-52]. Auf einer Wahrnehmungsebene können also schon sehr früh, ohne dass die Fähigkeit zum sprachlichen Benennen ausgebildet wäre, Männer und Frauen sowohl aufgrund der äußeren Erscheinung als auch mit Hilfe der Stimmen oder einer Kombination beider Faktoren unterschieden werden. Später entwickelt sich die eigene Geschlechtserkennung: Ab drei Jahren können Kinder ihr eigenes Geschlecht erkennen, sie sind in der Lage sich selber als Junge oder Mädchen zu benennen. Die Fähigkeit zur Fremderkennung setzt also früher als die Selbsterkennung ein, insbesondere bei Jungen.

3.2 DIE ENTSTEHUNG VON ZWEI WELTEN: GESCHLECHTSSEGREGATION ÜBER DIE LEBENSSPANNE

3.2.1 In der frühen Kindheit

Wenn nun genügend Kinder gleichen Alters zusammenkommen, und die Wahl haben, ergibt sich ab dem Alter von drei Jahren (also dann, wenn die Fähigkeit zur Selbsterkennung als Junge bzw. Mädchen ausgebildet ist) eine Geschlechtssegregation, eine Trennung der Geschlechter[50]. Mädchen beginnen, wenn sie die Wahl haben, mit Mädchen zu spielen, Jungen mit Jungen. Dieses Phänomen scheint außerordentlich robust zu sein und nur ansatzweise von außen zu ändern. Es ist nur dann nicht zu beobachten, wenn Sozialisationsinstitutionen wie schulische Einrichtungen diese Segregation explizit unterbinden oder aber wenn Mädchen und Jungen eine nur sehr geringe Auswahl von gleichgeschlechtlichen InteraktionspartnerInnen haben.

Durch die Segregation der Geschlechter entstehen männliche und weibliche Subkulturen, die sich dann als soziale Wirklichkeit verselbstständigen. Bei dieser Geschlechtssegregation ist eine Asymmetrie zu beobachten. Während es für Mädchen mit zunehmendem Alter akzeptiert wird, dass sie auch Jungenspiele mitspielen, ist der umgekehrte Fall für Jungen tabu. Dies gilt sowohl für Spiele, als auch für Kleidung.

Die sich so entwickelnden Subwelten sind insbesondere durch eine unterschiedliche Kommunikation gekennzeichnet. Die Gruppenstruktur von Mädchen wird als relativ demokratischer beschrieben. In Mädchengruppen werden eher Vorschläge eingebracht und weniger Befehle erteilt im Vergleich zu Jungengruppen. Die Freundschaften unter Mädchen werden als intensiver erlebt. Mädchen öffnen sich emotional mehr untereinander, erleben aber auch mehr emotionalen Stress, wenn es Konflikte gibt. Mädchen achten bei ihren Freundschaften auch stärker als Jungen dies tun, auf Ähnlichkeit der Freundin zu sich selbst (ein beliebtes Spiel bei jungen Mädchen: „Wir sind Zwillinge"). Jungen orientieren sich in ihren Freundschaften vornehmlich an gemeinsamen Aktivitäten (Was kann ich mit wem machen?). Kommunikation hat für Mädchen eher als für Jungen die Funktion, Nähe und Gleichheit zu schaffen und zu erhalten, andere angemessen zu kritisieren und andere richtig zu interpretieren. Anders als für Mädchen ist es für Jungen wichtiger, Aufmerksamkeit an sich zu ziehen und diese aufrechtzuerhalten, eine dominante Position zu sichern und sich selbst zu behaupten.

Aus diesen unterschiedlichen Funktionen der Kommunikation ergeben sich unterschiedliche Kommunikationsstile. Nach Maccoby unterbrechen Mädchen andere seltener, drücken häufiger Zustimmung aus, wissen häufiger schon genau, was der/die andere sagen will und schlichten häufiger Konflikte, zeigen also im großen und ganzen ein expressiveres Kommunikationsverhalten. Bei Jungen können wir stärker als bei Mädchen beobachten, dass sie häufiger Kommandos oder Drohungen formulieren, sich weigern, einen Vorschlag anzunehmen, andere häufiger unterbrechen, eher Witze und Anekdoten als Kommunikationsinhalte bevorzugen als Mädchen und versuchen, Geschichten anderer Personen zu übertreffen.

Schauen wir uns diese Subwelten noch etwas genauer an und betrachten die Befunde von Beobachtungs- und Interviewstudien an Horten in Deutschland, die von Permien und Frank[53] berichtet wurden. Die AutorInnen untersuchten an deutschen Horten 64 Mädchen und 70 Jungen im Alter zwischen sechs und elf Jahren. Das *Spielverhalten* der Mädchen wird als platzsparend und wenig raumgreifend beschrieben. Insbesondere Rollenspiele sind beliebt. Eine weite Palette für Außen- und Innenspiele konnte beobachtet werden. Das Spiel der Jungen wird als raumgreifend beschrieben. Die Palette für Außenspiele ist enger im Vergleich zu derjenigen der Mädchen und beinhaltet zum großen Teil konkurrenzorientierte Spiele. Gemeinsame Spiele sind eher geschlechtsneutral (Hund und Dompteur; Fußball). Hier entscheiden jedoch die Jungen über die Zulassung von Mädchen.

Was lernen die Kinder durch ihre Spiele? Die von Mädchen bevorzugten Rollenspiele erweitern ihre Fähigkeit zur Empathie und Perspektivenübernahme. Soziale Kompetenzen durch Nachspielen realistischer Alltagssituationen werden eingeübt, aber auch traditionelle Rollen. Da Mädchen häufiger ohne Vorgaben spielen, wird Phantasie und Kreativität trainiert. Die von Mädchen bevorzugten körperlichen Aktivitäten:„ *Sportarten und -formen, in denen sie sozial vermittelten Normen der Ästhetik genügen, kreativ und kooperativ sein können und keinen Leistungsvergleichen ausgesetzt sind"* (Pfister, 1982, S. 215[53]), trainieren auch Ausdrucksfähigkeit.

41

Die von Jungen bevorzugten Aktivitäten fördern die Ausbildung von handwerklichem Geschick, räumliches und technisches Denken, räumliches Vorstellungsvermögen, Vertrauen in körperliche Kraft und Geschicklichkeit. Rollenspiele erfolgen eher nach Vorgaben mit Helden aus den Medien.

Wie betrachten Jungen und Mädchen das Miteinander spielen? Miteinander spielen gestaltet sich aus der Sicht der Mädchen folgendermaßen: Jungen brechen die Regeln, zeigen aggressives Verhalten, unterstellen einem möglicherweise Verliebtheit, die Spiele sind einseitig (nur Fußball). Mädchen kann man auf alle Fälle nach Meinung der Mädchen mehr vertrauen.

Aus der Sicht der Jungen wird Miteinanderspielen folgendermaßen bewertet: „Jungen haben gute Ideen", „Ich hasse Mädchen","„Wir sind die Chefs", „Mädchen sind langweilig". Wie Mühlen-Achs schreibt (1990, S. 40,[53]): „Was Mädchen gut können, wird zur Mädchensache erklärt und abgewertet, so dass Buben, die dasselbe vielleicht gar nicht können, es gar nicht mehr können müssen oder sollen. Was Buben können, ist allein schon dadurch aufgewertet und man muß die Mädchen davon abhalten, in diesem Bereich mitzukonkurrieren."

Wie sehen Jungen und Mädchen sich selbst und wie sehen sie das andere Geschlecht? Das Selbstbild von Mädchen wird durch die folgenden positiven und negativen Äußerungen wiedergegeben: „Wir sind schöner als die Jungen." Dieser Aspekt des Selbstbildes wurde mit Abstand am häufigsten genannt: Das eigene Aussehen liefert also ein wichtiges identitätsstiftendes Merkmal. „Mädchen können besser miteinander auskommen", „Mädchen können besser turnen und tanzen", „Mädchen können besser Puppenecke spielen", „Mädchen können besser putzen und staubsaugen","Wir sind auch stark, aber die Jungen sind viel stärker", „Mädchen sind leicht beleidigt, Jungen können alles machen, was sie wollen, (...) Mädchen nicht".

Das Selbstbild von Jungen von sich selber ist nicht dermaßen differenziert und enthält so gut wie keine negativen Äußerungen über sich selbst: „Jungen sind stärker", „Männer kriegen leichter Jobs und können sich verwöhnen lassen".

Jungen äußern sich wie folgt über Mädchen: „Mädchen sind gut in der Puppenecke", „Mädchen können besser Kinder erziehen", „Mädchen streiten sich nicht so brutal", „Wenn sie lachen, sind sie schön", „An Mädchen finde ich gut, dass man sie ärgern und knutschen kann", „Mädchen können nicht mal laufen", „Mädchen stinken".

Mädchen beschreiben Jungen: „Irgendwie sind die Buben stärker", „Buben sind zu den Mädchen wild und unfreundlich", „Jungen sind wild und frech".

Die Autoren befragten die Kinder ebenfalls nach ihren Berufswünschen. In der Reihenfolge der genannten Häufigkeit zählten die Mädchen auf: Medizinischpflegerische Berufe, sportliche Berufe mit anmutiger Erscheinung, Bildungs- und Erziehungsberufe, künstlerische Berufe, klassische Männerberufe, Berufe im Finanzwesen und Sonstiges. Für Jungen gestaltet sich diese Liste von Be-

42

rufswünschen so: Polizist, Soldat, Profisportler, Handwerksberufe, medizinisch-pflegerische Berufe (überwiegend Arzt), Künstler, flugtechnische Berufe, kaufmännische Berufe und Sonstiges. Schnittstellen zwischen den Berufswünschen von Mädchen und Jungen entstehen durch Wünsche der Mädchen hinsichtlich männerdominierter Berufe, aber nicht durch den umgekehrten Fall.

Auf einen weiteren beobachtbaren Unterschied soll hier abschließend zu dieser Phase eingegangen werde, dessen Bedeutung vermutlich in der Literatur unterschätzt wird in Hinblick auf die Verursachung weiterer geschlechtsspezifischer Differenzen. Es ist zu beobachten, dass Jungen vermehrt und früher das Spielen auf öffentlichen Plätzen zugestanden wird, die nicht unter der Kontrolle erwachsener Bezugspersonen stehen. Im Vergleich hierzu spielen Mädchen häufiger in geschützten Räumen und, falls sie sich in der Öffentlichkeit bewegen, werden sie von einer erwachsenen Bezugsperson begleitet. Auf die Bedeutung dieses Befundes wird in Kapitel 4.5.3 eingegangen.

3.2.2 In der Adoleszenz

Das Aufwachsen in einer weiblichen beziehungsweise männlichen Subwelt trägt möglicherweise zu ganz spezifischen Schwierigkeiten in der weiteren Entwicklung – der Adoleszenz – bei. Dies soll an zwei Aspekten dieser Zeitspanne verdeutlicht werden, nämlich an der *Entwicklung sexueller Beziehungen* und dem *Erleben psychischer Krisen.*

Zunächst möchte ich die Beobachtungen hinsichtlich der männlichen und weiblichen Subwelt an der Entwicklung sexueller Beziehungen in der Adoleszenz fortsetzen. Dabei beziehe ich mich in Anlehnung an Maccoby auf heterosexuelle Beziehungen, da diese in der Regel von einer Mehrheit eingegangen werden.

Das Thema Sexualität verlangt aufgrund der veränderten Einbettung dieses Lebensbereiches in das Gesamtgefüge einer Gesellschaft besondere Entscheidungen des modernen Individuums. War früher Sexualität sozial geregelt, so ist heute Sexualität insbesondere durch zwei Aspekte gekennzeichnet, nämlich erstens durch eine Verlängerung der Zeit der Fortpflanzung und gleichzeitigen Bindungslosigkeit (frühes Einsetzen der Menarche, späte Heirat oder verbindliche Partnerschaft) und zweitens durch eine große individuelle Freiheit bei der PartnerInnenwahl. So vorteilhaft diese Freiheit des einzelnen Individuums bei Themen wie PartnerInnenwahl, Trennung und Lebensform ist, gibt es hier sicherlich auch Nachteile. Die Unsicherheit von Bindungen wächst, die Zahl der Abtreibungen und außerehelicher Kinder steigt (insbesondere in den U-SA). Dazu kommt der erschwerende Umstand, dass gerade in der Zeit beginnender sexueller Kontaktaufnahmen die Unzufriedenheitswerte der Mädchen mit ihrem Körper steigen. Mädchen entsprechen in der Adoleszenz zuneh-

43

mend weniger dem maskulinen Frauenschönheitsideal, da der Anteil der Fettmasse zunimmt. Dieses Erleben läuft antagonistisch zu der ansteigenden Zufriedenheit der Jungen, deren Brustumfang und Körpergröße zunimmt und damit deren erwünschte Maskulinität. Obwohl der Selbstwert sowohl jugendlicher Mädchen als auch jugendlicher Jungen labil ist, gilt dies in besonderem Maße für die Mädchen hinsichtlich des Äußeren[157].

Eine weitere Schwierigkeit besteht darin, dass nun die beiden bereits in früher Kindheit konstruierten Subkulturen innerhalb eines emotionalen Kontextes aufeinanderstoßen. Mädchen versuchen mitunter die sich daraus ergebenden Schwierigkeiten durch Tricks zu lösen, die häufig auf stereotypen Erwartungen basieren: Dem Ego des Jungen wird geschmeichelt, indem beispielsweise Themen zur Sprache gebracht werden, über die er reden kann. Es wird kein direkter Widerspruch geäußert, zu selbstbewußtes Auftreten wird vermieden, gute Laune wird verbreitet, indem über seine Witze gelacht wird und seine Leistungen bewundert werden.

Hierzu zeigt eine Untersuchung von Carli[54], dass Mädchen und Frauen sich in einem heterosexuellen Kontext häufig einer so genannten tentativen Sprechweise bedienen. Eine tentative Sprechweise bezeichnet den Gebrauch von Floskeln und Wörtern, die den eigenen Kompetenzanspruch einschränken: „Ich bin ja keine Expertin auf dem Gebiet, aber...", „Vielleicht irre ich mich, aber...", „Gewissermaßen, vielleicht, möglicherweise, ...oder?" Ein tentativer Sprechstil erzeugt zwar Sympathie auf der Seite der männlichen Zuhörer, wirkt auf diese aber auch gleichzeitig inkompetent und uninformiert. Argumente, die in einem tentativen Stil hervorgebracht werden, überzeugen nicht. Die heterosexuelle Beziehung wird also von Frauen als solche konstruiert, in der die Frau glaubt, sich schwächer darstellen zu müssen als sie in Wirklichkeit ist.

Jugendliche sind häufig in noch weitaus größerem Ausmaß den vorherrschenden romantischen Mythen über Liebe verfallen, als Personen, die bereits mehr Erfahrungen gemacht und aus ihnen gelernt haben. Das Gefühl von Verliebtheit kollidiert dazu noch mit den emotionalen Schwankungen Jugendlicher und beeinträchtigt die Fähigkeit rationaler Urteile[55]. So ist es zu erklären, dass die ersten sexuellen Kontakte in der Regel ungeschützt verlaufen. Bei stabileren Beziehungen wird Verhütung als Sache der Frau angesehen. Damit einher geht ein starker Trend zur Doppelmoral bei Männern: Männer sind weiteren sexuellen Begegnungen nicht abgeneigt, erwarten aber von ihrer Partnerin Treue.

Weiterhin hängt hiermit zusammen ein bestimmtes Besitzdenken: „Vergebene Frauen" sind nach wie vor eher tabuisiert, werden also eher daran gehindert, beiläufige sexuelle Erfahrungen zu sammeln. Eine solche Grundeinstellung wirkt sich beispielsweise darauf aus, dass Promiskuität bei Frauen als schlechter angesehen wird als bei Männern[56].

44

Junge Männer und junge Frauen scheinen unterschiedliche Prioritäten an ihr Sexualleben zu stellen. Nach einer von Maccoby berichteten Studie wollen junge Männer relativ schnell „richtigen Sex" (45%), junge Frauen wollen damit in der Regel noch lange warten, nur 8% wollen relativ schnell „richtigen Sex". Statt diese Priorität durchzusetzen, fügen Frauen sich dem Wunsch der Männer: 44% der befragten Frauen berichteten gegen ihren Willen dem Wunsch des Mannes nachgekommen zu sein$^{(57)}$. Männer werden aufgrund solcher Befunde tendenziell eher als lustorientiert, Mädchen als beziehungsorientiert beschrieben$^{(58)}$. Beide Geschlechter werden in diesen Zielen von ihrer gleichgeschlechtlichen Peer-Gruppe unterstützt. Diese Tendenzen bleiben auch dann bestehen, wenn es zur Heirat oder verbindlichen Partnerschaft kommt$^{(165)}$.

In der Adoleszenz sind Krisen nichts Ungewöhnliches – Identitätskrisen sind ein Merkmal moderner Gesellschaften$^{(59)}$. Krisen treten häufig als Anpassungsschwierigkeiten an veränderte Lebensumstände auf. In kleineren, überschaubaren Gruppen sind die Übergänge von Kindheit und Erwachsenenalter häufig noch ritualisiert, die Rollen sind früher und klarer vergeben. In moderneren Gesellschaften wird es hingegen als normal angesehen, dass schon 16-jährige oder 18-jährige selbst entscheiden sollen, welchen Beruf sie beispielsweise ergreifen sollen. Gleichzeitig sind die Ausbildungssituationen in den wenigsten Fällen jedoch so konstruiert, dass sich die jungen Menschen auch eigenverantwortlich finanzieren können. Auf der einen Seite die Freiheit der Erwachsenen mit den hohen Ansprüchen an Autonomie und Durchsetzung, auf der anderen Seite eine klare ökonomische Abhängigkeit und dann auch noch eine lange Zeit beruflicher und personeller Unsicherheit. Wie Baumeister und Tice beschreiben, wird so das Selbst zum Problem in modernen Gesellschaften, in denen der Anspruch sich selbstzuverwirklichen kollidiert mit den tatsächlichen Beschneidungen, die als persönliches Versagen erlebt werden$^{(59)}$.

So konstruiert eine Gesellschaft Rahmenbedingungen, die bei jungen Menschen zu Krisen führen können. Hierbei können wir feststellen, dass sich psychische Krisen generell stärker bei Frauen als bei Männern manifestieren. Entlang dem Maskulinitätskriterium kompensieren Männer psychische Krisen stärker mit dem Mißbrauch von Drogen. Krisen bei Frauen treten vordergründig während des Übergangs von der Pubertät ins Erwachsenenalter in Bezug auf das eigene Aussehen ein.

Wie wir bereits gesehen haben, leiden beide Geschlechter während der Pubertät an einem schwankenden Selbstwert, der den Anforderungen moderner Gesellschaften von Leistungsbereitschaft und Autonomie zuwiderläuft. Statt Heranwachsenden Ruhe zu geben und Zeiten des Rückzugs zuzugestehen, werden sie in diesen Zeiten gerade verstärkt gefordert. Vor allem das äußere sich rasch verändernde Erscheinungsbild tritt in dieser Zeit durch die körperlichen Veränderungen in den Vordergrund. Jungen leiden jetzt besonders unter

45

ihrer Körpergröße. So glauben nicht nur junge, sondern auch erwachsene Männer, dass die meisten Frauen sehr große Männer bevorzugen würden. De facto ist jedoch das Idealbild der Frauen von Männern nicht gar so unterschiedlich wie das Idealbild der Männer von sich selber[60, 157]. Dazu kommt, dass Männer denken, dass Frauen sie gerne noch viel muskulöser hätten als sie eigentlich für sich selbst gut finden würden. Auch wenn dies nicht stimmt, kompensieren gerade junge Männer die Unsicherheit, die mit dem Erleben dieser Diskrepanzen einhergeht mit extremen Sportaktivitäten oder dem Mißbrauch von Amphetaminen, um muskulöser zu werden. Die Krise wird jedoch so ausgelebt, dass Männer sich mehr in Richtung Maskulinität entwickeln.

Wie wir gesehen haben, ist bereits für junge Mädchen das eigene Aussehen ein extrem wichtiger Aspekt des Selbstkonzepts. Das vorherrschende Maskulinitätsideal – ein schlanker, trainierter Körper – rückt aber gerade während der Adoleszenz in weite Ferne. Eine Umfrage unter den Jugendlichen Deutschlands ergab[61, 157], dass die meisten Mädchen mit ihrem Körper unzufrieden sind, weil er nicht den Anforderungen genügt, die sie als normal betrachten. Dazu kommt, dass Frauen denken, dass Männer sie gerne noch viel dünner hätten, als sie sich selber gerne hätten und zwar im Schnitt sieben Kilogramm weniger als sie durchschnittlich wiegen. Genau wie Männer hinsichtlich ihrer Körpergröße erleben also Frauen Diskrepanzen zwischen sich und dem eigenen Ideal und dem vermeintlichen Ideal der Männer. Diese Diskrepanzen bestehen aber bei Frauen in der Tat. Wenn man sich nämlich die Ideale der Männer anschaut, dann scheinen sie weitaus schlankere Frauen zu bevorzugen als die meisten Frauen tatsächlich sind.

Extreme Schlankheit ist für Frauen also an Attraktivität für das andere Geschlecht gekoppelt. Hinzu kommt, dass Übergewicht bei Männern eher auf „Dem schmeckt es" oder organische Ursachen zurückgeführt wird, bei Frauen jedoch auf „Die läßt sich aber gehen!"; Frauen werden also viel strenger beurteilt als Männer, wenn sie einem Schlankheitsideal nicht entsprechen[62]. Und: Während man gegen Körpergröße nicht viel machen kann, kann man sich dünn hungern. Seit einigen Jahren stagnieren so Essstörungen auf einem hohen Niveau, etwa 5% der jungen Frauen in modernen Gesellschaften erkranken an Anorexie oder Bulimie und den unterschiedlichen Mischformen. 10% der Erkrankten, insbesondere der an Anorexie Erkrankten sterben an den Folgen der Essstörung. Der zunehmende Trend zu Diäten bei jungen Mädchen und jungen Frauen schwächt jedoch den Körper und wie wir später noch sehen werden, auch die psychische Konstitution einer Person. Außerdem sind Diäten immer dann als Ursache ausfindig zu machen, wenn es zum Auftreten einer Essstörung kommt (siehe 3.2.2). Die Krise drückt sich also darin aus, dass Frauen sich mehr in Richtung Feminität entwickeln.

46

3.2.3 Im Erwachsenenalter: Am Arbeitsplatz

Insgesamt zeigt sich, dass in Deutschland nur eine relativ kleine Gruppe von Frauen eine Familie mit kleinen Kindern und einen Ganztagsjob vereinbaren kann. Wenn Mütter arbeiten, dann tun sie dies in der Regel halbtags.

Schauen wir uns hierzu einige Daten einer Umfrage des Bundesministeriums für Familie, Senioren, Frauen und Jugend[63] an. Menschen in Ost- und Westdeutschland wurden gefragt: *Vielen Frauen stellt sich die Frage, wie sie Beruf und Familie vereinbaren sollen. Welche der folgenden vier Möglichkeiten ist Ihrer Meinung nach für eine Frau die beste? Die Frau bleibt mit Ausnahme des gesetzlich vorgeschriebenen Mutterschaftsurlaubs berufstätig. Die Frau nimmt nach der Geburt des Kindes den dreijährigen Erziehungsurlaub und kehrt danach ins Arbeitsleben zurück. Die Frau unterbricht ihre Berufstätigkeit für längere Zeit und kehrt später ins Arbeitsleben zurück. Die Frau beendet nach der Geburt des Kindes die Berufstätigkeit für immer.* Geschlechtsunterschiede in den Antworten sind nicht zu beobachten. Wir sehen jedoch, dass wesentlich mehr Männer und Frauen in Westdeutschland sich für eine lange Berufspause aussprechen (insgesamt 85 %, im Osten Deutschlands 22 %). Der Anteil derjenigen Personen, die für eine Aufgabe der Berufstätigkeit nach der Geburt eines Kindes plädieren, ist in beiden Teilen Deutschlands verschwindend gering.

So harmlos diese Zahlen aussehen mögen, so ist es dennoch Tatsache, dass der Wiedereinstieg für Frauen nach einer sogenannten längeren Familienphase schwierig ist und Frauen selten auf Positionen zurückkommen können, die sie sich vielleicht erhofft haben. Wie sehen nun die Meinungen hinsichtlich der männlichen Mitwirkung an der Kindererziehung aus? Die erste Frage hierzu lautete: *Es besteht ja auch die Möglichkeit, dass der Vater statt der Mutter nach der Geburt des Kindes den Erziehungsurlaub in Anspruch nimmt. Finden Sie das gut oder finden Sie das nicht gut?* Wir sehen weder Geschlechtseffekt noch kulturelle Unterschiede. Die meisten Befragten finden den Gedanken gut, dass der Vater Erziehungsurlaub in Anspruch nimmt (West: 64 % der Männer, 68 % der Frauen; Ost: 62 % der Männer, 64 % der Frauen). Dieses Bild ändert sich jedoch, wenn sich diese Frage konkretisiert: *Und wenn sich die Frage bei Ihnen in der Familie stellen würde, fänden Sie es gut, wenn der Vater den Erziehungsurlaub in Anspruch nehmen würde, oder fänden Sie das nicht gut?* Die Prozentwerte verschieben sich nun in Richtung „fände ich nicht gut". 54 % der Männer und 51 % der Frauen in Westdeutschland und je 48 % der Männer und Frauen in Ostdeutschland finden diese Alternative nun nicht mehr so gut. Vergleicht man diese Antworten mit den konkreten Daten, dann reflektieren auch diese Antworten eher Wunschvorstellungen. Tatsächlich sind nur fünf von hundert Personen im Erziehungsurlaub männlich, also ein verschwindend geringer Teil von 5 %. Kleine Kinder scheinen nach den Vorstellungen der meisten Menschen in unserer Gesellschaft in die Obhut der Mutter zu gehören.

Dies wird auch nochmals durch die Antworten auf folgende Frage bestätigt: *Wenn es um die Betreuung der kleinen Kinder geht: wer sollte da in erster Linie zuständig sein, die Mutter, der Vater, oder beide gleich? Und wenn es um die Erziehung der älteren Kinder geht: wer sollte da in erster Linie zuständig sein, die Mutter, der Vater oder beide gleich?* Die Erziehung älterer Kinder wird in beiden Teilen Deutschlands sowohl in väterlicher als auch mütterlicher Verantwortung gesehen. Aber nicht die Erziehung kleiner Kinder. So glauben immerhin 32 % der befragten westdeutschen Männer und 26 % der befragten westdeutschen Frauen sowie 37 % der befragten ostdeutschen Männer und 33 % der befragten ostdeutschen Frauen, dass die Betreuung kleiner Kinder durch die Mutter erfolgen solle.

Wie steht es nun mit der Unterbringung von Kindern in Betreuungsstätten, die ja auch Frauen eine Kombination von Alternativen zur Gestaltung ihrer Biographie ermöglichen würde? Es wurde gefragt: *Glauben Sie, dass es der Entwicklung eines Kindes schadet, wenn es vor dem Kindergartenalter außerhalb der Familie betreut wird oder glauben Sie das nicht?* Wir finden hier einen kulturellen Unterschied. Während die Mehrheit westdeutscher Befragter (jeweils 63 %) denkt, dies schade der Entwicklung des Kindes, glauben dies unter den ostdeutschen Befragten nur 44 % der Männer und nur 38 % der Frauen. Noch krasser gestaltet sich dieses Meinungsbild bei den Antworten auf die Frage *Wenn Kinder in einem Ganztagskindergarten betreut werden, schadet das eher der Entwicklung der Kinder, fördert das eher die Entwicklung der Kinder oder macht das für die Entwicklung der Kinder keinen Unterschied?* Während die Mehrheit der westdeutschen Befragten denkt, dass ein Ganztagskindergarten der Entwicklung des Kindes schadet (43 % der Männer, 50 % der Frauen), meinen dies indes nur 15 % der ostdeutschen Männer und 13 % der ostdeutschen Frauen. Ganz im Gegenteil: 65 % der befragten ostdeutschen Männer und 66 % der ostdeutschen Frauen glauben, dass dies sogar die Entwicklung des Kindes fördert. Diese Daten zeigen deutlich, dass wir zwar eine Wahlfreiheit haben, dass diese Wahlfreiheit aber für Männer und Frauen hinsichtlich bestimmter Alternativen subjektiv sehr beschnitten ist.

Wie stehen Frauen und Männer in Deutschland zu beruflichem Erfolg von Frauen und Männern? Ich greife hier nochmals auf die oben erwähnte Umfrage des Bundesministeriums für Familie, Senioren, Frauen und Jugend (1997) zurück. Männer und Frauen wurden gefragt: *„Sollte beruflicher Erfolg für Männer sehr wichtig, wichtig, nicht so wichtig oder überhaupt nicht wichtig sein? Und sollte beruflicher Erfolg für Frauen sehr wichtig, wichtig, nicht so wichtig oder überhaupt nicht wichtig sein?"* Der überwiegende Anteil aller befragten Personen findet beruflichen Erfolg für Männer und Frauen wichtig bis sehr wichtig. Dennoch ergeben sich interessante Differenzen hinsichtlich

48

der Wichtigkeit für Männer versus Frauen: Beruflicher Erfolg für Männer wird in Deutschland häufiger für *sehr wichtig* gehalten als beruflicher Erfolg für Frauen und zwar sowohl von Frauen und auch von Männern. Die Differenz in Ostdeutschland ist hier höher als in Westdeutschland.

Daraus ergibt sich die Antwort auf die Frage „ *Wenn Sie die Wahl hätten, würden Sie dann lieber ganztags arbeiten oder würden Sie lieber Teilzeit arbeiten, auch wenn Sie dann entsprechend weniger verdienen?"* Hier gleichen sich die Muster in beiden Teilen Deutschlands hinsichtlich der Männer: Die männlichen Befragten geben an, lieber ganztags arbeiten zu wollen (Männer West: 72 %; Männer Ost: 90 %), ein Muster, das den Antworten westdeutscher Frauen komplementär entspricht, die zu 65 % lieber halbtags arbeiten wollen. Nur die Mehrheit der ostdeutschen Frauen zieht eine ganztägige Beschäftigung vor (62 %), die sie vor der Wiedervereinigung durch die zur Verfügung gestellten Kinderbetreuungsmöglichkeiten auch problemlos verwirklichen konnten. Wir erinnern uns auch, dass in Ostdeutschland die Meinung weniger verbreitet war, dass eine außerhäusliche Betreuung der Entwicklung eines Kindes schaden würde. Der Wunsch der Mehrheit der Männer ganztags zu arbeiten, deckt sich auch mit ihren Vorstellungen zur ökonomischen Eigenständigkeit von Frauen. Betrachten wir hierzu folgende Frage: „ *Wie wichtig ist es Ihrer Meinung nach, dass eine Frau, auch wenn sie verheiratet ist, wirtschaftlich auf eigenen Füßen steht? Ist das sehr wichtig, wichtig, nicht so wichtig oder völlig unwichtig?"* In beiden Teilen Deuschlands finden Frauen dies häufiger „sehr wichtig" (West: 42 %, Ost: 50 %) als Männer (Männer: West: 25 %, Ost: 28 %) und weniger häufig „nicht so wichtig" (West: 9 %, Ost: 5 %) als Männer (West: 16 %, Ost: 17 %). Die meisten Männer und Frauen finden dies jedoch „wichtig".

Ich möchte nun die Daten zu drei Fragen präsentieren, die klären, warum wahrscheinlich in den Augen der meisten Männer und vieler Frauen eine Halbtagsbeschäftigung für Frauen präferiert wird und der berufliche Erfolg für Frauen nicht als gleich wichtig erachtet wird wie für Männer. Es wurde gefragt: „ *Was meinen Sie: Erhalten Frauen bei uns für gleichwertige Arbeit den gleichen Lohn wie Männer? Ist es bei gleicher Ausbildung für Männer leichter als für Frauen in eine besser bezahlte Position zu kommen oder ist es das nicht?"* Der überwiegende Anteil der Befragten glaubt, dass Frauen unterbezahlt sind (West: Männer: 76 %, Frauen: 79 %; Ost: Männer: 63 %, Frauen: 65 %). Und der überwiegende Anteil aller Befragten glaubt ebenfalls, dass es bei gleicher Ausbildung leichter für Männer ist in eine besser bezahlte Position zu kommen (West: Männer: 71 %, Frauen: 82 %; Ost: Männer: 72 %, Frauen: 82 %). Dementsprechend fallen die Antworten auf die Frage aus: „ *Wie ist das nach Ihrer Erfahrung: um in die gleiche berufliche Position zu kommen, müssen Frauen da mehr leisten als Männer, müssen sie weniger leisten oder gibt es da keinen Unterschied? Finden Sie das gut oder finden Sie das nicht gut?"* Der über-

49

wiegende Anteil der Befragten ist der Meinung, dass Frauen mehr leisten müssen (West: Männer 60 %, Frauen: 77 %; Ost: Männer: 58%, Frauen: 76 %) und der überwiegende Anteil der Befragten findet diesen Umstand nicht gut (West: Männer: 58 %, Frauen: 73 %; Ost: Männer: 57 %; Frauen: 73 %). Schauen wir uns noch eine letzte Frage an: *Wenn Sie an das Berufsleben denken: Hätten Sie persönlich lieber einen Mann als Chef, eine Frau als Chefin oder wäre Ihnen das egal? Und wenn es um Kollegen geht, mit denen Sie eng zusammenarbeiten, wäre Ihnen dann eine Frau lieber, ein Mann lieber oder wäre Ihnen das egal?* Der überwiegende Anteil aller Befragten gibt an, es wäre egal. Doch finden wir ein interessantes Muster hinsichtlich der konkreten Alternativen. Immerhin bevorzugen 15 % der Männer und 28 % der Frauen in Westdeutschland einen Mann als Chef und 28 % der ostdeutschen Männer sowie 34 % der ostdeutschen Frauen sind der gleichen Meinung. Ähnlich fällt das Meinungsmuster hinsichtlich der Präferenz Kollege versus Kollegin aus: 12 % der westdeutschen und 20 % der ostdeutschen Männer bevorzugen einen Mann, und 23 % der westdeutschen und 24 % der ostdeutschen Frauen tun dies ebenfalls. Die wenigsten Personen – unabhängig vom Geschlecht – bevorzugen eine Chefin oder eine Kollegin.

Was können wir nun, diese Meinungen von 1997 im Hinterkopf, am Arbeitsplatz beobachten, wenn wir dort Männer und Frauen betrachten? Wie bereits in der frühen Kindheit herrscht auch am Arbeitsplatz eine Segregation der Geschlechter vor. Die beginnt bereits mit der Einteilung der Berufe, die grundsätzlich durch die Qualitäten männerdomniert versus frauendominiert zu beschreiben sind. Ein Beispiel für solche Bereiche stellen die Textilindustrie als weibliche Domaine und der Bergbau als männliche Domaine dar.

Männlichkeit und Weiblichkeit eines Berufes wird jedoch weniger – wie dieses Beispielpaar auf den ersten Blick glauben macht – durch die inhaltliche Tätigkeit bestimmt als vielmehr durch die Höhe der Bezahlung. So genannte sekundäre Jobs sind weiblich, primäre Jobs sind männlich. Dadurch kommt es auch häufig zu räumlichen Trennungen – in den unteren Etagen arbeiten die weiblichen Arbeitskräfte, in den oberen Etagen deren Verwalter und Manager. Dies gilt ebenfalls für skandinavische Länder, die eigentlich im Hinblick auf die Gleichstellung der Geschlechter als progressiv bezeichnet werden[50].

Diese Beobachtung der Segregation der Geschlechter am Arbeitsplatz wird gestützt durch eine Studie von Strober und Catanzarite[64], die fanden, dass in den letzten Jahrzehnten nur 2% der Arbeitsstellen von einem Geschlecht auf das andere übergingen. Bedingungen der Übernahme sind immer dann günstig, wenn ein männerdominierter Beruf an Ansehen verliert und mit schlechterer Bezahlung einher geht. Dann gelingt es den Frauen in diese Domaine einzubrechen – es wird ihnen sozusagen ein sinkendes Schiff überlassen (Beispiel: Sekretär, ProfessorInnen in Ländern mit schlechter Bezahlung). Männer dringen aber selten in Frauenberufe ein. Integration ist also häufig nur ein

50

Zwischenweg, der mit einer Verschlechterung des Prestige des jeweiligen Berufsfeldes einhergeht, wenn in diesen Frauen eindringen. Übrigens ist Segregation auch in neueren Industriezweigen vorherrschend wie beispielsweise in der Computerindustrie[50].

So kann auch im Erwachsenenalter der spezifische Charakter der entsprechenden Subwelt aufrechterhalten werden, der eine Integration erschwert und Männer wie Frauen ihre bereits in der Kindheit etablierten Subwelten aufrecht erhalten läßt. Die sich daraus ergebenden Prioritäten und Unterschiede werden weiterhin trainiert und können lebenslang zu Mißverständnissen zwischen Männern und Frauen führen.

Schauen wir uns einige Beispiele für Stilunterschiede zwischen Männern und Frauen am Arbeitsplatz an, die zu Mißverständnissen führen können. Männer und Frauen weisen beispielsweise ein antagonistisches Humorverständnis auf, welches ihre Subwelten reflektiert. Das ist besonders deshalb wichtig, weil Humor auch eine soziale Funktion hat, insofern gemeinsames Lachen Verbundenheit und Ähnlichkeit stimuliert. Während Männer vorwiegend andere Personen als Zielscheibe des Witzes machen und Frauen darauf mit Rückzug reagieren, machen Frauen sich selber häufig zur Zielscheibe eigener Witze. Das finden Männer wiederum demütigend und die Frau sinkt in ihrer Achtung. Auch das Äußern von Kritik und das Annehmen von Kritik ist durch ein antagonistisches geschlechtsspezifisches System gekennzeichnet. Während Frauen sehr höfliche Kritik erteilen und versuchen ihre Kritik eher durch die Blume mitzuteilen, nehmen sie Kritik an sich selber in der Regel sehr ernst. Männer aber verstehen Kritik als etwas Hartes, wird sie also weich herübergebracht, nehmen sie diese nicht als Kritik wahr. Werden sie harsch kritisiert, nehmen also Kritik wahr, weisen sie diese aber oft zurück. Ebenfalls gehen Männer und Frauen unterschiedlich mit Komplimenten um. Wenn eine Person Feedback möchte, begreifen Frauen dies eher als Aufforderung, ein paar nette, höfliche Dinge zu sagen, Männer reagieren aber eher sachlich hierauf. Beides kann zu pikierten Reaktionen führen. Schließlich finden wir, dass Leistungen von Männern eher in der „Ich"-Form präsentiert werden, von Frauen eher in der „Wir"-Form.

Ein weiterer Aspekt, den wir bei Männern und Frauen am Arbeitsplatz beobachten können, ist, dass Frauen der Zugang zu männlichen Ingroups oft verwehrt wird, insbesondere bei den jetzt 50-60jährigen Männern, die in den oberen Managementetagen sitzen. Die eigene geschlechtshomogene Gruppe wacht also über das Eintreten möglicher Außenseiterinnen. Möglicherweise gibt es einen Generationenwechsel, möglicherweise werden aber die jetzigen Männer in die Fußstapfen ihrer Vorgänger treten, da sie von ihren Vorgängern dieses Verhalten erlernen.

Männer in nicht traditionellen Berufen bleiben hingegen üblicherweise von Schikanen von weiblichen Vorgesetzten verschont, fühlen sich aber häufiger

51

um Hilfe gefragt, wenn es um technische oder körperlich anstrengende Tätigkeiten geht.

Wie oben schon erwähnt wurde, besteht die Segregation von Männern und Frauen am Arbeitsplatz nicht nur in inhaltlich definierten Bereichen (die je nach Prestige umverteilt werden), sondern auch in einer ungleichen Machtverteilung. So finden wir, dass in den USA im Management der Frauenanteil bei 18% liegt. In Deutschland finden wir im Topmanagement einen Frauenanteil von 1%. An den Universitäten in Deutschland, die mit zu den integriertesten Arbeitsplätzen gehören dürften, finden wir in Ostdeutschland einen Frauenanteil von 11%, in Westdeutschland einen Anteil von 5% unter den ProfessorInnen.

Frauen, die es geschafft haben, ähnlich verantwortungsvolle und mächtige Positionen zu erobern, hatten in der Regel einen männlichen Mentor. Ausbildung ist nicht so entscheidend. Das wird auch durch neueste Ergebnisse für Deutschland bestätigt: Je besser ausgebildet Frauen sind, desto größere Diskrepanzen erleben sie zwischen tatsächlicher Bezahlung und angemessener Bezahlung[65]. Ob eine Frau ihre Fähigkeiten einsetzen darf, wird in der Regel von Männern bestimmt.

3.3 SCHLUßFOLGERUNGEN

Die bisherigen Beobachtungen stoßen in der Regel auf Widerspruch. „Ich habe früher viel mit Jungen gespielt", sagen in der Regel einige Frauen. „Das ist doch heute bestimmt nicht mehr so!", ist mitunter zu hören. Maccoby und Jacklin, die bereits vor nahezu 30 Jahren diese Beobachtungen das erstemal publiziert hatten, betonen immer wieder, dass es hier um eine bestimmte Beobachtung in heterosexuellen Kontexten geht, die natürlich nicht ausschließlich zu beobachten ist. Wie bei allen menschlichen Phänomenen existiert auch hier eine bestimmte Varianz, das heißt, es gibt immer wieder atypische Mädchen und Jungen, also Mädchen, die vornehmlich mit Jungen spielen oder Jungen, die auch mit Mädchen spielen. Es geht hier um eine statistisch auffällige Beobachtung und weder um einen individuellen Fallbericht noch um eine schwarz-weiße Verallgemeinerung.

Die hier präsentierten Daten zeichnen ein Bild der zwei Geschlechter, das so ziemlich den Vorstellungen von Maskulinität und Feminität entspricht, die im ersten Kapitel erläutert wurden. Es scheint fast so auf den ersten Blick, dass Mädchen ihren femininen Kommunikationsstil und Jungen ihren maskulinen Kommunikationsstil unter Ausschluß des anderen Geschlechts einüben und pflegen und so unter sich eine jeweils weibliche und männliche Identität erwerben. Wie Maccoby aber betont, und dieser Punkt ist extrem wichtig, ist das Repertoire des Kommunkationsstils wahrscheinlich bei beiden Geschlechtern weitaus breiter, als wir beobachten können. In Abbildung 3 sind die grundlegenden Prozesse der hier berichteten Beobachtungen vereinfachend zusammengefasst.

Die Frage ist nun natürlich, wie können wir die Entstehung der unterschiedlichen Subwelten über die Lebensspanne hinweg erklären und wie hängt dieses Phänomen mit geschlechtsspezifischer Identitätsentwicklung zusammen?

Bevor wir uns diesen Fragen zuwenden, erscheint es mir notwendig, vorab die Perspektiven zu klären, die wir unter anderen einnehmen können, um zu Antworten zu kommen. Im folgenden Teil *Menschenbilder* möchte ich verschiedene Perspektiven vorstellen. Andere mögen lieber die Begriffe *Denkschulen* oder *Metatheorien* verwenden. Jedes dieser Menschenbilder wird uns spezielle Antworten auf unsere Frage nach der Entwicklung geschlechtsspezifischer Identität liefern.

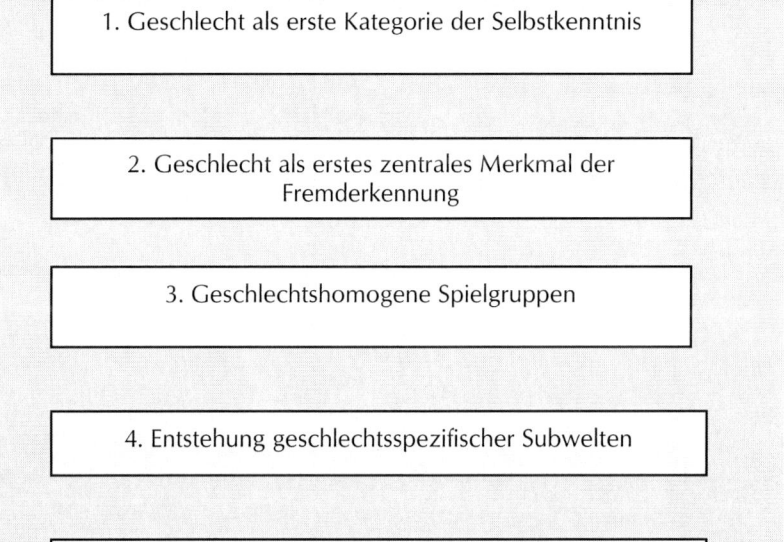

1. Geschlecht als erste Kategorie der Selbstkenntnis

2. Geschlecht als erstes zentrales Merkmal der Fremderkennung

3. Geschlechtshomogene Spielgruppen

4. Entstehung geschlechtsspezifischer Subwelten

5. Training eines eingeschränkten Verhaltensrepertoires

Abbildung 3: Grundlegende Prozesse der Geschlechtersegregation

53

MENSCHENBILDER

„Sicher aber ist es unmöglich, irgendein menschliches Problem ohne Voreingenommenheit zu behandeln: die Art der Fragestellung schon, der Blickpunkt, den man sich zu eigen macht, setzen eine gewisse Rangordnung der Interessen voraus; jedes Sosein schließt Wertungen ein; es gibt keine sogenannte objektive Beschreibung, die nicht einen ethischen Hintergrund hätte. Anstatt den Versuch zu machen, die Prinzipien, die man mehr oder weniger ausdrücklich voraussetzt, zu verschleiern, tut man besser daran, sie erst einmal klarzustellen..."

(Simone de Beauvoir, S. 20, *Das andere Geschlecht*, 1951)

Ob Identität etwas Permanentes, etwas Variables, ein harmonisches Ganzes oder aber ein widersprüchliches, konflikthaftes Gebilde repräsentiert – darüber, das haben wir gesehen, gehen die Meinungen auseinander. Diesen verschiedenen Annahmen über Identität liegen in der Regel unterschiedliche Menschenbilder zugrunde.

Ein Menschenbild ist genau wie eine wissenschaftliche Theorie ein in sich geschlossenes, widerspruchsfreies Gefüge aus Annahmen. Anders als in einer wissenschaftlichen Theorie bezieht sich ein Menschenbild jedoch auf ein breites Sprektrum von Bereichen und die Annahmen werden nicht bewußt generiert, um sie zu operationalisieren, zu falsifizieren oder empirisch zu stützen – Menschenbilder sind in diesem Sinne komplexer als Theorien und bestimmen auf einer unbewußten Ebene unsere Wahrnehmung der Welt.

In diesem Teil werden nun drei Menschenbilder vorgestellt, die bedeutsam für unsere Fragestellung nach der Entwicklung geschlechtsspezifischer Identität sind. Jedes Menschenbild enthält Annahmen über die Beschaffenheit der sozialen Welt und deren Interaktion mit dem Individuum, die sich teilweise ähneln, teilweise widersprechen. Jedes dieser Menschenbilder aktiviert jedoch einen ganz anderen Blickwinkel auf die Fragestellung.

4. SOZIALER KONSTRUKTIVISMUS – DIE KONSTRUKTION VON WEIBLICHKEIT UND MÄNNLICHKEIT

Das Argument: Was uns selbstverständlich und naturgegeben erscheint, ist konstruiert und beruht auf sozialen Konventionen. So auch die Definition dessen, was männlich beziehungsweise weiblich ist. Da uns diese Konstruktionen aber häufig nicht bewußt sind, tragen wir dazu bei, dass sie täglich neu aufrechterhalten werden.

Im Folgenden geht es um eine Denkschule, die sich selbst als „sozialen Konstruktivismus" bezeichnet. Zunächst möchte ich diese Schule etwas näher beschreiben und einige Belege für die Plausibilität ihrer Annahmen liefern, indem ich auf die historische Rekonstruktion von Identität und deren kultureller Konstruktion eingehe. Dann möchte ich die Prinzipien des sozialen Konstruktivismus auf das Thema Identitätsentwicklung aus geschlechtsspezifischer Perspektive für die primäre Sozialisation und die sekundäre Sozialisation anwenden.

4.1 WAS IST SOZIALER KONSTRUKTIVISMUS?

Das Forschungsinteresse der ForscherInnen, die sich dieser Denkschule zugehörig fühlen bezieht sich auf alle Prozesse, die der Beschreibung und Erklärung der Welt zugrunde liegen, in der wir leben und zwar einschließlich unserer eigenen Person. Der theoretische Zugang des sozialen Konstruktivismus wird auch als *soziorationalistisch* bezeichnet. Das bedeutet, dass menschliche Verhaltensweisen, Meinungen und Gefühle als sozial vereinbarte Konstruktionen verstanden werden, also weniger eine wahre Wirklichkeit widerspiegeln, als vielmehr auf einer häufig unausgesprochenen und ungeschriebenen sozialen Einigung beruhen.

4.1.1 Der Ausgangspunkt

Nun könnte man meinen, dass viele Meinungen wahr sein müssen, weil sie auf der Wahrnehmung objektiver Tatsachen beruhen. Simple Wahrnehmungsexperimente jedoch demonstrieren, dass Menschen bestrebt sind, sich der Meinung der anderen auch dann anzupassen, wenn sie eigentlich glauben, dass ihre eigene Meinung wahr ist. Ein klassisches Experiment von Sherif[66] demonstriert dies. Sherifs ProbandInnen hatten die Aufgabe, einzuschätzen, wie weit sich ein Lichtpunkt in einem dunklen Raum bewegt. Drei ProbandInnen, die in diesem Raum saßen, gaben drei völlig verschiedene Urteile ab. Die Einschätzungen sollten in der Gruppe nochmals diskutiert werden. Nach dieser Gruppenentscheidung rückten die Meinungen über die Bewegung des Punktes zusammen. Als nach einem erneuten Versuchsdurchgang nochmals ein Urteil über die Bewegung des Punktes gefällt wurde, zeigte sich, dass auch die einzelnen Individuen bei der Gruppenentscheidung blieben.

Festinger[67] war der Meinung, dass Menschen insbesondere dann ihre individuellen Meinungen mit der Gruppenmeinung vergleichen, wenn sie sich Meinungen über die sogenannte soziale Realität bilden müssen. Die soziale Realität wird bestimmt durch Aspekte, über die wir keine objektiven Daten einholen können. Für Aspekte der von Festinger so genannten physischen Realität ist das schon leichter. Beispiele für soziale Realität sind: Ist es gut oder schlecht militärisch gegen Terroristen vorzugehen? Ist es hilfreich oder sinnlos einen Fingerabdruck neben ein Passfoto zu setzen? Ist es beschämend oder hip alte Schlager zu hören usw. Um also solche Meinungen auf ihren „Richtigkeitsgehalt" zu überprüfen ziehen wir zum Vergleich unsere relevante Bezugsgruppe heran, die in der Regel aus Menschen zusammengesetzt ist, die uns auf relevanten Dimensionen ähnlich sind. Dies tun wir deshalb, weil wir dann ungefähr wissen, woran wir sind und deren Meinungen besser vertrauen zu können glauben. Nach Festinger passiert nun bei diesem Meinungsver-

56

gleich etwas Ähnliches wie das, was Sherif bereits 1936 berichtete. In der Regel nämlich gleichen wir, wenn unsere individuelle Meinung von der Meinung unserer relevanten Bezugsgruppe abweicht, diese der Gruppenmeinung an. Ist eine Gruppe sehr gespalten, kann man beobachten, dass intensive Kommunikationsprozesse auftauchen. Kann sich die Gruppe nicht einigen, bricht sie in der Regel auseinander: Es kann keine gemeinsame Wirklichkeit mehr konstruiert werden.

4.1.2 Symbolischer Interaktionismus

Wir finden zahlreiche VertreterInnen dieser Denkschule in der Philosophie, welche auch entscheidend an deren Ausformulierung mitgewirkt haben wie beispielsweise Paul Feyerabend, Paul Kuhn, Ludwig Wittgenstein, in der Psychologie beispielsweise Kenneth J. Gergen, in der Soziologie Irving Goffman, Judith Butler, in der Anthopologie R.A. Shweder. Eine wichtige Grundlage des sozialen Konstruktivismus ist der innerhalb einer soziologischen Tradition gegründete *symbolische Interaktionismus*. Diese Denkschule wurde gegründet von George H. Mead, C.H. Cooley und anderen. Diese WissenschaftlerInnen gehörten zu den ersten überhaupt, die begannen systematisch zu formulieren – innerhalb eines umfassenderen Theoriegebäudes – inwieweit die Konstruktionen einer Gesellschaft Einfluß nehmen auf die Identitätsentwicklung einer Person.

Entscheidend, so die eine Grundannahme des symbolischen Interaktionismus, für gesellschaftliche Konstruktionen sind die Symbole einer Kultur. Symbole sind Sprache, Schriftsprache, Gesten, Mimik, Objekte. Ohne solche gemeinsamen Symbole sind wir nur unbefriedigend in der Lage miteinander zu interagieren, also wechselseitig in Beziehung zu treten. Daraus ergibt sich der Name *Symbolischer Interaktionismus*. Eine Person kann also nur dann eine Identität entwickeln, die sie zur Interaktion mit anderen befähigt, wenn sie in einer Gruppe von Menschen aufwächst, mit denen sie Identität zu teilen lernt, also ein Spektrum gemeinsamer Symbole erwirbt. Dies wurde im vorangegangenen Kapitel erörtert.

4.1.3 Grundlegende Annahmen des sozialen Konstruktivismus

Sozialer Konstruktivismus ruht nun auf vier grundlegenden Annahmen, die von Gergen folgendermaßen beschrieben werden[68]. Die erste Annahme bezieht sich auf die *Konventionsgebundenheit aller Wahrnehmung*. Sie besagt, dass Erfahrungen, Beobachtungen, ja selbst die Anwendung wissenschaftlicher Methoden nicht zu wahren Erkenntnissen führen müssen. Das dies so sein soll, wird dadurch begründet, dass unsere Erfahrungen durch bestimmte Einflußfaktoren notwendigerweise konventionsgebunden sind. Unser kultureller Rahmen bestimmt unsere Erfahrung, historische Ereignisse beeinflussen unsere Wahrnehmung und auch die Art der Erfahrungen, die wir machen. Auch ist der ganz konkrete unmittelbare soziale Kontext entscheidend, beispielsweise der Umstand, in welcher Gruppe wir uns gerade befinden, hat einen enormen Einfluß auf unsere Wahrnehmung, unsere Gefühle und unser Verhalten. Erfahrungen, Beobachtungen, Meinungen können also einfach auf vollkommenen Illusionen beruhen.

Die zweite grundlegende Annahme lautet: *Die Begriffe für unser Verständnis von Welt sind Kunstprodukte aktiver sozialer Interaktionen.* Auch hier gilt wieder: Die historischen und kulturellen Grundlagen eines Phänomens sind von extremer Wichtigkeit. Konstruktionen von Beziehungen und Konzepten wandeln sich also und sind soziale Produkte, die durch soziale, moralische, politische, und ökonomische Strukturen gestützt und aufrechterhalten werden. Die Bedeutung dieser Annahme wird klarer werden, wenn ich sie an dem Konzept PartnerInnenliebe und Mutterliebe erläutere.

Diese Überlegungen führen zur dritten Grundannahme des sozialen Konstruktivismus: *Die Beibehaltung eines Konzeptes steht nicht mit dessen empirischer Validität in Zusammenhang, sondern mit den sozialen Prozessen, die damit einhergehen.* Ob also ein Konzept wie Mutterliebe oder PartnerInnenliebe so beibehalten wird wie es ursprünglich gedacht wird, hat nichts mit dem Wahrheitsgehalt des Konzeptes zu tun, sondern nur mit dem sozialen Kontext, in welches dieses Konzept notwendigerweise eingebettet ist.

Welche Prozesse sind es nun, welche zu Veränderungen von Konzepten entscheidend beitragen? Gergen nennt vier Prozesse, die integraler Bestandteil sozialer Kontexte sind. Zum einen ist der Prozess der Kommunikation wichtig. So wissen wir hier aus der Forschung zur Personenwahrnehmung, dass beispielsweise die Wahrnehmung von Ähnlichkeit dazu führt, dass wir uns einer anderen Person, zu der wir Ähnlichkeit wahrnehmen, hingezogen fühlen und kommunikationsbereiter sind[69].

Weiterhin ist unser Verhandlungsstil entscheidend. Wenn wir beispielsweise mit unserer Meinung einer Minderheit angehören, ist es entscheidend[70-71], dass wir einen konsequenten, konsistenten, aber dennoch flexiblen Verhandlungsstil einsetzen gegenüber einer Mehrheit. Wenn Sie also beispielsweise in einem Schulkollegium der Minderheit von LehrerInnen angehören würden, die denken, dass Kinder in bestimmten Fächern keine Noten erhalten sollten (beispielsweise Kunst), dann wäre es für Sie, wenn Sie diese Konstruktion ändern wollen würden, ganz wichtig, nicht von ihrem Standpunkt abzuweichen, innerhalb der Minderheit keine offenkundigen Unstimmigkeiten aufkommen zu lassen, aber dennoch nicht völlig rigide bei Verhandlungsgesprächen auf Ihrem Standpunkt zu beharren. Dann haben Sie eine gewisse Wahrscheinlichkeit,

58

ihre Konstruktion der Wirklichkeit durchzusetzen, weil abweichende Konstruktionen, wenn sie denn überzeugend, konsequent und konsistent vertreten werden, interessanter und anregender sind als die häufig nicht reflektierten Meinungen von Mehrheiten.

Denn sie schaffen einen Konflikt in der Mehrheit, dies ist das dritte entscheidende Element im sozialen Kontext, der diese zum Nachdenken anregt[72]. Lassen sich Mitglieder einer Mehrheit also von den Argumenten einer Minderheit überzeugen, stehen sie, weil sie nachdenken mußten, einen kognitiven Konflikt zu bewältigen hatten, häufig stringenter hinter der Minderheitenmeinung als hinter einer unreflektierten aus Gründen der Konformität angenommenen Mehrheitsmeinung. Gelöste Konflikte konsolidieren also neue Konzepte und führen zur Veränderung von Wirklichkeitskonstruktionen.

Wie gut ein Verhandlungsstil ankommt wird entscheidend durch ein kommunikatives Mittel bestimmt, nämlich durch rhetorische Mittel. So gilt in den Wirklichkeitskonstruktionen von modernen Leistungsgesellschaften, besonders westlichen Gesellschaften, dass negative Kritik besonders kennzeichnend für die hohe Intelligenz der Person ist, welche diese Kritik ausübt[73]. Auch wirken Personen umso überzeugender, je dominanter sie auftreten, je dynamischer sie wirken, je größer sie sind, wenn sie nicht mehr ganz jung sind und wenn sie wenig lächeln beziehungsweise lachen, also einen ernsthaften Eindruck vermitteln[74].

Alle diese Aspekte zusammen bestimmen also ob eine Wirklichkeitskonstruktion überzeugender wirkt als die andere, nicht der Wahrheitsgehalt der Konstruktion ist letztendlich ausschlaggebend. Diese Prozesse sind wichtig für alle Lebensbereiche. Wie in den Geisteswissenschaften, so finden wir sowohl in den so genannten harten Naturwissenschaften als auch in den Humanwissenschaften immer nur ein Wissen vor, welches auf sozialen Konventionen beruht. Wirklichkeitskonstruktionen spiegeln also Moden, einen Zeitgeist wieder, der durch Kommunikation etabliert wird.

Kommen wir zur letzten Annahme des sozialen Konstruktivismus: *Die Formen von vereinbarten Verstehensweisen sind bedeutsam für unser soziales Leben insofern sie mit vielen verschiedenen Aktivitäten verbunden sind, die eine Gruppe von Handlungen ausschließt, und die andere einschließt.* Ein Alltagsbeispiel zur Illustration dieser Annahme stellen Begrüßungsfloskeln dar, also sprachliche Symbole, die man heranzieht, um einer anderen Person zu signalisieren, dass man sie wiedererkennt und sich ihr gegenüber höflich verhalten wird. Personen, denen man gegenüber keine Begrüßungsformel anwendet, kennt man entweder nicht oder man tut so, als ob man sie nicht kennen würde, symbolisiert also der letzteren Gruppe mit seinem Verhalten, dass man nicht geneigt ist, höfliches Verhalten zu zeigen. Je nachdem welche Verstehensweisen wir vereinbart haben, werden wir auch bestimmte Personen als normal wahrnehmen, andere jedoch nicht. Und auch hier verschieben sich die

Konventionen. So nehmen in den letzten Jahren Formen sozialer Ängste zu[14]. Hier fließen einerseits gesellschaftliche Veränderungen in Hinblick auf das wünschenswerte Leistungspotenzial von Menschen ein, andererseits aber auch neue Konstruktionen von Konzepten wie Schüchternheit. War Schüchternheit vor dreißig Jahren noch kein negatives Attribut, so ist es dies heutzutage, weil es in Kontrast zu den mittlerweile sehr wünschenswerten und maskulinen Attributen Durchsetzungskraft, Selbstsicherheit, Selbstbewußtsein verstanden wird, die als notwendige Voraussetzungen für die optimale Entwicklung der eigenen Persönlichkeit verstanden werden. In Tabelle 1 sind die Grundannahmen dieses Menschenbild zusammengefasst.

Tabelle 1: Die grundlegenden Annahmen des sozialen Konstruktivismus

Annahmen	Beispiel
Konventionsgebundenheit aller Wahrnehmung	Tod als negatives Ereignis
Begriffe als Kunstprodukte aktiver sozialer Interaktionen	Gewaltbegriff: Physische, strukturelle, psychische, verbale Gewalt
Beibehaltung eines Konzeptes aufgrund sozialer Interaktionen	Ehegattensplitting
Formen von Vereinbarungen für unser soziales Leben	Verhaltensskripte, z.B. Arztbesuch

4.1.4 Ebenen der Identitätskonstruktion

Ganz entscheidend für die Konstruktion der Identität ist die so genannte *Wirklichkeit der Alltagswelt*[75]. Sie stellt für Menschen die oberste Wirklichkeit dar. Dabei agieren wir innerhalb einer Wirklichkeitsanordnung, die wir nicht mehr hinterfragen. Der Umstand, dass wir uns mit motorisierten Fahrzeugen (Autos) von einem Punkt A nach B bewegen und dort vor rechteckigen Platten auf Dingern mit vier Beinen (Tischen) sitzen ist für uns eine ganz normale Bühne, die wir als Wirklichkeit wahrnehmen. Die Requisiten dieser Bühne verwenden wir als etwas ganz selbstverständliches, wir sprechen eine gemeinsame Sprache mit unserer Umgebung, suchen unterschiedliche Orte auf, haben verschiedene Beziehungen.

Dabei ist ganz entscheidend, dass unsere Alltagswirklichkeit häufig so beschaffen ist, dass sie um uns selbst herum angeordnet ist. Das Hier wird durch den eigenen Körper erlebt, das Jetzt ist immer der Zeitpunkt, von dem wir selbst die Welt wahrnehmen. Durch kommunikative Akte treten wir in Beziehung zur Außenwelt, so entsteht Intersubjektivität, die wir in der Regel als Objektivi-

60

tät wahrnehmen. Schließlich wird die Alltagswelt auch dadurch bestimmt, dass sie in der Regel als unproblematisch erlebt wird, der Tag funktioniert, die Konstruktion der Wirklichkeit funktioniert. Erst wenn Routinen unterbrochen werden, dadurch die Alltagswelt gestört wird (beispielsweise hat es über Nacht heftig geschneit; es ist schwierig, sich von A nach B zu bewegen), die Konstruktion gefährdet scheint (man weiß nicht, ob man vielleicht aus seinem Job entlassen wird) oder gar zusammenbricht (man wird von seinem/seiner Partnerin verlassen), nehmen wir überhaupt wahr, dass die von uns als Wirklichkeit wahrgenommene Alltagswelt konstruiert ist.

Auch die *Interaktionsformen,* die uns in unserer Alltagswelt erwarten, haben einen unterschiedlichen Erinfluß auf unser Identitätserleben. Interaktionsformen können insbesondere durch ihre Direktheit beschrieben werden. Am direktesten und intensivsten sind die so genannten vis-à-vis-Situationen, die gerade während der primären Sozialisation, also der frühkindlichen Erziehung außerordentlich wichtig sind. Man sieht sich von Angesicht zu Angesicht (eine Interaktionsform, die zunehmend durch abstraktere Interaktionsformen ersetzt wird). Vis-à-Vis-Situationen sind dadurch gekennzeichnet, dass sie eine ständige Wechselseitigkeit aufweisen. Das Gegenüber agiert, wir reagieren und agieren, das Gegenüber reagiert und agiert usw. Diese Situationen zeichnen sich in der Regel durch einen hohen Grad von Flexibilität aus, indem man aufeinander eingehen muß. Dabei bestimmen mit zunehmender Vertrautheit Typisierungen den Verlauf der Interaktion, d.h. nach einiger Zeit habe ich mir ein Bild von meinem Gegenüber gemacht und mein Gegenüber sich ein Bild von mir und wir werden die Interaktion anhand dieser Typisierungen leiten. So wissen Sie beispielsweise, dass Ihre Freundin bei bestimmten Themen „ hoch geht", (das ist typisch für sie), und einen cholerischen Anfall entwickelt. Wenn Ihnen also nicht danach ist und Sie möchten einen friedlichen Abend mit ihr verbringen, dann werden Sie versuchen, andere Themen einzubringen. Je anonymer Interaktionsformen sind, desto weniger muß man sich gestisch, mimisch, verbal auf sein Gegenüber einstellen, desto weniger wird diese Interaktion als wirklich und damit identitätsstiftend erfahren.

Bevor ich nun die Bedeutung dieses Menschenbildes für Identität und geschlechtsspezifische Identitätsentwicklung erläutern möchte, ist es mir zunächst wichtig, einige Beispiele auszuführen, welche die Thesen des Sozialen Konstruktivismus als plausible Thesen stützen.

Zunächst werde ich auf den Identitätsbegriff unter historischen Gesichtspunkten eingehen. Danach möchte ich die kulturelle Konstruktion von Identität erörtern. Beide Exkurse belegen die Konstruktion von Identität und ihre Abhängigkeit von der Zeit und dem Ort, in der und an dem wir leben. Die historische und kulturelle Rekonstruktion von Identität zeigt meiner Meinung nach auch eindrücklich, wie wichtig es ist, eigene Identitätsauffassungen permanent zu hinterfragen.

61

4.2 DIE HISTORISCHE REKONSTRUKTION VON IDENTITÄT

Wenn die Annahmen des sozialen Konstruktivismus zutreffen, dann sollte es so sein, dass wir unterschiedliche Definitionen von Identität zu unterschiedlichen historischen Bedingungen vofinden sollten. Ich würde die historische Betrachtung von Identität gerne retrospektiv vornehmen, fange also mit dem Istzustand an, also mit der Frage, wie der moderne Mensch Identität aufbaut.

Dabei erweist sich eine Klassifikation von Selbstdefinitionsprozessen als sehr hilfreich, die von Baumeister[76] ausgearbeitet wurde. Der Grundgedanke ist folgender: Unser sozialer und kultureller Kontext versorgt uns mit einer Vielzahl von Kriterien, die wir verwenden, um unsere Identität zu begründen, um uns selbst zu definieren. Die zur Verfügung gestellten Kriterien können in fünf unterschiedliche Typen unterteilt werden.

Typ 1 von Selbstdefinitionskriterien zeichnet sich dadurch aus, dass eine Komponente entscheidend für die Selbstdefinition wird, beispielsweise das biologische Geschlecht einer Person (als erstes Identitätsmerkmal) oder ihre Herkunft. Definiert man sich selber über so eine zugewiesene Komponente, erweist sich das in der Regel als relativ unproblematisch, meint Baumeister, denn diese zugewiesene Komponente ist stabil und unkontrollierbar. Dennoch ist es denkbar, dass Menschen unter diesen nicht zu verändernden Tatsachen leiden, manche lassen sogar ihr Geschlecht umwandeln, was eine hochproblematische Angelegenheit darstellt.

Ein zweiter Typ von Selbstdefinitionskriterien sind einmalige Veränderungen wie beispielsweise Mutter- oder Vaterschaft. Mutter- oder Vatersein wird durch eine einmalige Leistung zu einem ewigen Bestandteil der eigenen Identität. Das Problem dieses Selbstdefinitionskriteriums ist der Leistungsaspekt: Leistung beinhaltet auch Versagen. Wenn eine Person sich also aufgrund eines einzigen Kriteriums selbst definiert, ist die Gefahr, einen Identitätsverlust zu erleben, wenn dieses Kriterium nicht erfüllt wird, sehr hoch.

Eine dritte Typisierung besteht in hierarchischen Selbstdefinitionskriterien. So ist das oberste Gebot in Leistungsgesellschaften leistungsfähig und funktionstüchtig zu sein. Nach diesem Kriterium wird das eigene Selbst, das eigene Identitätserleben reflektiert. Es gibt zwar auch andere Kriterien für die eigene Identitätsgestaltung, aber eines ist das dominante.

Die Wahl zwischen verschiedenen Alternativen stellt einen vierten Typ von Selbstdefinitionsprozessen dar. Menschen haben die Wahl zwischen verschiedenen Berufen, verschiedenen politischen Gruppenzugehörigkeiten oder verschiedenen Glaubensgemeinschaften. Obwohl jedoch alternative Optionen existieren, ist eine Option dominant oder aber es existieren klare Richtlinien dafür, eine Option zu wählen. Obwohl es beispielsweise viele verschiedene

Glaubensgemeinschaften gibt, wählen die meisten Personen nur unter einer geringen Zahl von Alternativen.

Ein fünfter Selbstdefinitionstyp schließlich verlangt vom Individuum, eine Wahl zu treffen. Dabei müssen Entscheidungen unter maximaler Unsicherheit getroffen werden. So ist es beispielsweise schwierig, den richtigen Beruf oder den richtigen Partner beziehungsweise die richtige Partnerin zu wählen. Nach welchen Kriterien soll vorgegangen werden?

Je moderner die Gesellschaft, desto mehr Typen von Selbstdefinitionsprozessen sind in dieser Gesellschaft vertreten und desto stärker ist Typ 5 vertreten. Der moderne Mensch muß also Entscheidungen zwischen Alternativen treffen (oder meint, dies tun zu müssen), für welche keine klaren Entscheidungsregeln existieren.

4.2.1 Der moderne Mensch

Der moderne Mensch ist also eine Person, die scheinbar aus einer Vielzahl von Alternativen wählen kann, um sich eine eigene Biographie zusammenzustellen. Wir können uns unseren Beruf aussuchen, wir können uns aussuchen, welche Art von Partnerschaft wir leben wollen oder ob überhaupt, wir können uns aussuchen, wo und wie wir leben wollen. Wir haben mitunter so viele Möglichkeiten zur Auswahl, dass manche der Alternativen, die uns zur Verfügung stehen, sich gegenseitig ausschließen. Wir können beispielsweise nicht zugleich BäuerIn und WissenschaftlerIn sein. Diese Freiheiten stellen für viele Personen auch ein Problem dar. Wenn jeder selber verantwortlich ist für die Gestaltung seiner Biographie, dann erhöht sich auch die Verantwortung für das mögliche Scheitern und Versagen[77].

Außerdem sind die Kriterien nicht immer ganz klar, nach denen es geboten zu sein scheint, vorzugehen, der moderne Mensch ist unverhältnismäßig oft mit Selbstdefinitionsprozessen des Typ 5 konfrontiert. Sollten wir das machen, was uns „ Spaß" macht? Aber vielleicht macht es uns mit 20 Jahren Spaß Psychologie zu studieren und wir wollen mit 30 gar nicht als Psychologe oder Psychologin arbeiten? Oder sollen wir das machen, womit sich „ Geld" machen läßt? Aber vielleicht sind wir dafür gar nicht gut genug und werden kläglich scheitern? Das moderne Individuum hat die Wahl und damit die Qual. Es verfügt über scheinbar grenzenlose Freiheit. Die Kehrseite ist eine Selbstverantwortung für Bereiche, die nicht nach klaren Kriterien gestaltet werden können. Das Resultat ist, wie Sennett es beschreibt, der „ flexible Mensch", der scheinbar selbst bestimmt, aber im Grunde genommen in einem hohen Ausmaß marktpolitischen Gesetzmäßigkeiten unterliegt, die keine Rücksicht auf traditionelle Verwurzelungen von Personen nehmen. Unsere Freiheit ist also nicht grenzenlos, es stehen zwar Alternativen zur Verfügung, aber es existieren gesellschaftliche Standards, die gewisse Optionen vorgeben.

Ein besonders gutes Beispiel hierfür ist die Gestaltung von weiblichen Biographien in westlichen Gesellschaften. Eigentlich stehen Frauen alle Berufsfelder offen. Aber Frauen möchten auch Kinder bekommen. Eigentlich können Kinder auch von anderen Bezugspersonen betreut werden als von der Mutter, aber tatsächlich machen dies die wenigsten Mütter. Eigentlich könnten Kinder auch von Vätern betreut werden, aber tatsächlich machen dies die wenigsten Väter. Dies gilt insbesondere für kleine Kinder. Die in 3.2.3. vorgestellten Daten hierzu zeigen deutlich, dass wir zwar eine Wahlfreiheit haben, dass diese Wahlfreiheit aber für Männer und Frauen hinsichtlich bestimmter Alternativen sehr beschnitten ist: Unbegrenzte Wahlfreiheit erweist sich als Illusion. Allein das Beispiel „Vereinbarung von Beruf und Familie" zeigt, dass in unserer Gesellschaft bestimmte Optionen vorgegeben sind. Dies ist faktisch schwer nachzuweisen, aber in unseren Köpfen sind bestimmte Leitbilder von Familie, Mutter- und Vatersein, die es beiden Geschlechtern nahelegen, ihre Biographie auf eine bestimmte Weise zu gestalten. So ergibt sich von selbst, dass bestimmte Berufsfelder Frauen nicht offenstehen, wenn sie Mutter werden wollen auf die Art und Weise, die sie gelernt haben und dass sie, wenn sie sich für ihren Beruf entscheiden sollten, häufig auf Kinder verzichten, wie dies immerhin zur Zeit ein Drittel aller 36jährigen deutschen Frauen tun, Tendenz steigend[78]. Dasselbe gilt auch für Männer: Sie glauben nicht die Wahl zu haben, Erziehungsurlaub zu nehmen oder sich mit kleinen Kindern abzugeben, weil sie genau wie die Frauen denken, dass dies nicht gut für ihre Arbeit und die Kinder wäre. Wir finden also im 21. Jahrhundert nur eine begrenzte Wahlfreiheit des Individuums hinsichtlich der Gestaltung seiner Biographie vor. Viele Alternativen scheinen solche zu sein, die sich gegenseitig ausschließen.

Gleichzeitig finden wir uns als Personen wieder, die in Leistungsgesellschaften leben. Wir leben in einem kulturellen Kontext, der durchaus hierarchische Kriterien für Selbstdefinitionsprozesse zur Verfügung stellt. Der moderne Mensch wird in vielen Kontexten an seiner Funktionsfähigkeit gemessen, an seiner Leistungsfähigkeit. Einerseits können wir uns also als einzigartige Individuen fühlen, da wir persönliche Entscheidungen nach persönlichen Kriterien treffen können. Andererseits sollen wir jedoch einem bestimmten Leistungskriterium entsprechen, das zumeist in hohem Maße verinnerlicht ist. Durch diese Mischung verschiedener Selbstdefinitionsprozesse stehen wir vor einer unlösbaren Aufgabe „... vom Individuum wird zugleich gefordert, so zu sein wie alle anderen, und so zu sein wie kein anderer; es soll also zwei Anforderungen genügen, die sich gegenseitig ausschließen." (S. 111[14]). So schafft der Anspruch, des eigenen Glückes, Schmied zu sein und auch jederzeit leistungsbereit zu sein, der durch Selbstdefinitionsprozesse des Typ 4 und 5 verkörpert

64

wird, das Gebot der Autonomie. Bindungen hindern uns daran, in einem vollen Sinne leistungsfähig zu sein, aber sie hindern uns auch daran, uns selbst zu verwirklichen.

Bindungslosigkeit wird als Voraussetzung von Autonomie und Selbstverwirklichung gesehen. Gleichzeitig wird dieses Kriterium aber auch wieder das Kriterium für Normalität.

Wie wir gesehen haben, wird das schon bei so einfachen, prinzipiellen Entscheidungen deutlich, wie Mutter oder Vater zu werden. In unserem modernen Identitätsbegriff scheint es unvereinbar zu sein, Mutter kleiner Kinder und mit voller Kraft tätig in einem Berufsfeld zu sein. Wenn Frauen also leistungsstark sein wollen, dürfen sie keine kleinen Kinder haben. Wenn sie aber Mutter werden wollen, können sie dem Autonomiegebot nicht folgen. In gewisser Weise gelten diese Regeln jedoch für alle Menschen in Leistungsgesellschaften. „... In einem ganz gewichtigen Sinne gibt es nur ein vollständig und akzeptables Wesen in der modernen Gesellschaft: ein Individuum mittleren Alters, das sich bester Gesundheit erfreut, nicht zu Depressionen und Suchterkrankungen neigt und auch sonst keine Ängste und Sorgen kennt, voll beschäftigt ist, gewandt im sozialen Umgang, aber frei von Bindungen und Verpflichtungen, die seine Mobilität einschränken könnten, von durchschnittlichem, besser noch unterdurchschnittlichem Gewicht und gutem Aussehen. Jeder Mann und jede Frau tendiert dahin, aus dieser Perspektive auf die Welt zu sehen; sie stellt ein Wertesystem dar, an dem sich die einzelnen messen, und in bezug auf das jeder an irgendeinem Punkt versagt. Zeitweise wird er sich darüber hinweg täuschen, manchmal wird er sich deswegen aber auch für unvollkommen und minderwertig halten und sich in Hinblick auf solche Aspekte seiner selbst, die den modernen Identitätsnormen nicht genügen, entschuldigen, um eine therapeutische Korrektur nachsuchen oder auch aggressiv werden. In jedem Fall dient jedoch Normalität als oberste Richtschnur für die Selbstverwirklichung des einzelnen." (S. 109-110$^{(14)}$).

Moderne Menschen denken also in einem Ausmaß, das es bisher in der Geschichte der Menschheit kaum gab, dass sie ihre eigene Identität gestalten können. Zugleich aber sind sie dennoch Restriktionen unterworfen, die sich zwar teilweise auch aus den historischen Gegebenheiten heraus erklären, aber insbesondere auch dadurch, dass bestimmte Vorstellungen als Teil der Wirklichkeit gehalten werden. Somit muß der moderne Mensch wählen und mit einem ständigen Gefühl des Versagens leben, wenn er die potenzielle Messlatte nicht erreicht.

Dies gilt in ungleich höherem Ausmaß für Frauen in Leistungsgesellschaften, in denen positive Anerkennung über die Leistungsfähigkeit des Individuums läuft. Frauen bleiben, was die berufliche Entwicklung angeht, überdurchschnittlich häufig hinter ihren Möglichkeiten zurück. Sie nehmen lange Erziehungsurlaube, welche die Rückkehr in den Beruf erschweren. Sie verzichten zugunsten

65

der beruflichen Weiterentwicklung ihres Partners eher auf eine eigene Karriere. Auch wenn die niedrige Geburtenrate in Deutschland dazu beitragen könnte, dass Frauen wieder mehr Anerkennung über traditionelle Tätigkeiten beziehen können, stellt diese Option doch keine reelle Weiterentwicklung der Optionen für Frauen dar.

Die Meinungen der oben genannten Umfrage unter deutschen BürgerInnen jedenfalls spiegeln eine deutliche Diskrepanz zwischen dem zeitgenössischen Anspruch an weibliche Biographien wieder und der wahrgenommenen Realität. Warum sollten Frauen wünschen, eine starke berufliche Identität aufzubauen, wenn sie dafür ungleich mehr tun müssen als Männer, dennoch schlechtere Karten haben, schlechter bezahlt werden und obendrein eine Tätigkeit ausführen würden, die mit den Vorstellungen der meisten über Kindererziehung kollidiert? Warum sollten Frauen also einen Aspekt der Identität stärken, der einem anderen Aspekt so offenkundig widerspicht?

Dazu kommt die ambivalente Einstellung gegenüber dem eigenen Geschlecht: Wie soll ich als Frau einer Frau trauen können, die genau das tut, die sich diesen Widersprüchen aussetzt oder aber sich konsequent für eine berufliche Identität entschieden hat? Typ 5 der Selbstdefinitionen und die damit verbundenen Inkonsistenzen, die schwierig sind, können an dieser einen Frage schon relativ gut demonstriert werden. Frauen drängen sich durch solche Meinungen und den damit verbundenen Wertevorstellungen selber in andere identitätsbildende Bereiche. Gleichzeitig werden sie durch gesellschaftliche Strukturen dahin gedrängt.

Insofern hat sich nicht allzu viel geändert in der traditionellen Rollenverteilung in Deutschland, nur psychologisch betrachtet, ist es wahrscheinlich, dass Frauen heutzutage eine größere Diskrepanz zwischen dem empfinden, was sie eigentlich tun sollten und dem, was sie sich selber zutrauen. Da der moderne Mensch zu einem großen Teil seine Identität durch sich selbst aufbaut, wie er jedenfalls meint, leidet er vermutlich auch unter den damit verbundenen Widersprüchen und Diskrepanzen zwischen Ideal- und Realzustand.

Somit erklärt sich auch die Zunahme bestimmter psychischer Störungen in den letzten Jahrzehnten, wie beispielsweise Depression und Angststörungen[14]. Vor allem soziale Ängste machen hier den größten Anteil aus. Soziale Ängste beruhen häufig auf der Grundangst, zu versagen, sich nicht richtig zu verhalten, nicht von den anderen respektiert und akzeptiert zu werden.

4.2.2 Ein Blick zurück

Werfen wir einen Blick zurück. Identität im Mittelalter war eine unproblematische Angelegenheit, jedenfalls nach den Schlußfolgerungen von Baumeister[76].

66

Es gab nur eine Antwort auf alle mit Identität verbundenen Fragen – woher komme ich, wer bin ich, wohin gehe ich? –, nämlich die Erlösung im Himmelreich Gottes. Durch christliche Rituale, Askese und Tugendhaftigkeit werden identitätsstiftende Rituale ausgebildet. Eine Person war nicht eine einzigartige Persönlichkeit, sondern lediglich ein Kind Gottes – dies war das hauptsächliche identitätsstiftende Merkmal. Erfüllung im Jetzt war also nicht zu erwarten und wurde auf ein Leben nach dem Tod verschoben. Hierdurch bekam der Tod auch eine andere Bedeutung als heutzutage. Individuen, die ein bißchen über den göttlichen Tellerrand hinaus schauten, hatten es indes äußerst schwierig in dieser Zeit. Sie liefen ständig Gefahr, der Gotteslästerung beschuldigt zu werden und mit Folter und Tod bestraft zu werden. Weltliche Erfüllung konnte durch Ehre und Liebe als Ritter erlangt werden. In der Hauptsache jedoch ist das tägliche Leben das Jammertal, aus dem man vom Tod erlöst wird.

So schreibt Augustinus: *„Zwei Peiniger der Seele gibt es. Nicht gleichzeitig quälen sie, sondern abwechselnd einer nach dem anderen: Ihre Namen sind Furcht und Schmerz. Geht es Dir wohl – siehe, die Furcht ist da; geht es Dir übel – siehe, da ist der Schmerz. Denn wohin die Seele des Menschen sich außer dir wendet, o Herr, überall heftet sich Schmerz an sie. Wen täuschte nicht das Glück der Welt? Wen brach nicht ihr Unglück? Wir Menschen haben eine gemeinsame Sache: das Elend – möchte es nicht auch das sittliche Elend sein!"*[79]. Augustinus Angebot gegen das Elend der Welt und des menschlichen Lebens ist Gott: Da wir alle von Gott sind, bildet die Gesellschaft also gewissermaßen den Körper Gottes. Wir sind alle ein Teil dieses Körpers und so sind alle miteinander verbunden und wichtig für die Erhaltung des ganzen Körpers.

Dieses Bild vermittelt deutlich, welche Optionen einem Individuum im frühen Mittelalter zur Verfügung standen, nämlich keine. Es hatte eine klare, ihm zugewiesene Rolle. Zunächst gab es keine Berufswahl, Berufe wurden innerhalb der Familie tradiert. Auch im privaten Bereich wurde nach rationalen Gesichtspunkten gehandelt. Auch wenn es das Konzept der Liebe schon gab, wurden Ehen eher nach pragmatischen Gesichtspunkten geschlossen. Für Romantik war ohnehin weder Platz noch Zeit, da man in sehr beengten Verhältnissen leben mußte. Privatheit gab es nicht.

Mit der Zeit jedoch wächst das Bewußtsein dessen, dass menschliches Leben einzigartig ist. Während des 16. und 17. Jahrhunderts entwickelt sich eine andere Gesellschaft. Durch neue wissenschaftliche Erkenntnisse über den menschlichen Körper und die Entdeckung und Formulierung der Naturgesetze ergeben sich auch soziale Änderungen. Erziehung von Kindern wird allmählich ein immer wichtiger werdendes Thema. Dass ein Mensch eine Kindheit hat und erst allmählich erwachsen wird, wird ein kollektiver Wissensbestandteil. Die wichtigste Veränderung besteht in der Lockerung der Verbindung zwischen Staat und Kirche. Dadurch geraten die bisher gültigen Regeln zur Gestaltung von Identität in Mißkredit. Sie gelten nicht mehr uneingeschränkt. Wenn zuvor jeder Mensch seine Tätigkeit in der Gesellschaft innerhalb des Bildes des Körper Gottes ausführte, so entfiel diese Sinngebung von Berufsausübung in einem immer stärkenden Ausmaß.

So begann ein Prozess, der sich immer stärker entwickelte, nämlich, dass Person und Beruf voneinander getrennt wurden. Mit zunehmender geistiger und ökonomischer Weiterentwicklung wuchs auch das Bedürfnis nach Privatheit, was durch eine veränderte Bauweise umgesetzt werden konnte, zunächst von einigen, zunehmend von mehreren Bevölkerungsgruppen. Dies ist im übrigen ein Trend, der sich kontinuierlich so fortgesetzt hat – auch heute ist zu finden, dass die Anzahl der Quadratmeter pro Kopf immer weiter steigt$^{(80)}$. In dieser Zeitperiode wird sozusagen der Nährboden bereitet für eine Periode, deren Auswirkungen noch bis heute zu spüren sind, nämlich die Romantik.

Die Romantik ist die erste Periode in der neueren Geschichte, in der die Gesellschaft als hinderlich für die individuelle Entwicklung betrachtet wird. Mit den Ideen von Rousseau kommt die haupttragende Idee auf, dass jedes Individuum mit einem einzigartigen Potenzial geboren wird. Die Aufgabe des Individuums ist es, dieses Potenzial zu verwirklichen. In uns schlummert also ein wahres Selbst, welches durch gesellschaftliche Normen nicht zum Ausdruck kommen kann. Der romantische Anspruch ist es nun, dieses wahre Selbst zum Ausdruck zu bringen, und zwar nicht nach dem Tod, sondern im Hier und Jetzt. Zum Ausdruck bringen kann man das wahre Selbst am besten durch Arbeit, Kunst, innere Leidenschaft und leidenschaftliche Liebe. Leidenschaftliche Liebe als Ausdruck der wahren Gefühle wurde also zum Ideal und löste den bis dato vorherrschenden Pragmatismus in der PartnerInnenwahl ab. Zum ersten Male erscheinen biographische Werke, insbesondere über Künstler, die von vielen Menschen gelesen wurden. Diese literarische Gattung war bis dahin so gut wie unbekannt gewesen. Die romantischen Ideale „Ausdruck des wahren Selbst", „Kampf gegen einengende Normen" und „leidenschaftliche Liebe", konnten sich selbst im 20. Jahrhundert halten als Kontrapunkt zur Betonung der Arbeit. Insbesondere die leidenschaftliche Liebe gewann noch mehr an Bedeutung. Einer Person, die Single blieb, wurde ein unerfülltes Leben zugeschrieben.

4.2.3 Erste Schlußfolgerungen

Wenn wir uns diese historischen Entwicklungen vergegenwärtigen, dann werden zwei Punkte deutlich. Erstens sehen wir, dass unser Bewußtsein von uns selbst nicht losgelöst von einem historischen Kontext betrachtet werden kann. Wir sehen uns selbst immer durch die Augen unserer Zeit. Wenn Sie sich selbst betrachten als ein Individuum mit einer speziellen Identität, dann be-

68

trachten Sie vor allem die Aspekte, die in Ihrer Zeit als identitätsstiftend angenommen werden. So ist automatisch bei Frauen immer der Fokus auf die Vereinbarung von Partnerschaft, Berufswahl und Kinderwunsch gerichtet, bei Männern nach wie vor auf den beruflichen Bereich, wenn auch romantische Ideale wichtiger werden. Im Mittelalter hätten Sie sich vielleicht häufig gefragt, ob Sie heute tugendhaft genug gewesen waren. Dies ist eine Frage, die wir heutzutage nur selten oder gar nicht an uns richten.

Zweitens zeigen historische Entwicklungen die Relativität unserer Identitätsaspekte. Sie machen deutlich, dass unsere Wirklichkeitsvorstellungen konstruiert sind. Wir haben bei den statistischen Befunden zur Gleichberechtigung der Frau gesehen, dass bestimmte Vorstellungen von Familie möglicherweise eine Beschränkung von außen und von innen für Frauen bedeuten könnten. Wirklichkeitsvorstellungen werden hier nicht als Wertvorstellungen erkannt, die einem Individuum durch den sogenannten Zeitgeist vermittelt werden. Dieser letzte Punkt ist enorm wichtig, um Frauen und Männer psychologisch zu betrachten. Deswegen möchte ich diesen Punkt abschließend an zwei konkreten historischen Entwicklungen verfolgen. Zunächst möchte ich kurz skizzieren, wie sich das Konzept von Liebe historisch entwickelt hat, dann werde ich genauso mit dem Konzept der Mutterliebe vorgehen.

4.2.4 PartnerInnenliebe

Dass wir einen anderen Menschen lieben können „bis dass der Tod uns scheidet" oder dass es „den Richtigen" oder „die Richtige" für uns gibt, ist eine alte Vorstellung, die man zu fast allen Zeiten – wir erinnern uns an Platons Geschichte des Urmenschen – und in vielen Gesellschaften findet. Wir finden sie aber – und das ist der interessante Punkt – nicht überall und nicht immer. Auch heutzutage existieren sehr unterschiedliche Bewertungen romantischer Liebe[81]. Fest steht, dass leidenschaftliche Liebe auf alle Fälle dem Elend unseres irdischen Lebens, so wie es im Mittelalter betrachtet wurde, widersprach. Augustinus verdammte leidenschaftliche Liebe und die damit zusammenhängende lustvolle Sexualität als Ausdruck des Übels. Sexualität hat im Mittelalter oder soll sie offiziell haben, lediglich die Funktion der Fortpflanzung. Allerdings ist auch das schon schwierig genug, da es viele Einschränkungen gab, die es aus damaliger christlicher Sicht geboten, nur an bestimmten Tagen geschlechtlich miteinander zu verkehren.

„ ... Some rigid theologians recommended abstention on Thursdays, in memory of Christ's arrest; Fridays, in memory of his death; Saturdays, in honor of the Virgin Mary; Sundays, in honor of the Resurrection; and Mondays, in commemoration of the departed. Tuesdays and Wednesdays were largeley accounted for by the ban on intercourse during fasts and festivals – the forty days

69

before Easter, pentecost, and Christmas; the seven, five, or three days before Communion; and so on ..."[82]. So wie Sexualität also fast immer verboten war, aber dennoch, wenn ausgeführt, der Fortpflanzung zu dienen hatte, war es tabu zu verhüten. Frauen, die sich mit Verhütungsmitteln auskannten und diese Geheimnisse weitergaben, setzten sich der großen Gefahr aus, als Hexen getötet zu werden genauso wie die Frauen, die mit verdächtigen Frauen verkehrten. Auch Frauen, die hinsichtlich ihrer Tugendhaftigkeit in sexueller Hinsicht Verdacht oder Neid erregten und so verdächtigt wurden, konnten problemlos als Hexen denunziert werden, die in einem Pakt mit dem Teufel standen und folglich vernichtet werden konnten[83].

Homosexualität durfte es nicht geben. Niemand hätte zu dieser Zeit eine Geschichte aufgeschrieben so wie Platon die vom Urmenschen. Wie in allen Gesellschaften, in denen Sexualität und Homosexualität tabuisiert wird, kam Frauen eine äußerst zweigeteilte Rolle zu. Entweder waren sie die tugendhafte Jungfrau, so wie die heilige Jungfrau Maria, anbetungswürdig, oder aber die Verkörperung von Sünde und Verführung, also das Böse schlechthin. Frauen, die des Ehebruchs bezichtigt werden, können verstoßen oder getötet werden, Männern ist dieses Recht vorbehalten.

Zusammen mit dieser einseitigen Sicht auf Sexualität und diesem doppelten moralischen Standard kommt die oben bereits erwähnte räumliche Enge, die im wahrsten Sinne des Wortes keinen Platz für romantische Gefühle läßt. Hinzu kommt eine geringe Lebenserwartung. Gerade Frauen sterben infolge von Geburtskomplikationen oder Infektionen nach Geburten häufig und früh. Die Menschen im Mittelalter befinden sich generell aufgrund der schlechten hygienischen Standards in einem allgemein schlechten körperlichen Zustand, der romantische Gefühle erschwert.

In der Periode zwischen dem 15. und dem 18. Jahrhundert wird Privatheit zunehmend wichtiger und damit auch die Gefühle füreinander. Es entwickelt sich Heirat und Liebe aus romantischen Motiven heraus. Liebe muß nicht unbedingt glücklich sein, aber sie soll leidenschaftliche Gefühle entstehen lassen. *„ Am 27. Oktober abends. Ich habe so viel, und die Empfindung an ihr verschlingt alles, ich habe so viel, und ohne sie wird mir alles zu nichts"* (S. 99,[84]).

Diese Entwicklung setzt sich bis heute ungebrochen fort. Statt des Aspekts des Leidens, wird immer mehr das Glückspotenzial von Partnerschaften in den Vordergrund gestellt. Damit sind auch die Ansprüche an Partnerschaft gestiegen. Ohne Leidenschaft ist eine Liebe nach wie vor nicht denkbar. So ist nach einer sozialpsychologischen Theorie von Sternberg vollkommene Liebe zusammengesetzt aus Leidenschaft, Entscheidung/Bindung und Intimität. Eine Verbindung, die keine Leidenschaft enthält ist eben nur eine vernünftige Liebe und weder eine wahre, vollkommene oder leidenschaftliche Liebe[85].

70

Wir sehen auch in diesem Bereich, dass wir selber Entscheidungsmöglichkeiten hinsichtlich einer Partnerschaft haben, die sehr jung sind, historisch betrachtet. Eine wichtige Rolle bei der Veränderung dieser Gestaltungsmöglichkeiten spielt der freie Zugang zu Verhütungsmitteln. Frauen können selbst entscheiden, ob, wann und von wem sie schwanger werden können. Selbst wenn sie ungewollt schwanger werden, können sie (wenn auch nicht überall) entscheiden, ob sie das Kind bekommen wollen oder ob sie es in einer Partnerschaft oder allein aufziehen wollen. Dies sind Optionen, die sich erst entwickelt haben. Partnerschaft kommt also als Bindung selten nur noch durch eine ungewollte Schwangerschaft zustande. Partnerschaft soll unser persönliches Glück vergrößern. Seit den ersten Gedanken der Frauenbewegung achten zunehmend Frauen mehr darauf, oder glauben darauf achten zu müssen, dass eine Partnerschaft etwas sein soll, was ihnen gut tut. Partnerschaft wird somit immer weniger als Pflicht angesehen, sondern als persönliche Bereicherung, wobei der Partner beziehungsweise die Partnerin auch zu einem selbst insofern passen soll, als das man sich in ihm, in ihr wiederfinden kann.

Diese historische einfache Skizze zeigt deutlich, dass Identität von historischen Umständen bestimmt wird. Die Regeln einer Zeitperiode determinieren die Selbstfindungs- und Selbstdefinitionsprozesse des einzelnen Individuums. Betrachten wir ein Konzept, an dem besonders deutlich wird, wie durch den Zeitgeist einer Periode weibliche und männliche Identität geformt wird, die Mutterliebe.

4.2.5 Mutterliebe

Die moderne Frau wächst in der Regel mit der Vorstellung auf, dass es naturgegeben sei, dass sie ihr Kind liebe und zwar von Anfang an. Um Mutterschaft und Mutterliebe ranken sich zahlreiche Mythen, die ein Bild herstellen, dass in keinster Weise berücksichtigt, dass Mutterliebe ein historisch junges Gefühl ist. Schauen wir uns seine Entwicklung an, die von Elisabeth Badinter ausführlich beschrieben wurde.

Im 17. Jahrhundert galt der Spruch „ Tod der Frau und Leben des Pferdes machen den Mann reich" (S. 32,[86]). Die Lebenserwartung der Menschen war ohnehin gering, die der Frauen im besonderen. Durch eine Heirat konnte der Mann nicht nur eine Frau besitzen, die völlig ohne eigene Rechte war, sondern auch eine Mitgift bekommen. Tod der Frau macht also den Mann reich. In der Regel wurde nach dem Tod des Ehepartners/der Ehepartnerin nicht lange getrauert, sondern man verheiratete sich wieder schnell. Liebe war – wie oben ausgeführt – kein Wert an sich. Um 1708 erschienen zum ersten Mal Publikationen von Listen, welche die „Pflichten einer guten Mutter" ausführten. Bis dahin war von Pflichten einer guten Mutter nicht die Rede gewesen.

Spätestens seit Rousseaus Entwicklungsroman „Èmile", der unter anderem das Credo „Retour à la nature" einleitete, entstand die Vorstellung, dass Familie auf Mutterliebe beruht.

Dieser Zeitpunkt markiert einen Wendepunkt in der Geschichte des Kindes. Vor 1760 machten Kinder eher Angst und erweckten wenig Liebe. Aufgrund der negativen aber bestimmenden Weltsicht Augustinus galt die Kindheit als Beweis dafür wie die verderbte menschliche Natur dem Bösen verfällt. Dass aus einem verkommenen menschlichen Wesen ein tugendhaftes wird, sei nur mit Gewalt zu erreichen. Augustinus war der Ansicht, dass körperlicher Kontakt von Übel für das Kind sei. Mütter würden ihre Kinder verderben, wenn sie ihre Kinder stillen, insbesondere wenn sie dies auch noch lustvoll tun würden. Dementsprechend werden schichtübergreifend Pflegeeltern und Ammen eingesetzt. Kinder werden insbesondere für die arbeitende Bevölkerung als Last angesehen, das Kind hat keine Position in den Köpfen und Herzen der Menschen inne, die ihnen Opferbereitschaft abverlangen würde. Kinder erwecken nicht nur Angst, sie werden auch als lästig empfunden und eher als Zeitvertreib betrachtet.

Es gibt nach Badinter einige Indizien für die Gleichgültigkeit der Mütter ihren Kindern gegenüber. Die Kindersterblichkeit war sehr hoch – der Tod der Kinder wurde möglicherweise auch deswegen als banaler Zwischenfall empfunden. Sterbende Kinder wurden mitunter ausgesetzt. Es gab auch keine Trauerbekundungen bei dem Tod eines Kindes. Einige Zeugnisse sprechen dafür, dass bei der Beerdigung der Kinder die Eltern nicht unbedingt anwesend waren. Trauer entfachte nur der Tod besonderer Kinder, insbesondere der Tod erstgeborener Söhne. Durch die Delegation aller Tätigkeiten, die später als mütterliche Pflichten bezeichnet wurden, an Ammen, Gouvernanten, Hauslehrer und Internate entstand nur selten eine persönliche Bindung, die als liebevoll hätte bezeichnet werden können.

Ab 1760 galt das Überleben der Kinder aus wirtschaftlichen und gesellschaftlichen Gründen als wichtig. Durch die beginnende Industrialisierung wurden viele Arbeiten, die bis dahin von Frauen zu Hause verrichtet werden konnten, in Fabriken ausgelagert. Diese Stellungen wurden insbesondere von Männern angenommen, aber auch von Frauen aus ärmeren Bevölkerungsgruppen. Man begann es als Statussymbol anzusehen, wenn ein Mann zu Hause eine Frau haben konnte, die „nicht arbeiten gehen mußte". Die „Hausfrauen" wurden nun mit einer neuen Arbeit versorgt. Von Moralisten, Administratoren und Ärzten wurden Argumente entwickelt, um bestimmte Tätigkeiten als Pflichten von Müttern zu implementieren. Müttern wurde zum ersten Mal in ihrer Geschichte Glück und Gleichheit versprochen. „Seien Sie gute Mütter, und Sie werden glücklich und geachtet sein. Machen Sie sich in der Familie unentbehrlich, und Sie werden das Bürgerrecht erhalten."[86]. Die Vernachlässigung von

72

Pflichten wurde mit Ächtung bestraft. Aus Verantwortung wird bei Versagen Schuld.

Dieser Trend ist bis heute ungebrochen. Seit dem 20. Jahrhundert steht das Kind im Zentrum der Familie. Mutterschaft wird immer stärker als Identitätsaspekt von Frauen betrachtet, in einem solch starken Ausmaß, dass die Zeit nach der Geburt als ein „Sprung ins andere Leben" empfunden wird[87]. In den 60ziger Jahren entstanden einflußreiche psychologische Theorien, welche den nahen Bezugspersonen von Kindern eine einflußreiche Rolle zuschrieben. Da in der Regel aufgrund der neuen Mutterpflichten die Mütter diese nahen Bezugspersonen sind, ist deren Verantwortung für das Wohl und Wehe der Kinder enorm angestiegen.

So stehen beispielsweise nach der Bindungstheorie von Bowlby die frühkindlichen Erfahrungen der sozialen Bindung durch ihre Repräsentation als inneres Arbeitsmodell in einem engen Zusammenhang mit der Gestaltung späterer Beziehungen[88-89]. Die dabei sich entwickelnden verschiedenen Arbeitsmodelle wurden nach Ainsworth, Blehar, Waters und Wall[90] in grundlegende Stile von Bindung klassifiziert: Kinder, die sich des Schutzes und der Nähe ihrer wichtigsten Bezugsperson in belastenden Situationen sicher sein können und diese im Notfall als eine sichere Basis nutzen, zeigen ein ausgewogenes Verhältnis zwischen Bindungs- und Erkundungsverhalten; die diesem Verhalten zugrunde liegende Bindung wird als *sicher* bezeichnet. Machen Kinder dagegen die Erfahrung, dass die Bezugsperson regelmäßig zurückweisend reagiert und sie dort nicht auf Unterstützung hoffen können, werden sich diese Kinder zurückziehen. Somit muss das Bedürfnis nach Nähe und Trost in emotional belastenden Situationen in den Hintergrund treten, um die Situation zu bewältigen und eine Ablehnung zu verhindern. Das Bindungssystem und damit eine gesunde Autonomieentwicklung dieser Kinder ist nachhaltig gestört – diese Kinder sind als *unsicher-vermeidend* zu bezeichnen, sie vermeiden die Nähe der Bezugsperson und bleiben bei Belastung allein. Demgegenüber steht eine Deaktivierung des Explorationssystems, wenn sich das Kind an die Bezugsperson klammert, um die Nähe dieser Person zu gewährleisten. Dies ist der Fall, wenn das Kind regelmäßig inkonsistente Erfahrungen mit der Bezugsperson gemacht hat und diese mal feinfühlig, mal ablehnend auf die Bedürfnisse des Kindes reagiert. Das aus den inkonsistenten Reaktionen der Bezugsperson resultierende Verhalten, welches sich in Anklammern und einer fehlenden Autonomie äußert, wird als *unsicher-ambivalent* bezeichnet.

Eine Reihe von Studien zeigt, dass der einmal erworbene Bindungsstil stabil bleiben kann, beispielsweise in einer späteren intimen Beziehung aktiviert wird[91-92]. Dies gilt besonders für unsicher-vermeidend gebundene Personen; sie sind gegen Veränderungen ihres inneren Arbeitsmodells resistent, da sie positive Erfahrungen mit möglichen Bindungspersonen aufgrund einer großen Angst vor Nähe gar nicht erst zulassen. Die selbstgewählte Isolation kann dazu

73

führen, dass die Arbeitsmodelle immer starrer werden und die weitere Strukturierung zwischenmenschlicher Beziehungen entscheidend beeinflusst[92]. Derartige Bindungserfahrungen und die daraus folgenden Schwierigkeiten, sich in belastenden Situationen Hilfe zu suchen aufgrund des Gefühls, diese nicht wert zu sein, stellen einen wichtigen Risikofaktor für Krankheiten und psychische Störungen dar[93]. So weisen Kinder, die als sicher klassifiziert waren, im Alter von zehn Jahren bereits ein festeres Netz von Freundschaften auf als andere Kinder[94], im Jugendalter können sie eher nach Hilfe fragen und diese auch annehmen[92] und sie erweisen sich generell als sozial kompetenter[95]. Eine sichere Bindung kann also einen wichtigen Schutzfaktor darstellen, insofern die damit einher gehenden Fähigkeiten dazu beitragen, wechselseitig lohnende Beziehungen einzugehen.

Das bedeutet für Frauen in Gesellschaften mit bestimmten Muttermythen, dass sich diese verstärkt für ihre Kinder verantwortlich fühlen, in einem Ausmaß, dass möglicherweise unangemessen ist. Wie muß ich mich denn als Mutter benehmen, um konsistent für mein Kind zu erscheinen? Kann ich überhaupt immer konsistent sein? Wie wir gesehen haben, ist einer dieser Mythen ja auch, dass die außerhäusliche Betreuung kleinen Kindern schaden könne. Dazu kommt, dass es uach in der Forschung zur Bindungstheorie sehr viele Widersprüche gibt. Die Schlussfolgerung, dass die Mutter die entscheidende Bezugsperson sein muss, ist jedenfalls unangemessen und geht aus der Forschung nicht hervor.

Die Entwicklung des Konzeptes Mutterliebe zeigt zweierlei. Sie zeigt erstens, dass ein Gefühl wie Mutterliebe, dass wir als authentisch erleben und deswegen als naturgegeben, als Ausdruck eines wahren Selbst, auf den Normen unserer Zeit beruht. Diese Normen werden hinsichtlich Mutterliebe seit 1760 immer härter und strenger und das bedeutet auch für die Ausbildung weiblicher Identität eine Veränderung. Wie wir gesehen haben entziehen sich Frauen diesen Normen, indem sie auf Mutterschaft zunehmend verzichten oder aber sie bereiten sich auf Mutterschaft vor wie auf eine Weltmeisterschaft und vernachlässigen damit andere Identitätsaspekte[96]. Das gleiche gilt für Vaterschaft. Möglicherweise finden wir heute eine Zeit vor, in der begonnen wird über Vaterpflichten Annahmen zu generieren, die vergleichbar mit 1760 ist. Da aber Kinder bereits durch Mütter versorgt sind, wird dies niemals dieselben drastischen Auswirkungen auf die Identität von Männern haben wie auf die von Frauen. Zumal kleine Kinder in der Vorstellung von Frauen und Männern überwiegend von Frauen betreut werden sollen.

74

4.2.6 Schlußfolgerungen

Frauen als kinderliebende Wesen sind eine gesellschaftliche Konvention. Wir sehen, dass Frauen, die gegen eine solch definierte Feminität verstießen, früher mit Verachtung zu rechnen hatten. Die Normen an Frauen sich selber gegenüber sind mittlerweile so verinnerlicht worden, dass Frauen sich heutzutage selber bestrafen mit Schuldgefühlen und Selbstzweifeln, wenn sie sich nicht als gute Mütter wahrnehmen. Männer waren früher in einem klassischen Sinne maskuliner als heute. Wie die Entwicklung des Begriffs Liebe zeigt, sind romantische Vorstellungen von Liebe bei beiden Geschlechtern wichtig. Maskulinität und Feminität unterscheiden sich also in ihren Inhalten ganz wesentlich in Abhängigkeit von den jeweiligen historischen Gesetzmäßigkeiten.

Sowie es Normen auf dem Gebiet der Partnerschaftsgestaltung und der Mutterliebe gibt, wird man sie in vielen Bereichen herausarbeiten können. Diese Normen machen es dem modernen Mensch oft unmöglich, aus den vielen Alternativen, die ihm zur Verfügung stehen, die für ihn beste herauszusuchen. Moderne Identität ist also einerseits gekennzeichnet durch viele gesellschaftliche Zwänge, die identitätsstiftend sind, aber häufig unbewußt, und durch den Anspruch, des eigenen Glückes Schmied zu sein, „das Leben zu meistern". Damit steigt bei vielen Menschen auch die Angst „zu versagen".

Wenn Zeitgeist und Kultur also wichtig zur Identitätsausbildung sind, dann lohnt es sich, einen Querschnitt durch die Kulturen machen. Im folgenden wollen wir westliche mit östlichen Kulturen vergleichen und der Frage nachgehen, was das für männliche beziehungsweise weibliche Identität bedeutet.

4.3 DIE KULTURELLE KONSTRUKTION VON IDENTITÄT

Für die folgende Analyse verwende ich eine Terminologie, die von Markus und Kitayama[97, 160, 161] geprägt wurde. Ich möchte zunächst diese Terminologie einführen, dann ausführen, welche kulturellen Unterschiede sich aus dieser Perspektive für Osten versus Westen ergeben und dann auf unsere spezifische Frage nach geschlechtsspezifischer Identitätsentwicklung aus sozialkonstruktivistischer Perspektive zu sprechen kommen.

4.3.1 Independenz versus Interdependenz

Sind Sie der Meinung, dass Sie einzigartig sind? Glauben Sie, dass Sie das, was Sie wollen, umsetzen und das nichts Sie davon abhalten kann, dies auch zu tun? Haben Sie von sich den Eindruck, dass Sie Ihre Zukunft selber in der Hand haben und planen? Wissen Sie immer, was Sie wollen? Stellen Sie sich vor, Sie sollten diese Fragen auf einer Skala von 0 bis 9 beantworten, wobei 0 für „dies beschreibt mich überhaupt nicht" und 10 für „dies beschreibt mich sehr stark" stehen würde, welchen Gesamtwert würden Sie erzielen?

Nun nehmen Sie weitere Aussagen über sich zur Kenntnis und beurteilen Sie diese mit Hilfe dergleichen Skala. „Ich stimme mich automatisch in die Erwartungen anderer an mich ein", „Es ist wichtig für mich, zu jedermann eine gute Beziehung aufrechtzuerhalten", „Es ist wichtig, Harmonie in der Gruppe aufrechtzuerhalten" und „Es ist besser, den Geboten der Tradition oder einer Autorität zu folgen, als etwas auf eigene Art und Weise zu machen". Welchen Gesamtwert würden Sie hier erzielen?

Markus und Kitayama gehen davon aus, dass Menschen in sogenannten individualistischen Gesellschaften höhere Werte hinsichtlich des ersten Fragensets – Independenz – erreichen sollten als hinsichtlich des zweiten Fragensets – Interdependenz. Menschen bei denen dies genau umgekehrt ist, sollten eher in sogenannten kollektivistischen Gesellschaften zu finden sein. Eine hoch individualistische Kultur sind beispielsweise die Vereinigten Staaten Amerikas, gefolgt von Australien, Großbritannien, Niederlande, Neuseeland, Italien. Deutschland liegt hier auf Platz 15. Japan liegt auf Platz 22/23, den es sich mit Argentinien teilt. Auf den höheren Plätzen, d.h., eher kollektivistische Kulturen finden wir insbesondere lateinamerikanische Staaten und asiatische Ländern wie beispielsweise Thailand, Singapur, Taiwan, Indonesien und Pakistan. Diese Rankingliste wurde aufgrund einer großangelegten Untersuchung von Hofstede[98] erstellt und zwar mit Hilfe von Meßinstrumenten, die individualistische versus kollektivistische Einstellungen erfassen.

Individualistische Gesellschaften unterscheiden sich hinsichtlich kollektivistischer Gesellschaften in vielerlei Hinsicht. Die Unterscheidung von Independenz und Interdependenz zielt nun auf die unterschiedliche Konstruktion des Selbstkonzepts in beiden Kulturtypen ab wie sie zentral für die Ausführungen in diesem Kapitel sind.

So wird in individualistischen Kulturen die Person angesehen als „... a bounded, unique, more or less integrated motivational and cognitive universe, a dynamic center of awareness, emotion, judgment, and action organized into a distinctive whole and set constrastively both against other such wholes and against a social and natural background..." (Geertz, S. 48,[97]). Eine Person ist also eine einzigartige, von anderen Personen abgegrenzte Einheit, das Selbst ist definiert als unabhängig und selbstgesteuert.

Betrachten wir eine Definition (unter mehreren) von „Selbst" in Japan. Jibun – Selbst – bedeutet übersetzt: Der Anteil einer Person an einem geteilten Lebensraum. Im Kontrast zu der oben genannten Definition wird also das Selbst nicht als abgegrenzte Einheit, sondern als ein Teil einer Gesamtheit verstanden. So schreibt Kimura[97]: „... The self is a sense of identification with others

76

(sometimes including conflicts) ... selfness is confirmed only through interpersonal relationships ... Selfness is not a constant like the ego but denotes a fluid concept which changes through time and situations according to interpersonal relationships. "

Während also in eher individualistischen Gesellschaften das Selbst als abgegrenzte Einheit, als von innen gesteuert wahrgenommen wird, sehen wir an der japanischen Definition von Selbst und den Ausführungen Kimuras, dass möglicherweise in eher kollektivistischen Gesellschaften das Selbst als Teil einer sozialen Gesamtheit verstanden wird, welche ein hohes Beeinflussungspotenzial hat.

Demenstprechend werden diese Auffassungen von Selbst in den Sozialisierungsprozess eingebaut. Wenn ein Kind nicht essen mag, fokussieren amerikanische Eltern eher auf den Vergleich mit Kindern, denen es schlechter geht „ *... denk an die hungernden Kinder in Äthiopien und denk mal daran wie gut es dir geht im Vergleich zu anderen...*". Damit wird die Selbstsicht des Kindes gefördert, sich selbst im Vergleich zu anderen zu betrachten. Japanische Eltern indes betonen die Verantwortung eines Teils, als welches das Selbst definiert ist, für das Ganze „ *... denk an den Bauern, der hart gearbeitet hat um diesen Reis wachsen zu lassen; wenn du nicht ißt, wird er sich schlecht fühlen und seine Anstrengungen sind umsonst gewesen...*". Die Selbstsicht des Kindes als integrativer Bestandteil eines größeren sozialen Universums wird also gefördert.

Auch wenn wir Strategien der Leistungssteigerung betrachten, finden wir kulturelle Unterschiede, die durch diese Selbstsicht geprägt sind und diese gleichzeitig weiter transportieren. Gängige Strategien der Leistungssteigerung in eher individualistischen Gesellschaften sind Strategien, die darauf abfahren, das Selbstkonzept der einzelnen Individuen positiv zu steigern. Dies wird durch eine positive Selbstbeschreibung zu erzielen versucht. Positives Denken ist eine Form der Leistungssteigerung. So sollen Angestellte eines texanischen Unternehmens dem Auftrag folgen, sich jeden Morgen nach dem Aufstehen vor einen Spiegel zu stellen und 100 mal zu sich selbst zu sagen „ *Ich bin wunderschön*". Leistungssteigerung erfolgt also durch Selbstinstruktionen des Individuums und durch die Akzentuierung (angeblich) individueller positiver Merkmale. Dadurch wird die Wahrnehmung der Selbstverantwortung für die eigene Leistung und das eigene Wohlergehen gefördert.

In eher kollektivistischen Kulturen sehen Strategien der Leistungssteigerung etwas anders aus. Es werden eher Strategien bevorzugt, welche die Verantwortung des Indivuduums als Teil für das Ganze betonen. Die einzelne Person ist durch ihr Verhalten verantwortlich für die Leistungsbereitschaft und Leistungsfähigkeit der anderen Personen. So beginnt man den Tag in einem japanischen Supermarkt damit, dass man seine KollegInnen an den Händen faßt und dem/der anderen sagt: „ *Du bist wunderschön*". Oder in einem japani-

77

schen Bürounternehmen ist es Praxis vor jedem Telefongespräch einmal zu lächeln. Nachweislich steigert diese Praxis die Freundlichkeit gegenüber der Person am anderen Ende der Verbindung.

4.3.2 Eine independente Selbstkonzeption

Wir sehen an diesen Alltagsbeispielen, dass kollektivistische und individualistische Gesellschaften sich hinsichtlich ihrer Selbstkonzeptionen unterscheiden. Eine independente Sicht des Selbst beruht auf drei Grundannahmen. So wird erstens eine Getrenntheit von Personen angenommen, die auf der cartesianischen Philosophie beruht. Personen sind voneinander getrennte Entitäten. Die zweite Grundannahme besagt, dass es einen privaten Kern gibt. Dieser private Kern macht in der Regel das sogenannte wahre Selbst einer Person aus. Die dritte Grundannahme betont die Autonomie und Unabhängigkeit von Personen. Die Tatsache, dass wir voneinander getrennte Lebewesen sind, besagt nicht, dass wir voneinander abhängig sind, sondern dass wir unabhängig sind.

Aus diesen drei Grundannahmen ergeben sich Leitlinien für unsere Identitätsentwicklung und damit für unser Bewertungssystem von der Welt, unser Gefühls- und Verhaltensrepertoire. Es wird als positiv bewertet, von anderen unabhängig zu sein. Abhängigkeit von anderen Personen gilt als unerwünschte Eigenschaft einer Person. Weiterhin soll unser privater Kern, der uns ausmacht und durch den wir uns von anderen unterscheiden, entdeckt und entwickelt sowie zum Ausdruck gebracht werden. Selbstverwirklichung und Weiterentwicklung der Persönlichkeit sind hier die abstrakten Ziele der Identitätsausrichtung. Dadurch werden innere Attribute und damit psychologische Attribute selbstdefinierend.

Diese Leitlinien für die individuelle Identitätsentwicklung sind in das kulturelle Ziel verankert, das eigene Verhalten in Hinblick auf die eigenen individuellen Gedanken, Gefühle und Werte zu organisieren. Die Umwelt bekommt also automatisch die Funktion eines Kontextes, der nicht viel mit einem Selbst zu tun hat, sondern mehr oder weniger lediglich eine Bühne darstellt, auf der sich eine Person strategisch selbst darstellen kann. So findet man in individualistischen Gesellschaften eine intensive Beschäftigung genau mit diesem Thema der Eindrucksbildung, nämlich wie kann ein Individuum seine Persönlichkeit je nach den Anforderungen der Umwelt am besten zum Ausdruck bringen oder verstecken? Die soziale Umwelt wird also vornehmlich daran gemessen, inwieweit sie der Entwicklung und dem Ausdruck der eigenen Persönlichkeit schadet oder nutzt.

Die Konzeption des independenten Selbst ist also nicht nur in eher individualistischen Gesellschaften anzutreffen, sondern in einem entwicklungspsychologischen Sinn ist ein independentes Selbst auch synonym mit Egozentrismus,

78

das heißt, die eigene Person steht im Mittelpunkt der Aufmerksamkeit und Wahrnehmung und bildet den zentralen Standard für Bewertungen.

4.3.3 Eine interdependente Selbstkonzeption

Welche Grundannahmen konstituieren nun ein interdependentes Selbst? Eine interdependente Konzeption des Selbst beruht auf einer monistischen Philosophie. Diese besagt, dass die Person aus derselben Substanz gemacht ist wie der Rest der Natur. Daraus ergibt sich, dass alle Personen fundamental miteinander verbunden sind. Das Selbst ist also ein Teil einer sozialen Beziehung. Deswegen wird das Selbst auch nicht durch sich selbst bestimmt – es gibt also keinen Autonomiegedanken – sondern das eigene Verhalten wird in einem großen Ausmaß dadurch bestimmt, was der Handelnde an Gedanken, Gefühlen und Handlungen der anderen Personen in der Beziehung wahrnimmt. Innerhalb dieses Gedankengebäudes ist das Selbst ohne einen sozialen Kontext also gar nicht denkbar – der Mensch wird erst menschlich durch einen mit anderen Menschen gemeinsamen sozialen Kontext. Wie in einer independenten Auffassung ist auch das interdependente Selbst einzigartig, aber diese Einzigartigkeit ergibt sich aus der Gestalt der Beziehungen, die jede Person entwickelt hat.

Diese Grundannahmen münden in einen mächtigen normativen Imperativ, nach dem Identitätsentwicklung ausgerichtet wird, nämlich das „Miteinander-in-Beziehung-Sein" soll erhalten bleiben. In Japan wird dieses „Miteinander-in-Beziehung-Sein" als Wa bezeichnet. Dabei bezeichnet Wa eine Harmonie miteinander. Daraus leitet sich ein anderer Zustand ab, der als Einzelwort kein Pendant in individualistischen Gesellschaften findet: Sunao. Sunao bedeutet „Geben-als-Zeichen-von-Toleranz-Selbstkontrolle-Flexibilität-und-Reife", welche eine wichtige Verhaltensausrichtung darstellt, um Wa zu erhalten. Sunao gilt als kooperativer Ausdruck, um die Harmonie einer Gruppe aufrechtzuerhalten. Sunao als Geben übersetzt würde in individualistischen Gesellschaften möglicherweise als Ein-sich-Aufgeben empfunden werden, wenn nicht im gleichen Ausmaß genommen werden kann. Anders in kollektivistischen Gesellschaften: „A child that is sunao has not yielded his or her personal autonomy for the sake of cooperation; cooperation does not suggest giving up the self, as it may in the West; it implies that working with others is the appropriate way of expressing and enhancing the self. Engagement and harmony with others is, then, a positively valued goal and bridge – to open-hearted cooperation, as in sunoa – is through sensitivity, reiterated by the mother's example and encouragement." (White & LeVine,[97]).

Da eine Person mit einem interdependenten Selbstkonzept also das Ziel hat, die Harmonie des Ganzen aufrechtzuerhalten, kann sie sich nicht von vorneherein festlegen, wie sie sich zu verhalten hat, oder sich dabei auf innere Werte verlassen. Sie muß sich in einem starken Ausmaß nach sozialen Hinweisreizen ausrichten, um die Harmonie nicht zu zerstören. Dementsprechend gilt Selbstsicherheit – in individualistischen Gesellschaften definiert als die Fähigkeit eigene Ziele konstruktiv durchzusetzen als ein erstrebenswertes Ziel – in kollektivistischen Gesellschaften als Zeichen von Unreife. Korrespondierend zu dem japanischen Wa finden wir in China Jen. Jen entspringt der konfuzianischen Tradition und bedeutet soviel wie „Flexibilität hinsichtlich des eigenen Verhaltens in Übereinstimmung mit anderen Beziehungen", betont also genau wie Wa eine miteinander zusammenhängende harmonische Ganzheit. In Lateinamerika finden wir den Begriff *simpatico*, der eine ähnliche Bedeutung hat.

In kollektivistischen Gesellschaften sind also die Leitlinien für die eigene Identitätsentwicklung kulturellen Zielen untergeordnet, denen ganz andere Inhalte zugrunde liegen als in individualistischen Gesellschaften. Das kulturelle Ziel ist es mit wichtigen anderen Personen eine Passung zu finden. Verpflichtungen anderen gegenüber sollen geschaffen und erfüllt werden. Es ist wichtig ein Teil verschiedener interpersoneller Beziehungen zu werden. Internale Attribute, also Persönlichkeitseigenschaften, die in individualistischen Kulturen als Teil der eigenen abgegrenzten Persönlichkeit gelten, werden als situationsspezifisch angesehen. Weiterhin und noch wichtiger im Unterschied zu individualistischen Gesellschaften: Persönlichkeitseigenschaften sind nicht übermäßig wichtig zur Steuerung offenen Verhaltens. Wichtig ist allein die Aufrechterhaltung der Passung. Daraus folgt ein weiteres kulturelle Ziel, nämlich innere Attribute willentlich kontrollieren zu lernen. Die *Kontrolle* des eigenen Kerns und seine Anpassung an das Ganze gilt als Autonomie und Reife, nicht der *Ausdruck* dieses Kerns.

Dadurch gewinnt die Umwelt als sozialer Kontext eine große Wichtigkeit, denn der soziale Kontext stellt das einzige Arrangement dar, innerhalb dessen eine Person bedeutsame Selbstmerkmale zum Ausdruck bringen kann. Erst innerhalb eines sozialen Kontextes kann eine Person ja beweisen, dass sie innere Merkmale kontrollieren kann und zum Ganzen beitragen kann. Die Bedeutung der anderen als Bestandteile dieses sozialen Kontextes ist somit positiv. Dementsprechend findet man unter Personen einer Gruppe in kollektivistischen Gesellschaften eine sehr große Verbundenheit, aber dementsprechend auch eine starke Abgrenzung gegenüber Personen, die diesem Kontext nicht entsprechen.

Die soziale Umwelt ist also der Kontext, in dem eine Person die sozialen Zeichen für ihre Verhaltensorientierung erhält. Perspektivenübernahme wird somit extrem wichtig, d.h. das Hineinversetzen können in die Welt einer anderen Person. Kommt in einer individualistischen Gesellschaft unverhofft ein Gast, dann wird er möglicherweise gefragt, wie sein Sandwich zusammenge-

80

setzt sein soll. Bejaht er dieses Angebot, dann wird er gefragt, was er alles auf sein Sandwich haben möchte. In kollektivistischen Kulturen würden dem Gast sukzessive Angebote gemacht werden: „Vielleicht möchtest Du ein Sandwich?" „Könnte es sein, dass Du keine Butter magst – Du erwähntest neulich einen etwas zu hohen Cholesterinspiegel. Eventuell möchtest Du lieber Käse und keinen Schinken, falls Du immer noch Vegetarier bist?" Hinweisreize einer Person werden zu deuten versucht, Perspektiven werden zu übernehmen versucht.

Im Gegensatz zu dem Egozentrismus individualistischer Gesellschaften finden wir hier einen sogenannten Soziozentrismus, das soziale Ganze steht im Mittelpunkt der Aufmerksamkeit, Wahrnehmung und des Verhaltens.

4.3.4 Relativität von independent und interdependent

Es ist wichtig, Gesellschaften nicht als „entweder" „oder" zu betrachten. In vielen Gesellschaften gibt es beispielsweise Subgruppen, die sich gerade bezüglich der hier relevanten Dimension versuchen von der Majorität abzugrenzen. So finden wir in den Vereinigten Staaten Amerikas die Quaker oder die Amish People, die stark die Verbundenheit des einzelnen mit dem Ganzen betonen. Überhaupt finden wir in allen individualistischen Gesellschaften immer religiöse Extremgruppen vor, in welchen versucht wird, dem Egozentrismus dieser Gesellschaften etwas entgegenzusetzen. Diese Subgruppen zeichnen sich in der Regel dadurch aus, dass sie den Egozentrismus individualistisch orientierter Gruppen als Egoismus auffassen, der das harmonische Ganze empfindlich aus der Balance bringt.

Umgekehrt finden wir in kollektivistischen Gesellschaften immer Gruppen, die versuchen, individualistische Tendenzen zu fördern. Diese Gruppen haben es aber sehr schwer, sich in kollektivistischen Gesellschaften durchzusetzen. Da hier die Gesamtbalance wichtig ist, stören diese Gruppen das harmonische Ganze: Die Toleranz gegenüber den Mitgliedern der eigenen Gruppe geht eng einher mit der Intoleranz gegenüber Nicht-Mitgliedern. Dieser Ingroup/Outgroup Effekt ist in individualistischen Gesellschaften nicht so stark zu beobachten, da hier ja der Wert der individuellen Entwicklung von Wichtigkeit ist. Weiterhin ist anzunehmen, dass durch die Globalisierung verschiedener gesellschaftlicher Bereiche (wirtschaftliche Märkte, Bildungssysteme) die kulturellen Unterschiede in einem rasanten Tempo verschwinden. Dennoch werden sich Individuen vermutlich weiterhin in diesen Ausrichtungen unterscheiden.

4.3.5 Konsequenzen dieser Selbstkonzeptionen

Wichtig ist nun vor allem, dass diese unterschiedlichen Selbstkonzeptionen entscheidende Folgen für das Erleben von Personen haben. Betrachten wir zunächst einmal eine wissenschaftliche Kategorisierung von Emotionen[99]. Demnach können alle Emotionen zunächst in positive und negative Emotionen unterschieden werden. Während zu den positiven Emotionen Liebe und Freude gehört, zählen zu den negativen Emotionen solche grundlegenden Gefühle wie Ärger, Traurigkeit und Furcht. Diese grundlegenden Gefühle können in unterschiedlichen Intensitäten und Qualitäten erlebt werden. So kann Liebe sich als Zuneigung oder Verliebtheit zeigen, Freude als Stolz oder Zufriedenheit. Ärger kann in Gestalt von Verärgerung, Feindseligkeit oder Eifersucht auftreten, Traurigkeit kommt als Schuld, Kummer oder Einsamkeit daher. Und Furcht kann lediglich eine Sorge sein, aber auch in Horror ausarten.

Normalerweise nehmen wir Emotionen als das hin, als das sie sich anfühlen, als subjektiven Zustand, der, wie ein Thermostat, zuverlässige Informationen über unsere physische und soziale Umwelt bereit hält. Emotionen werden als gegeben betrachtet, als natürliche Reaktion. Bei genauerer Betrachtung sieht das etwas anders aus: *„ ... emotions are anything but natural. Emotions can be viewed as cultural and interpersonal products of naming, justifying, and persuading by people in relationship to each other. Emotional meaning is then a social rather than an individual achievement – an emergent product of social life."* (Lutz, 1988,[97]).

Emotionen sind demnach sozial konstruierte Empfindungen, die auf sozialen Konventionen beruhen, welche unsere Wahrnehmung und Bewertung steuern. Dies ist eine Annahme, die beispielsweise im therapeutischen Kontext die Entwicklung kognitiver Verhaltenstherapien entscheidend beeinflußt hat. Demnach wird ein Gefühl und eine damit verbundenen Verhaltensweise, wie beispielsweise Ärger und schwitzen, rot werden und brüllen, nicht durch das Verhalten einer anderen Person ausgelöst, sondern durch unsere Bewertung dieses Verhaltens[100]. Nur wenn wir gelernt haben, ein spezielles Verhalten als unverschämt einzustufen und denken, wir müssen uns nun ärgern und diese Bewertung auch verhaltensmäßig zum Ausdruck bringen, wird das ganze Ärgerrepertoire ausgespielt. Emotionen beruhen also zum überwiegenden Teil nicht auf natürlichen, sondern auf kulturellen Gesetzen.

Wenn wir nun die beiden hier relevanten Selbstkonzeptionen betrachten, dann sollten wir ebenfalls finden, dass sich bezüglich bestimmter Emotionen in kollektivistischen und individualistischen Gesellschaften die Häufigkeit und Intensität unterscheiden sollte, mit welcher Emotionen ausgedrückt und erlebt werden. So finden wir in keinem Land mehr Bezeichnungen für negative Emotionen wie in den Vereinigten Staaten Amerikas, dem individualistischen Land

82

Nummer Eins. Für Ärger beispielsweise als eine der negativen Basisemotionen gibt es in vielen kollektivistischen Gesellschaften kein Pendant[101].

Dies bedeutet nicht, dass Personen mit einem interdependenten Selbstkonzept keine negativen Emotionen aufweisen. Sie gehen anders mit negativen Gefühlen um. Allein die Tatsache, dass negative Gefühle sprachlich nicht differenziert ausgedrückt werden können, demonstriert diesen Unterschied. Da in stark individualistischen Kulturen der Ausdruck der Persönlichkeit als wichtig erachtet wird, versteht es sich von selbst, dass auch negative Emotionen als Bestandteil eines abgetrennten autonomen Selbst zum Ausdruck gebracht werden sollten. Repression, das heißt, die Unterdrückung von Gefühlen gilt in vielen individualistischen Kulturen als ein Faktor, der Krankheiten begünstigt, da dieser Zustand Energie abzieht und somit das Immunsystem schwächt[102].

Ganz anders in kollektivistischen Gesellschaften. So findet die Anthropologin Eugenia Georges[101], dass beispielsweise der Ausdruck negativer Gefühle bei Balinesen zutiefst verpönt ist. Durch „Strategien des Herzens" versucht man sie zu verscheuchen. Sie werden entweder weg gelacht oder mit Witzen lächerlich gemacht, so dass man Distanz zu ihnen bekommt. Negative Gefühle auszudrücken gilt als Umweltverschmutzung. Das harmonische Ganze wird durch den Ausdruck individueller negativer Auffassungen verunreinigt. Kleinmann, der versuchte chinesische Patienten nach negativen Emotionen zu befragen, bemerkte, dass diese sich durch seine Fragen äußerst unwohl zu fühlen begannen und mitunter psychosomatisch reagierten, indem sie Magenschmerzen bekamen oder Herzklopfen[103]. Wie es also in individualistischen Gesellschaften scheinbar Belege dafür gibt, dass Unterdrückung von Gefühlen schlecht für das Immunsystem ist[104], so finden sich Anzeichen dafür, dass es in anderen Kulturen genau gegenteilig zu sein scheint.

Georges schließt daraus, dass es möglicherweise stresserzeugend ist, gegen die eigenen kulturellen Normen zu verstoßen und das diese Stressreaktion zu einer Schwächung des Immunsystems führen könne. Diese Interpretation scheint plausibel. Sie würde auch den Befund erklären, den wir in individualistischen Gesellschaften beobachten können, nämlich dass der Ausdruck von Ärger am Arbeitsplatz (der als unangemessen gilt) von einem Ansteigen des Bluthochdrucks begleitet wird, der Ausdruck von Ärger im Privatleben (der sozial akzeptierter ist) jedoch in einem weit geringeren Ausmaß[105].

Da der soziale Kontext in kollektivistischen Gesellschaften eine bedeutsame Funktion für die eigene Identität einnimmt, sollte zu beobachten sein, dass Personen mit interdependenten Selbstkonzeptionen auch andere Personen spezifischer und kontextabhängiger wahrnehmen. Personen mit independenten Selbstkonzeptionen hingegen sollten andere Personen abstrakter wahrnehmen. So instruierten Shweder und Bourne[106] indische und amerikanische VersuchsteilnehmerInnen eine nahe bekannte Person zu beschreiben. Die Äußerungen der VersuchsteilnehmerInnen wurden dahingehend eingeteilt,

83

inwieweit sie bei der Beschreibung einen Kontext einbeziehen beziehungsweise dies unterlassen. Ein Beispiel für eine kontextfreie Beschreibung ist die Aussage „Er ist diskret". Einer Person wird eine Eigenschaft zugesprochen, die abstrakt und generalisiert ist, also keine bestimmte Situation impliziert. Das Pendant hierzu, welches einen Kontext einbezieht, ist die Aussage „Er verrät keine Geheimnisse". Hier wird ein spezifisches Verhalten zur Beschreibung verwendet. Ein anderes Beispiel für eine kontextgebundene Äußerung wäre die Beschreibung „Sie zögert oft Geld auszugeben" – hier wird eine ganz konkrete Verhaltensweise formuliert, deren abstraktes generalisiertes Pendant die Aussage wäre „Sie ist geizig". Shweder und Bourne finden nun, dass 46 % der Äußerungen der amerikanischen Teilnehmenden kontextfrei waren. Bei den indischen Teilnehmenden fanden sie nur 20 % dieser Art von Aussagen.

4.4 SCHLUßFOLGERUNGEN

Diese Ausführungen über zwei verschiedene Selbstkonzeptionen deuten an, dass unsere Sicht kulturell geformt ist und unser Erleben und Verhalten bestimmt. Welchen Beitrag leistet diese Erkenntnis nun zur Psychologie der Geschlechter?

Ohne Zweifel hat der kulturelle Kontext auch einen Einfluß auf das Wissen von Männern und Frauen bezüglich dessen, was von ihnen erwartet wird. Hier können wir interessante Annahmen für Frauen und Männer entwickeln, die aus kollektivistischen Gesellschaften kommen. So sollen beispielsweise männliche japanische Studenten, die in den Vereinigten Staaten Amerikas einen Universitätsaufenthalt hatten, häufiger wieder in ihr Heimatland zurückkehren wollen als die weiblichen Studierenden. In einem Land, in dem eher interdependente Selbstkonzeptionen eine Rolle spielen, fällt den Frauen eine noch zentralere Rolle zu als in einem Land, in dem die Selbstverwirklichung und Unabhängigkeit des einzelnen Individuums zentral ist. In noch viel stärkerem Ausmaß als bereits dargestellt am Beispiel Deutschland sind Frauen in kollektivistischen Gesellschaften also in soziale Verpflichtungen eingebunden, die der Realisierung ihrer individuellen Wünsche wenig Raum lassen. Der Rückhalt im sozialen Netz ist also insbesondere erzeugt durch traditionelle Rollenverteilungen zwischen Männern und Frauen, auf den gebildete Frauen gerne verzichten, wenn sie die Möglichkeit sehen, sich individuell weiterzuentwickeln, den aber Männer gerne wiederhaben würden, da er sie niemals an beispielsweise einer beruflichen Weiterentwicklung gehindert hat.

Dieser Traditionalismus in individualistischen versus kollektivistischen Gesellschaften spiegelt sich beispielsweise gut an einem solch wichtigen Thema wie Sexualität. So findet Buss[107], dass die Bedeutung von Jungfräulichkeit abhängig vom jeweiligen kulturellen Rahmen schwankt. In allen Ländern finden wir, dass generell Jungfräulichkeit der Partnerin von Männern als wichtiger erachtet wird

84

als die Jungfräulichkeit der Männer von den Frauen – nur in West-Europa finden wir annähernd identische Werte vor. Zu der Erklärung von Buss für diesen Befund kommen wir später, interessant für unsere Fragestellung ist, dass in kollektivistischen Gesellschaften, die Bedeutung der Jungfräulichkeit der Frauen von den Männern als besonders wichtig erachtet wird – auch umgekehrt finden wir relativ hohe Werte, aber mitunter doch wie im Fall Afrika, mittlerer Osten und Südamerika relativ starke Diskrepanzen, die eine traditionelle Rollenverteilung widerspiegeln.

Aber auch in individualistischen Gesellschaften entdecken wir bei Frauen eine Diskrepanz. Wie wir im ersten Kapitel gesehen haben, ist in modernen Gesellschaften Maskulinität erwünschter als Feminität. Maskuline Frauen kommen besser mit dem Leben zurecht als feminine Frauen. Maskulinität ist also ein Ideal, das möglicherweise von vielen Frauen, die eher interdependent denken, nicht erreicht werden kann. Frauen sollten also eher als Männer eine Diskrepanz verspüren zwischen dem wie sie sein sollten – nach idealen gesellschaftlichen Maßstäben betrachtet und dem wie sie tatsächlich sind. Dadurch entstehen für Frauen, die interdependente Selbstkonzeptionen haben, möglicherweise dann innerpsychische Probleme, wenn sie auch Ziele verfolgen, die mit Maskulinität besetzt sind.

Bezogen auf Deutschland ist dieser Umstand besonders interessant. Deutschland zählt nicht zu den extrem individualistischen Ländern. In unserem Land sind viele kollektivistische Werte zu finden, die sich beispielsweise in einem funktionierenden sozialen Absicherungssystem widerspiegeln. Das bedeutet, dass die Probleme, welche Frauen in Deutschland mit der Vereinbarung von Erwerbstätigkeit und Familie haben nicht nur aus der Tatsache zu erklären sind, dass es klassische Vorstellungen von einer typischen Frau oder einem typischen Mann geben würde, sondern dass hier kollektivistische Vorstellungen, die Frauen selber verinnerlicht haben, mit individualistischen Zielen kollidieren. Wenn wir uns vergegenwärtigen, dass in hoch individualistischen Gesellschaften wie in den U.S.A. weltweit zahlenmäßig die weitaus meisten Frauen in gut verdienenden Positionen zu finden sind, dann müssen wir zu dem Schluß kommen, dass gesellschaftliche Vorstellungen über Maskulinität/Feminität und grundlegende über die Beschaffenheit des Menschen (beispielsweise als independetes oder interdependentes Lebewesen) in einem komplexen Wechselspiel determinieren, wie eine Biographie verläuft.

Daraus ergibt sich die Implikation, wenn man auch die bisherige historische Analyse berücksichtigt, dass individualistische Gesellschaften Männern und im Vergleich zu früher in einem bedeutsam höheren Maße Frauen die historisch einmalige Chance bieten, ein selbstbestimmtes Leben zu führen. Aber auch das ist nicht so simpel wie es sich anhört. Eine interdependete Denkweise mag konflikthaft kollidieren mit dem independenten Wunsch nach Autonomie.

85

Der historische und kulturelle Blick auf Identität sollte einen Punkt klar gemacht haben: Identität ist nicht etwas, was wir selber komplett erschaffen, sondern ihre Form und ihr Inhalt sind in historisch und kulturell beeinflußte Werte und Normen eingebunden. Wie verläuft jetzt auf individueller Ebene innerhalb eines historisch und kulturell gegebenen Rahmens die Entwicklung von Identität, insbesondere die geschlechtsspezifische Identität? Wichtig hierfür ist innerhalb des Sozialen Konstruktivismus die Unterscheidung in primäre und sekundäre Sozialisation.

4.5 DIE KONSTRUKTION VON MÄNNLICHKEIT UND WEIBLICHKEIT: PRIMÄRE SOZIALISATION

Die primäre Sozialisation bezieht sich auf unsere erste Entwicklungsphase. Ihr Ziel besteht darin, dass am Ende die sozialisierte Person ein nützliches Mitglied einer Gesellschaft ist und subjektiv im Besitz eines Selbst und einer Welt.

Primäre Sozialisation kommt durch eine Identifikation mit so genannten signifikanten anderen Personen zustande, also mit Personen, die für uns selbst als wichtig erlebt werden. Das sind in der ganz frühen Phase die Eltern, die Geschwister, später dann die ErzieherInnen in Kindergarten und Schulen. Identifikation mit diesen bedeutsamen Personen ist ein wichtiges Element im Sozialisationsprozess. Identifikation bedeutet, dass wir gegenüber einer Person und dem, was sie verkörpert, positive Emotionen entwickeln.

In diesem Zustand der Zuneigung fällt es Personen besonders leicht, neue Dinge zu erlernen; sie sind motiviert diese Person zu imitieren. Je stärker wir ein Verhalten imitieren, es in Rollenspielen vertiefen, desto besser erlernen wir es. So verinnerlichen, also internalisieren Personen nach und nach Rollen und Einstellungen signifikanter Personen und übernehmen allmählich die Welt der anderen. Je älter wir werden, desto mehr lösen wir uns von dieser personengebundenen Identifikation und Rollenübernahme und nähern uns immer mehr der Internalisierung abstrakter Normen.

Ein einfaches Alltagsbeispiel mag diesen Prozess illustrieren. Ein Kind verschüttet seine Suppe beim Essen und nimmt wahr, dass seine Mutter böse ist. Es lernt: *Mami ist immer böse auf mich, wenn ich meine Suppe verschütte.* Mit der Zeit bemerkt das Kind, dass auch andere Personen mißbilligend aussehen, wenn es die Suppe verschüttet, nämlich auch der Vater, der Onkel, die Tante. Das Kind lernt irgendwann diese Wahrnehmung zu generalisieren: *Alle haben etwas gegen das Verschütten von Suppe.* Daraus folgt der allgemeine Satz, die Norm *„ Man verschüttet Suppe nicht"*[75].

Ausgehend von den Grundannahmen des sozialen Konstruktivismus können wir nun die Annahme aufstellen, dass aufgrund einer biologischen Zugehörigkeit des Menschen in eine weibliche beziehungsweise eine männlichen Per-

86

son eine soziale Wirklichkeit konstruiert wird, die als feminin und maskulin bezeichnet werden kann, wie wir bereits gesehen haben. Wenn Erwachsene ein Video vorgestellt bekommen, auf dem ein Baby zu sehen ist, das durch einen Raum krabbelt und sie dieses Baby anhand einer Eigenschaftsliste bewerten sollen, dann nehmen sie das gleiche Baby als beispielsweise robuster, dynamischer und stärker wahr, wenn sie glauben, es ist ein Junge, als wenn sie glauben, es ist ein Mädchen. Das gleiche Baby wird also, in dem Bewußtsein, dass es ein Mädchen ist, als zierlicher und schwächer wahrgenommen[50].

Solche Befunde zeigen wie Geschlechtlichkeit durch internalisierte Stereotype konstruiert wird. Deswegen ist eine wichtige Frage, die es zu beantworten gilt, die nach dem Einfluß des Verhaltens der Erwachsenen auf die kindliche Entwicklung. Betrachten wir hierzu Befunde aus der Sozialisationsforschung.

4.5.1 Ergebnisse aus der Sozialisationsforschung

Eleanor E. Maccoby[50] hat in ihrem Buch Psychologie der Geschlechter die Befunde ausführlich dargestellt. Im Folgenden werde ich diese zusammenfassend darstellen.

Zunächst zeigt sich bei einem allgemeinen Vergleich des elterlichen Verhaltens gegenüber Töchtern versus Söhnen, dass es keine Unterschiede zu geben scheint in bezug auf den Grad der elterlichen Zuneigung, das Maß an Forderungen und Restriktionen, die Häufigkeit von positiven, negativen oder neutralen Interaktionen oder die Responsivität gegenüber dem Verlangen des Kindes nach Hilfe und Aufmerksamkeit. Betrachtet man also diese Ausschnitte der Wirklichkeit, dann läßt sich während der primären Sozialisation kein geschlechtsspezifisches Sozialisationsverhalten auf der Seite von Eltern oder ErzieherInnen feststellen.

Allerdings konnten einige, wenn auch schwache Trends ermittelt werden, bei denen wir später feststellen können, dass sie, wenn sie genauer betrachtet werden, auch recht bedeutsam für eine geschlechtsspezifische Sozialisierung werden. So kann man feststellen, dass Mütter sich etwas ausführlicher mit ihren Töchtern als mit ihren Söhnen unterhalten. Auch zeigt sich, dass Jungen etwas stärker zu intensiverer motorischer Aktivität stimuliert werden im Vergleich mit Mädchen. Der hauptsächliche Unterschied jedoch zeigt sich in dem Angebot geschlechtstypisierter Spielsachen. Sowohl für Jungen als auch für Mädchen kann beobachtet werden, dass sie negative Reaktionen auf unpassende Aktivitäten ernten, also mit Mißbilligung der Eltern zu rechnen haben, wenn sie sich mit Sachen abgeben, die als unpassend für ihr eigenes Geschlecht empfunden werden.

87

So trivial dieser Unterschied klingen mag – Jungen sollen mit Autos spielen, Mädchen mit Puppen – Jungen sollen Fußballspielen, Mädchen sollen tanzen – so wichtig ist dieser Umstand. Denn wie wir gesehen haben, bestimmt ganz entscheidend die Wirklichkeit der Alltagswelt als oberste Wirklichkeit unsere Identitätsinhalte. Und so zeigt sich auch, dass durch die unterschiedlichen Spielumwelten sich völlig verschiedene Dialoge zwischen Eltern und Kindern entwickeln. Je nachdem, in welcher Situation wir uns befinden, werden unterschiedliche Skripte mit unterschiedlichen Rollen in uns aktiviert[108-109] und das gilt auch für Erwachsene in besonderen Spielumwelten. Wenn Sie sich in einer Puppenküche befinden, dann werden Sie automatisch ganz andere Handlungen verrichten als wenn Sie sich gerade auf dem Fußballfeld bewegen. Indem Sie als erwachsene Person aber diese Rollen spielen, fordern Sie das involvierte Kind zur Imitation dieser Rollen auf und initiieren damit deren Internalisierung.

Schließlich zeigt sich bei der Beobachtung des elterlichen Spielverhaltens, dass bei der Kombination *Vater-Sohn* dreimal so häufig ausgelassene wilde Spiele zu beobachten sind wie bei der Kombination *Mutter-Tochter*.

Im Folgenden möchte ich auf weitere bedeutsame spezielle Unterschiede eingehen. Beginnen wir mit dem elterlichen Machtverhalten. Hier kann beobachtet werden, dass Jungen eher Gegenstand negativer Reaktionen und stärkerer Bestrafung sind als Mädchen. Man kann jedoch auch sehen, dass Jungen aufgrund einer verzögerten körperlichen Reife und damit einher gehenden Regulationsschwierigkeiten häufiger sozial unakzeptierte Verhaltensweisen zeigen. Dieser Unterschied zeigt sich in einem Alter ab drei Jahren. Möglicherweise trägt aber das Verhalten der erwachsenen Personen ganz entschieden dazu bei, denn wir finden, dass ErzieherInnen auf positive Kommunikationsversuche von Mädchen reagieren (wenn diese sie berühren oder freundliche Annäherungen machen), aber eher auf negative Kommunikationsversuche von Jungen (wenn diese also fordern oder brüllen). Das könnte bedeuten, dass Mädchen schon relativ früh für friedliche Annäherungsversuche, Jungen aber für dominantes Verhalten mit Aufmerksamkeit belohnt werden. Hinzu kommt, dass das Verhalten von Mädchen von allen Erziehungspersonen stärker kontrolliert wird als das Verhalten von Jungen. Mädchen werden also dahingehend stärker für freundliches Verhalten belohnt.

Ein wichtiges Beobachtungsfeld finden wir vor, wenn Gespräche mit Kindern über Gefühle beobachtet werden. Bei der Kombination *Mutter-Tochter* werden dreimal soviele Gefühle thematisiert wie bei der Kombination *Mutter-Sohn* (schon ab 2 Jahren). Wichtig hierbei ist, dass diese Gespräche über Gefühle nicht von den Kindern selbst initiiert werden. Das bedeutet also, dass Mädchen nicht von vorneherein ein stärkeres Bedürfnis hätten über ihre Gefühle zu sprechen als Jungen. Diese Gespräche werden, wenn sie stattfinden von den Erwachsenen initiiert. Dabei finden mit Mädchen eher Gespräche über

88

Traurigkeit, mit Jungen über Konflikte, Wut, Rache statt. Finden Gespräche mit Mädchen über Konflikte statt, wird großer Wert darauf gelegt, wieder Harmonie herzustellen. Auch werden Mädchen in bestimmten Kontexten andere Gefühle angeboten als Jungen. Zeigen Mädchen sozial unakzeptiertes Verhalten, dann werden sie zu Empathie und Perspektivenübernahme angeregt (Wie wird sich die andere Person fühlen?), bei Jungen wird ein „Machtwort" gesprochen. Hinzu kommt ein weiterer Unterschied: Ein Gefühlsausdruck von Jungen, der auf Schwäche hinweisen könnte, beispielsweise von Angst, Traurigkeit, Weinen wird blockiert; Jungen werden deswegen zunehmend von ihren Eltern als undurchschaubar erlebt.

Welche unterschiedlichen Rollen spielen Mütter und Väter in der primären Sozialisierung? Einige Ergebnisse weisen nach Maccobys Interpretation stark darauf hin, dass die Rolle des Vaters entscheidend für geschlechtsspezifische Sozialisierung sein könnte. Väter zeigen fünfmal häufiger negative Reaktionen, wenn Söhne mit weiblichen Spielsachen spielen, als wenn Töchter mit männlichen Spielsachen spielen. Väter machen generell stärkere Unterschiede zwischen den Geschlechtern als Mütter. So nehmen sie gegen Jungen eine sehr kritische Haltung ein, zeigen eine höhere Bereitschaft zur Maßregelung. Sie nehmen Söhne häufiger mit zu Sportveranstaltungen und fordern sie eher als ihre Töchter zum gemeinsamen Fußballspielen auf. Bei Mädchen, besonders bei sehr weiblich wirkenden Mädchen, bewundern sie deren Kleider und Frisuren.

Geschlechtssozialisierung geht also in einem hohen Ausmaße von den Vätern aus – das ist Maccobys Fazit. Väter verhalten sich gegenüber ihren Söhnen häufig so wie sie sich selbst als Junge gegenüber anderen Jungen verhalten haben und nehmen ihre Töchter eher aus einer Männerperspektive wahr. Wie wir später aber noch sehen werden, muß auch den Müttern eine entscheidende Rolle im Sozialisationsprozess eingeräumt werden.

4.5.2 Selbstsozialisation

Männlichkeit und Weiblichkeit wird möglicherweise nicht nur durch die Interaktionen mit erwachsenen Bezugspersonen erworben. Kinder sozialisieren sich auch selber. Die Idee ist folgende: „Wenn Kinder ihre geschlechtliche Identität und die anderer Personen kennen und bewußt realisieren, welche Aktivitäten und Präferenzen für die beiden Geschlechter jeweils als angenehm betrachtet werden, dann motiviert sie dies zur Übernahme eines für ihr eigenes Geschlecht spezifischen Verhaltens".[50] Voraussetzung ist allerdings, dass die Kinder bereits die Fähigkeit erworben haben, nicht nur ihr eigenes Geschlecht, sondern auch das Geschlecht anderer Menschen zu identifizieren, die ihnen als geeignete Vorbilder für geschlechtstypische Normen und Gewohnheiten dienen könnten. Dass dies schon recht früh geschieht, zeigen die im vorangegangenen Kapitel aufgeführten Befunde.

Mit steigendem Alter nimmt die Internalisierung von Stereotypen über das eigene Geschlecht zu, mit sieben Jahren ist hier der absolute Höhepunkt zu verzeichnen. Kinder in diesem Alter sind durchschnittlich sexistischer als Kinder in anderen Altersstufen. Bis zu diesem Alter sind Kenntnisse über geschlechtsspezifische Handlungsabläufe verinnerlicht. Das Wissen um das, was ein Mädchen tut und was ein Junge steht bereits als Skript zur Verfügung, also als internes Drehbuch. Hierbei haben Mädchen ein elaborierteres Wissen um „feminine" Aktivitäten und Jungen eines um „maskuline" Akitivitäten. Das Wissen um solche Skripte und Stereotypen setzt früh ein. So konnte gezeigt werden, dass bereits Kinder im Kindergartenalter demselben Baby auf einem Videofim, wenn sie glaubten, dies sei ein Junge Persönlichkeitseigenschaften wie *schlau, gross, stark, hart, wütend, schnell, laut, böse* in stärkerem Ausmaß zuschrieben, als wenn sie dachten, dies Baby sei ein Mädchen. Dann verwendeten sie eher Persönlichkeitseigenschaften wie *dumm, schwach, weich, klein, ängstlich, langsam, ruhig, nett.* In Wirklichkeit handelte es sich immer um dasselbe Baby$^{(52)}$.

Ebenso wie die Wahrnehmung anderer Kinder erfolgt auch die Wahrnehmung der Eltern stereotyp. So konnte in einer Feldstudie beobachtet werden, dass im Rollenspiel gleichgeschlechtlicher Paare von Kindern im Kindergartenalter, die Vater und Mutter spielten, den Eltern sehr stereotype Verhaltensweisen zugeordnet wurden. Mütter wurden in praktischen Dingen als relativ hilflos gespielt, Väter traten als Manager auf. Nach dem Höhepunkt dieser sexistischen Stereotype weichen insbesondere bei Mädchen mit zunehmendem Alter die Geschlechterstereotypen auf$^{(50)}$.

Wenn wir nun diese kognitive Entwicklung zur Kenntnis nehmen, dann bedeuten diese Befunde folgendes für den Aspekt der Selbstsozialisierung: Zwischen drei und vier Jahren haben Kinder einen moralischen Imperativ entwickelt, der in dem Gebot besteht „Ich soll damit spielen und ich bin damit zufriedener". Dadurch beginnen sie selbstgesteuert, das eigene Verhalten in eine bestimmte Richtung zu lenken.

90

4.5.3 Weitere Einflüsse in der primären Sozialisierung

4.5.3.1 Sozial-kognitive Lerntheorien: Imitation und Identifikation mit Modellen

Lerntheorien gehen generell davon aus, dass durch positive Verstärkung (beispielsweise Belohnung, Lob) die Häufigkeit erwünschter Verhaltensweisen steigt. Der positive Reiz wird mit der erwünschten Verhaltensweise assoziiert und diese wird dadurch als etwas Positives gespeichert.

So berichten Cowan und Walters und Walters und Brown[110-111] folgende Befunde eines klassischen Experimentes: Kinder hatten die Aufgabe eine lebensgroße Clownfigur zu schlagen. Einer Gruppe der Kinder wurde als Belohnung für das Schlagen dieser Figur Glaskugeln versprochen, der anderen Gruppe wurde keine Belohnung angeboten. Die Kinder, welche Glaskugeln bekamen, nachdem sie den Clown geschlagen hatten, schlugen ihn häufiger. Das gleiche Datenmuster konnte von Geen und Stonner[112] auch für erwachsene Versuchsteilnehmer bestätigt werden. Ein Konföderierter des Versuchsleiters, der als weiterer Versuchsteilnehmer ausgegeben wurde, war an eine Stromanlage angeschlossen. Der Versuchsteilnehmer hatte die Aufgabe, dem Konföderierten Wortpaare beizubringen und sollte diesen, wenn er Fehler machte, mit einem Stromschlag bestrafen. Die Intensität des Stromschlages war frei wählbar. Eine Gruppe der Versuchspersonen wurde nach dem ersten Stromschlag gelobt, die andere Gruppe erhielt kein Lob. Die Probanden, die gelobt wurden, wenn sie Stromschläge austeilten, intensivierten daraufhin ihre Stromschläge.

Diese Ergebnisse aus dem Bereich der Aggressionsforschung zeigen deutlich, dass eine Verhaltensweise, die mit einem angenehmen Reiz (hier Glaskugeln und Lob) gekoppelt wird, häufiger ausgeführt wird, als wenn sie nicht mit einem angenehmen Reiz gekoppelt ist. Der Alltag zeichnet sich jedoch nicht dadurch aus, dass Kinder dauernd Lob oder Glaskugeln bekommen. Andere Komponenten müssen als so verstärkend erlebt werden, dass auch dann Verhaltensweisen erlernt und ausgeführt werden, wenn sie nicht mit positiven Verstärkern gekoppelt sind. Die sozial-kognitive Lerntheorie von Albert Bandura bietet hier ein gutes Erklärungsmodell an.

Verhalten nach Bandura[113] wird grundsätzlich insbesondere durch Imitation gelernt. Für die Imitation muß es Modelle geben. Diese Modelle spielen eine vermittelnde Rolle. Modelle können wirkliche Personen sein, sie können aber auch durch Fernsehen, Bücher und andere Medien repräsentiert sein, also symbolischer Natur sein. Besonders wenn ein Modell sympathisch ist oder über Macht verfügt, wird es eher imitiert, als wenn es unsympathisch ist und hilflos.

91

Wenn nun ein Kind beobachtet, dass ein geschätztes Modell beispielsweise für seine aggressiven Verhaltensweisen belohnt wird, dann lernt das Kind, dass es sich lohnt, sich so zu verhalten. Wenn hierzu noch die von Bandura sogenannte Effizienzerwartung paßt, also die Erwartung eines Individuums an sich selber, dieses Verhalten ebenfalls ausführen zu können, dann erhöht sich die Wahrscheinlichkeit der Imitation des Verhaltens. Effizienzerwartungen hängen von einer Reihe von Faktoren ab, wie beispielsweise von eigener Erfahrung (habe ich bereits ein ähnliches Verhalten ausgeführt) oder der Beobachtung vergleichbarer anderer Personen (mein Vater kann das, aber er ist auch größer und stärker als ich).

4.5.3.2 Nachahmung gleichgeschlechtlicher Vorbilder

Welche Faktoren der Konstruktion innerhalb der primären Sozialisation können wir finden, die mit einer flexibleren Einstellung gegenüber der Variable Geschlecht bei Kindern zusammenhängen? Sehen wir uns hier eine Analyse von Stainton-Rogers und Stainton Rogers an[114]. Der erste Faktor betrifft die Einstellung der Eltern (als potenzielle mächtige und sympathische Modelle in der primären Sozialisation) zu dieser Frage. Weisner und Wilson-Mitchell[114] fanden, dass Eltern, die selber traditionelle, stereotype Vorstellungen von Geschlechtsrollen hatten, auch eher Kinder mit einer ähnlichen Einstellung großzogen, während Eltern mit weniger traditionellen Rollenvorstellungen Kinder mit flexibleren Einstellungen erzogen.

Der zweite Faktor betrifft ebenfalls Überzeugungen der Eltern hinsichtlich der Variable Geschlecht. Die von Bem[114] durchgeführte Studie bezog sich auf die grundlegende Überzeugung von Eltern, ob Geschlecht eher durch unterschiedliches Verhalten von Mädchen und Jungen, Frauen und Männern gekennzeichnet ist oder nicht. Sie fand, dass Eltern, die den Geschlechtern auch unterschiedliche Verhaltensweisen zuschrieben, eher Kinder mit starken Geschlechtsstereotypen hatten als solche Eltern, die zwar akzeptieren, dass es biologische Unterschiede geben könne, die sich aber grundsätzlich nicht auf der Verhaltensebene zeigen müßten. Eltern, die also denken, dass Mädchen und Jungen sich anders verhalten sollten, achten möglicherweise auch stärker darauf, dass ihre eigenen Kinder sich entsprechend dieser Normen verhalten.

Ein dritter Faktor wird von Levy[114] berichtet: Kinder, die durch ausgeprägte Stereotype auffallen, interagieren intensiver mit ihren Eltern als Kinder, die eher flexiblere Stereotypen haben. Kinder mit flexibleren Stereotypen sind also offensichtlich nicht in einem vergleichbaren Ausmaß dem Einfluß ihrer Eltern ausgesetzt, sondern können auch andere Modelle heranziehen. Ein weiterer von Levy ausgemachter Faktor steht mit der Ausgeprägtheit der Stereotype der Kinder in Zusammenhang, der mit diesem Eltern-Kind-Interaktionsfaktor zusammenhängt: Kinder mit ausgeprägten Stereotypen haben mehr Geschwis-

92

ter als Kinder mit weniger Stereotypen, ein Faktor der auch damit zusammenhängt, dass die Mütter von Kindern, die flexiblere Einstellungen hinsichtlich der Variable Geschlecht aufweisen, berufstätig sind im Gegensatz zu den Müttern von Kindern mit starken Stereotypen.

Auch wenn Levy für die beiden letzten Faktoren nur schwache Zusammenhänge findet, gibt es für den Einfluß der Berufstätigkeit der Mütter auf die Entwicklung von Geschlechtsstereotypen der Kinder differenziertere Befunde, die von Alfermann[22] berichtet werden: Demnach entwickeln Jungen wie Mädchen weniger stereotype Vorstellungen über Persönlichkeitseigenschaften, Interessen, Berufe und Rollen der Geschlechter, wenn Mütter berufstätig sind. Insbesondere für Töchter läßt sich nachweisen, dass diese, wenn sie mit einer berufstätigen Mutter aufwachsen, weniger geschlechtstypische Rollenerwartungen in das eigene Selbstbild und Verhaltensrepertoire integrieren als Töchter mit Hausfrauen als Mütter. Auf die Geschlechtsidentität und das Rollenrepertoire der Jungen hat dieser Umstand keinen bedeutsamen Einfluß. Möglicherweise sind für die Erklärung dieses Effektes noch andere Mechanismen relevant als Modelllernen, das insbesondere für Töchter aufgrund der Identifikation mit der Mutter als vergleichbarer Person stärker ausfallen dürfte als für Söhne. So könnte es ein, dass berufstätige Mütter grundsätzlich auch weniger stereotype Einstellungen verinnerlicht haben und also mit androgyneren Konzepten an Kinder herantreten. Erwerbstätige Frauen haben auch in der Regel maskulinere Eigenschaften als nicht erwerbstätige Frauen und dies könnte sich auch in unterschiedlichen Erziehungsstilen niederschlagen wie Alfermann betont. So konnten Wickenheiser und Steins beispielsweise zeigen, dass Managerinnen im Vergleich zu Studentinnen der Betriebwirtschaftslehre, also Frauen, die Führungspositionen anstreben, die Konzepte „Frau" und „Führung" als weiblicher beschrieben", das Konzept „Selbst" jedoch als männlicher. Frauen, die also noch keine Berufserfahrung haben, aber eine verantwortliche Erwerbstätigkeit anstreben, erleben sich selbst als diskrepanter zu dem angestrebten Berufsziel als Frauen, die bereits im Beruf stehen. Bei diesen steigt die Maskulinität des Selbstkonzeptes an[115]. Mit Maskulinität einhergehen auch andere Konzepte wie Kontrolle und Selbstwirksamkeit, die an die eigenen Kinder weitergegeben werden und insbesondere von den Töchtern imitiert werden.

Wichtig ist aber nicht nur die Mutter als Modell, sondern vor allem der proportionale Anteil der Modelle gibt Aufschluß über die Geschlechtskonformität der Aktivitäten oder aber ein Modell muss besonders repräsentativ sein[116]. So steigt die Wahrscheinlichkeit, dass Kinder weniger stereotypes Wissen speichern, wenn möglichst viele Modelle, oder aber das mächtigste, oder wichtigste Modell, sich nonkonform verhält.

93

4.5.3.3 Einflüsse der Medien

Da Mädchen auch gerne Serien und Filme sehen, in denen Jungen die Hauptfigur präsentieren, Jungen jedoch nicht gerne Filme und Serien mit einem Mädchen in der Hauptrolle konsumieren, gibt es aus ökonomischen Gründen weitaus mehr Serien und Filme, in denen Jungen die Hauptfigur spielen. Mädchen fungieren dann eher als die romantische Zugabe, Jungen eher als schlauer Held[50]. Dies führt dazu, dass auch durch symbolische Modelle in der Regel stereotype Geschlechtsrolleninhalte an Kinder herangetragen wird. Ob Harry Potter so erfolgreich gewesen wäre, wenn die Autorin die Geschichte Hermine Granger genannt hätte?

4.5.3.4 Unkontrollierte Öffentlichkeit

In 3.2.1 wurde bereits erwähnt, dass Jungen früher und häufiger im Spiel auf öffentlichen Plätzen ohne die Aufsicht erwachsener Bezugspersonen anzutreffen sind als Mädchen. Dadurch lernen sie eher und stärker als die Mädchen ohne Hilfe klar zu kommen, auch werden sie wahrscheinlicher ihre Grenzen testen können, da sie ohne aufzufallen verbotene Verhaltensweisen ausüben können. Andererseits werden sie nicht so eingehend im erwünschten Sinn sozialisiert wie Mädchen, die unter ständiger Aufsicht stehen. Diese letzte Gruppe hat das gerade in der Schulumwelt erwünschte Verhalten bereits beim Schuleintritt internalisiert, während Jungen, die sich in einem hohen Ausmaß selber sozialisieren müssen, nun auffallen und diesen Teil des Sozialisationsprozesses nachholen müssen. Beide Subwelten haben unter diesem Aspekt Vor- und Nachteile: Dadurch, dass Mädchen häufig beaufsichtigt werden, sind sie stärker selbstaufmerksam und lernen früher und intensiver ihr Verhalten den erwünschten Standards des aktuellen Kontextes anzupassen. Das kann in der Schule ein großer Vorteil sein. Allerdings lernen sie nicht in dem Maße wie durchschnittlich frei spielende Jungen dies tun, zu explorieren und ihre Grenzen zu testen – eine wichtige Quelle von Erfahrungen der Selbstwirksamkeit geht so verloren. Eine ausgewogene Balance zwischen Aufsicht und Kontrolle einerseits und unbeaufsichtigter Freiheit andererseits wäre für beide Geschlechter ideal und würde viele Asymmetrien in der geschlechtsspezifischen Sozialisation verhindern.

4.5.3.5 Zusammenfassung und Implikation

Die bis hier berichtete Forschung zeigt einige wichtige Punkte auf: Erstens sehen wir, dass die Unterschiede im elterlichen Erziehungsverhalten gegenüber Jungen und Mädchen subtil sind. Väter betonen die Weiblichkeit der Tochter und die Männlichkeit des Sohnes. Die Nonkonformität von Müttern mit einer feminin-stereotypen Rolle senkt die Wahrscheinlichkeit der Tradie-

94

rung femininer Stereotype. Zweitens zeigen sie, dass durch Modelllernen und Selbstsozialisation auch ein entscheidender Beitrag dazu geleistet wird, inwieweit sich geschlechtskonforme Vorstellungen internalisieren während der primären Sozialisationsphase.

4.6 DIE KONSTRUKTION VON MÄNNLICHKEIT UND WEIBLICHKEIT, VON MANN UND FRAU: SEKUNDÄRE SOZIALISATION

Der Übergang von der primären in die sekundäre Sozialisationsphase ist in den meisten Gesellschaften durch Rituale gekennzeichnet. In modernen Gesellschaften gibt es einen Führerschein oder gleich das passende Fahrzeug dazu, das den jungen Menschen in die Selbstständigkeit entläßt.

Wichtig für den Prozess der sogenannten sekundären Sozialisation ist es, bereits institutionalisierte Subwelten zu internalisieren. So muss eine Person, die studiert, die Strukturen der Institution Universität verinnerlichen, eine Person, die als Auszubildende beginnt, die Strukturen der jeweiligen Institution begreifen. Die Identifikation mit der dem Individuum in der jeweiligen Institution zugewiesenen Rolle hängt davon ab, als wie wertvoll die Rolle in der Gesamtwirklichkeit dieser Person repräsentiert ist. So mag es einer Person, die in einer akademischen Umgebung ihre primäre Sozialisation erlebt hat, leichter fallen, sich mit einer akademischen Ausbildung zu identifizieren und der dazugehörigen Institution, als einer Person, die in einer handwerklichen Umgebung sozialisiert wurde. Die Identifikation mit einer Rolle, die einer Institution angebunden ist, wird auch durch das Wissen eines Individuums geschwächt, dass diese Rolle nicht für ewig ausgeübt wird: Eine Ausbildung macht man nur vorübergehend an einer Institution, auch arbeitet man möglicherweise nur vorübergehend in einem Beruf.

Institutionen sind also, anders als die primären Bezugspersonen, austauschbar und ersetzbar. Dadurch ist die sekundäre Sozialisation hauptsächlich durch die fehlende emotionale Identifikation mit dieser Subwelt charakterisiert. Es wird häufig eine Distanz zwischen Selbst und dem Teil-Selbst dieser Sozialisation empfunden und die durch eine Institution konstruierte Wirklichkeit als künstliche wahrgenommen.

4.6.1 Sekundäre Sozialisation unter der Perspektive Geschlechtsidentität

Während der primären Sozialisation ist die im dritten Kapitel beschriebene Segregation der Geschlechter vorherrschend. Im Laufe der sekundären Sozialisation, sind nun zwei Beobachtungen zu machen: 1. Die Geschlechter nähern sich an über die gegenseitige sexuelle Attraktion. Hierbei kommt es zu den

95

bereits in 4.5.1 beschriebenen Unterschieden in den Interaktionen und 2. die während der primären Sozialisation internalisierten Geschlechtsstereotype machen sich immer mehr bemerkbar. So entstehen ganz spezifische Leistungs- und Karriereunterschiede, die in „Leistung, Beruf, Karriere" näher ausgeführt werden. Die primäre Sozialisation bereitet also den Boden für später festzu- stellende Unterschiede zwischen Männern und Frauen vor.

Nun werden wir ein gänzlich verschiedenes Menschenbild kennenlernen, welches jedoch für das Thema „Identität" wichtig ist, da es einen großen Einfluß auf Alltagsvorstellungen von Identität ausgeübt hat und immer noch ausübt.

5. DIE HUMANISTISCHE PSYCHOLOGIE UND DIE FRAGE NACH WEIBLICHER UND MÄNNLICHER IDENTITÄT

Das Argument: Das Erkennen unserer Gefühle ist ein Schlüssel zum Erkennen unserer Identität. Identität ist eine angeborene, individuelle Größe, die entfaltet werden kann, wenn die äußeren Umstände günstig sind.

Im folgenden möchte ich ein Menschenbild vorstellen, das in vielen Punkten den sozialen Konstruktivismus kontrastiert. Im Anschluß an die Einführung in dieses Menschenbild möchte ich die Implikationen erörtern, die sich daraus für geschlechtsspezifische Identitätsentwicklung ergeben.

5.1 WAS IST HUMANISTISCHE PSYCHOLOGIE?

5.1.1 Die historischen Wurzeln des Humanismus

Humanistische Psychologie hat ihre Wurzeln in der Romantik. Wie bei den historischen Analysen heraus gearbeitet wurde, ist die romantische Geisteshaltung durch Schriften von Rousseau (Retour à la nature) Dichtern wie Goethe, Keats, Shelley, Bronte und Poe (und andere) charakterisiert. Die Themen beziehen sich besonders auf Leidenschaft als ein Gefühl, das dem Leben erst Sinn gibt. Entweder eine Person kann ihr wahres Selbst leben oder aber sie stirbt. Die Leiden des jungen Werther von Goethe stellen exemplarisch dar, wie in dieser Zeit gehandelt wurde, wenn wahre Leidenschaften nicht gelebt werden konnten. Kultur galt als Zwangsjacke, das heißt die Regeln und Normen der Gesellschaft werden in der Regel als einengend erlebt.

5.1.2 Definition und Selbstverständnis der humanistischen Psychologie

Humanistische Psychologie bildet eine Denkschule ab, die oft als so genannte dritte Kraft in der Psychologie bezeichnet wird und zwar neben der Psychoanalyse und dem Behaviorismus[117].

Die ersten theoretischen Ansätze, in denen sich die später explizit formulierten Grundsätze der humanistischen Psychologie bereits spiegeln, werden um 1960 herum formuliert. Der Beginn dieser neuen Denkrichtung ist nicht losgelöst zu denken von den Themen, die damals gesellschaftlich relevant waren und einen Wertewandel herbeiführten, der als Kulturrevolution bekannt ist (die 68ziger). So wurden zum ersten Mal seit langer Zeit die Werte der protestantischen Arbeitsethik hinterfragt, die Verhaltensweisen wie Disziplin, Selbstdisziplin, Erreichen zukünftigen Gewinns auf Kosten momentaner Freuden, ehernes Pflichtgefühl und einen kontrollierten Umgang mit subjektiven Zuständen hochhalten. Damit einher ging das Hinterfragen traditioneller Werte des Zusammenlebens, nämlich, dass beispielsweise Ehe, Treue und Monogamie unerläßliche Bestandteile einer Familie zu sein hätten. Diese Diskussionen mündeten dann in die so genannte sexuelle Befreiung, die zeitgleich mit der Entwicklung der Pille als Verhütungsmittel für die Frau zusammenfiel. Ebenfalls begann die Diskussion über die zunehmende Zerstörung der Umwelt anläßlich eines nie da gewesenen Abbaus und Verbrauchs natürlicher Ressourcen – in dieser Zeit sind auch die Wurzeln von ökologischen Bewegungen zu finden, die heute in einigen Ländern als selbstverständlich angesehen werden. Innerhalb dieser gesellschaftlichen Stimmungen und Themen entwickelt sich also innerhalb der Psychologie eine alternative Denkschule. Schauen wir uns diese einmal genauer an.

Das Kernstück der humanistischen Psychologie kann durch den Begriff *Potenzial* bezeichnet werden. Damit ist gemeint, dass man sich nicht nur auf den Realzustand einer Person konzentriert, sondern vor allem auf deren Möglichkeiten.

1962 gründeten VerteterInnen dieser Denkschule *die Association of Humanistic Psychology*. Vier grundlegende Prinzipien wurden formuliert: *(1) Die erfahrende Person steht im Mittelpunkt des Interesses.* Statt Untersuchungen vornehmlich in Laborsituationen durchzuführen, sollen Untersuchungen in realen Lebenssituationen vorgenommen werden, der Mensch als Subjekt, nicht als Objekt rückt in den Mittelpunkt der Betrachtung. Nach Auffassung der Association of Humanistic Psychology kann eine psychologische Wissenschaft nicht die Methoden der Naturwissenschaften verwenden. Wissenschaft muß demnach in Begriffen des subjektiven Bewußtseins formuliert sein. Entscheidend ist also wie das Individuum sich selbst erfährt und beschreibt. In der wissenschaftlichen Sprache entsteht so der Begriff der *ganzheitlichen* Betrachtungsweise. Inhalte der Untersuchungen sollen sich auf die Basisfragen von Menschen beziehen, also auf die entscheidenden Fragen von Identität: Wer bin ich? Wohin gehe ich? Wohin möchte ich? Diese Fragen sind deshalb relevant, weil innerhalb der humanistischen Psychologie Menschen Entscheidungsfreiheit zugesprochen wird. Die Innenperspektive wird also entscheidend.

(2) Gesunde Individuen sollen untersucht werden. Nach Ansicht der humanistischen PsychologInnen wird in der Forschung zuviel Aufmerksamkeit auf dysfunktionale Prozesse gelenkt. Stattdessen sollten wichtige Bedürfnisse des

98

Menschen wie Wahlfreiheit, Kreativität und Selbstverwirklichung Forschungsthemen sein. Untersuchungen über kranke Menschen würden auch zu einer kranken Wissenschaft führen: *„If we want to answer the question of how tall the human species can grow, then obviously it is well to pick out the ones who already are tallest and study them. If we want to know how fast a human being can run, then it is no use to average out the speed of a „good sample" of the population; it is far better to collect Olympic gold medal winners and see how well they can do. If we want to know the possibilities for spiritual growth, or moral development in human beings, then I maintain that we learn most by studying our most moral, ethical, or saintly people."* (S. 7,[118]). Wichtig werden also positive Themen.

(3) Bedeutsamkeit der Forschung ist wichtiger als deren Methoden. Da bedeutsame Forschung mit schwachen Methoden als wertvoller als unwichtige Forschung mit guten Methoden angesehen wird, wird hier die Bedeutsamkeit der Forschung zur inhaltlichen Definition von Wissenschaft gemacht. Häufig würde Forschung nur deshalb gemacht werden, weil Methoden zur Verfügung stehen würden.

(4) Die Würde des Menschen ist unantastbar. Mit diesem Grundsatz wird Einfühlung als wissenschaftliches Prinzip etabliert: Da jeder Mensch als einzigartig angesehen wird und Würde besitzt, Menschen eine höhere Natur aufweisen, die sich in ihrem Streben nach bedeutsamer Arbeit, Verantwortung und kreativem Ausdruck äußert, sollte Psychologie eine Wissenschaft des Verstehens und nicht der Vorhersage und Kontrolle sein.

5.1.3 Humanistische Theorien in der Psychologie

Humanistische Theorien in der Psychologie gehen davon aus, dass es ein motivationales Grundprinzip im Menschen gibt, das bewirkt, dass Menschen nach der Verwirklichung ihres individuellen Potenzials streben. Dieses Prinzip ist kein erworbenes, sondern ein internales, biologisches Prinzip, wird also als allgemeingültig, universal und kulturunabhängig, als integraler Bestandteil der menschlichen Natur verstanden. Unser Potenzial enthält ererbte Talente und Fähigkeiten, die entwickelt und zum Ausdruck gebracht werden wollen. Das Leitmotiv des internalen Prinzips ist also das persönliche Wachstum des Einzelnen. Humanistische Theorien werden demensprechend auch Wachstumstheorien genannt.

Ein Theoretiker innerhalb dieser Tradition ist Carl Rogers. Carl Rogers führte als Begriff für das Streben nach Selbstverwirklichung *Selbstaktualisierung* ein und hat sich besonders mit den Bedingungen von Selbstaktualisierung beschäftigt, also den Bedingungen, die es Personen erleichtern oder erschweren, sich selbst zu aktualisieren[119]. Insbesondere wenn ein Kind bereits während

99

der frühen Lebensjahre eine bedingungslose positive Zuwendung erfährt (unconditional positive regard), führt dies zu Selbstakzeptanz und Kongruenz. Mit Kongruenz ist hier gemeint, dass eine Person sich nach außen genauso verhält, wie sie sich innen fühlt. Inkongruentes Verhalten drückt sich beispielsweise aus in „eine gute Miene zum bösen Spiel machen".

Und weiterhin: Eine bedingungslose positive Zuwendung führt auch zur Selbstaktualisierung. Bedingungslose positive Zuwendung erhält ein Kind dann, wenn es unabhängig von seinem Verhalten angenommen wird. Diesem Konzept gegenüber steht die bedingte positive Zuwendung (conditional positive regard). Ein Kind wird nur dann beispielsweise in den Arm genommen, wenn es sich „richtig" verhalten hat. Eine solche Einstellung gegenüber einem Kind oder einer Person schafft Bedingungen der Bewertung: Bestimmte Handlungen definieren das Ausmaß der erhaltenen Akzeptanz. Das kann dazu führen, dass die so behandelte Person sich bestimmten Erfahrungen gegenüber (die nämlich unerwünscht sind) verschließt, also defensiv wird. Dadurch entsteht ein Zustand der Inkongruenz, das heißt, es entstehen Diskrepanzen zwischen Innen und Außen, zwischen subjektiver Realität und objektiver Realität. Erhält das Kind eine andauernde bedingte positive Zuwendung, dann entsteht auf Dauer auch ein negatives Selbstbild.

Ein weiterer Vertreter innerhalb dieses Menschenbildes sei noch kurz dargestellt, nämlich Abraham Maslow[118]. Maslow formulierte eine Bedürfnispyramide, um die Einflüsse auf Selbstaktualisierung zu konkretisieren. Diese Bedürfnispyramide spiegelt mehrere Bedürfnisklassen wieder, die in Defizit- (physiologische Prozesse, Sicherheitsanspürche) und Being-Werte (Geliebtwerden, Wertschätzung erfahren, Selbstaktualisierung) eingeteilt sind. Während Defizit-Werte (D-Values) darauf abzielen, ein Gleichgewicht wiederherzustellen, also einen negativen Antrieb in Gang setzen, zielen Being-Werte (B-Values) auf Wachstum ab, initiieren also einen positiven Antrieb. Erst wenn die unteren Werte der Pyramide erfüllt sind, dann können die oberen Werte gelebt werden.

Entsprechend dem Anspruch der humanistischen Denkschule, den er selber mit formulierte, untersuchte Abraham Maslow verschiedene Personen, die er als selbstaktualisiert bezeichnete, darunter einige Nobelpreisträger und andere herausragende Persönlichkeiten. Aus deren Biographien extrahierte Maslow eine Liste von charakteristischen Merkmalen von Personen, die selbstaktualisiert sind: Sie nehmen die Realität effizient wahr und sind in der Lage Unsicherheit zu tolerieren, sie akzeptieren sich selbst und andere so wie sie sind, sie sind spontan in Gedanken und Verhalten, sie sind eher problemzentriert statt selbstzentriert, sie haben einen guten Sinn für Humor, sie sind hoch kreativ, sie widerstehen den Einflüssen der Kultur, sind aber nicht absichtlich unkonventionell, sind mit dem Wohlergehen der Menschheit beschäftigt, schätzen die grundlegenden Erfahrungen des Lebens, haben wenige, aber dafür

100

tiefe Beziehungen zu anderen Personen und sind in der Lage, das Leben von einem objektiven Standpunkt aus zu beobachten.

Maslow entschlüsselte aus den Biographien der selbstaktualisierten Personen ebenfalls eine Reihe von Verhaltensweisen, die zur Selbstaktualisierung führen: die Welt zu erfahren wie ein Kind dies tut, nämlich absorbiert und konzentriert; neue Wege ausprobieren statt auf sicheren Wegen zu bleiben; auf die eigenen Gefühle hören, wenn es um die Bewertung von Erfahrungen geht und nicht auf die Stimme einer Autorität oder Mehrheit; aufrichtig sein und „Spielchen" vermeiden; vorbereitet sein, unpopulär zu erscheinen, wenn die eigenen Standpunkte von denen der Mehrheit abweichen; Verantwortung übernehmen; hart arbeiten, wenn es um etwas geht, was man selber entschieden hat; die eigenen Widerstände identifizieren und den Mut haben, sie aufzugeben.

5.1.4 Aus der humanistischen Psychologie hervorgegangene Entwicklungen

In verschiedenen Bereichen hatte die humanistische Theorienbildung in der Psychologie kreative Einflüsse. So wurden neben Verhaltenstherapie und Psychoanalyse die aus der humanistischen Psychologie hervorgegangene von Rogers formulierte klientenzentrierte Gesprächstherapie konstruiert und die von Fritz Perls kreierte Gestalttherapie, die sich beide als ganzheitliche Methoden verstehen, in denen Einfühlung, Authentizität und Kongruenz des/der Therapeuten/in wichtig sind.

Neue Unterrichtsformen entstanden, wie beispielsweise der individuelle Unterricht[120], in dem nicht mehr der soziale Vergleich, sondern der individuelle Vergleich berücksichtigt wird. Konsequenterweise gründeten sich auch neue Schulformen wie beispielsweise die Neil Summerhill-Schulen, in denen neben der kognitiven Entwicklung auch die Entwicklung auf handwerklichem und musischem Gebiete als gleichwertig erachtet wird und SchülerInnen sich stärker entlang ihrer individuellen Begabungen entwickeln können sollen.

Auch auf Erziehung übte die humanistische Psychologie einen Einfluß aus, indem diese wieder neu diskutiert wurde und Konzepte wie das der demokratischen Erziehung und der antiautoritären Erziehung, die sich mit einem unconditioned positive regard vertragen, eingeführt wurden.

101

5.2 IDENTITÄT UND HUMANISTISCHE PSYCHOLOGIE

Für unsere Fragestellung wichtig sind die Identitätsvorstellungen der humanistischen Psychologie. Nach humanistischen Vorstellungen ist das Selbst einer Person ein angeborener Kern, dessen Anlagen sich unter positiven Bedingungen entfalten können. Von Natur aus ist dieser Kern gut. Alles, was der Entwicklung dieses Kerns zuwider läuft, gehört nicht zur wahren Identität einer Person, sondern repräsentiert eine Fassade, die eine Person sich, zum Schutz ihrer selbst, angeeignet hat.

Bis hierhin sollten folgende Punkte deutlich geworden sein: Humanistische Psychologie geht von einem Wachstumsleitprinzip aus. Dieses Prinzip der Selbstaktualisierung stellt eine dynamische Komponente humanistischer Theorien dar. Das Selbst ist ein Kern mit einem angeborenen Potenzial und von Natur aus gut. Die Konstruktionen der humanistischen Psychologie gehen auf die Romantik zurück und sind in weiten Teilen der modernen Gesellschaft übernommen worden.

Die Implikationen des humanistischen Menschenbildes für das Thema Identität sind sehr widersprüchlich. Die Überzeugung, dass es ein wahres Selbst gibt, das angeboren ist, läßt gesellschaftlich erzeugte Konstruktionen als natürliche Gegebenheiten erscheinen. Wenn also die feminine Frau oder der maskuline Mann modern sind, dann wird dies von Frauen beziehungsweise von Männern als natürlich (und damit als wahr) empfunden. Dabei verkennt das Hören auf eine innere Stimme die Möglichkeit, dass diese Gegebenheiten möglicherweise sozial konstruiert sind. Die Auffassung, dass die eigene Wahrnehmung und die eigenen Bedürfnisse schon ihren guten Grund haben werden, allein aus der Tatsache, dass wir sie aus uns selbst herauskommend erleben, kann uns in Hinblick auf viele Einflußfaktoren blind machen. So wie der kulturell vergleichende Querschnitt West und Ost zeigt, dass unsere Bedürfnisse, unser Verhältnis zu Gefühlen und unser Verhalten systematisch innerhalb kultureller Kontexte variiert, wird deutlich, dass sogar das, was wir oft als unser innerstes Erleben bezeichnen, unsere Gefühle, unser emotionaler Haushalt, durch kulturelle Konstruktionen und Konventionen mitbestimmt wird und nicht zuletzt durch den unmittelbaren sozialen Kontext, in dem wir uns befinden. Ignoriert eine Person solche Außeneinflüsse, wird sie vermutlich in einem hohen Grad fremdgesteuert.

Im Rahmen einer negativen Utopie hat George Orwell in 1984[121] demonstriert, wie schwierig es ist, soziale Konstruktionen als solche zu erkennen, wenn man emotional in sie verstrickt ist. So wird in diesem Zukunftsroman beispielsweise beschrieben, wie Wut auf „den großen Bruder" künstlich herbeigeführt wird, die aber dann doch als echt erlebt wird und dann zu tatsächlicher Wut führt. Genauso, das haben Badinters Ausführungen zur Entwicklung des heutigen Verständnisses von Mutterliebe gezeigt, können wirtschaftliche

Faktoren ein Anlaß dafür sein, dass Gefühle entdeckt oder wieder entdeckt werden, die nützlich sind zur Steuerung eines momentan erwünschten Verhaltens auf breiter Ebene. So ist es auch nicht weiter verwunderlich, dass Erziehung und Elternschaft gerade wieder in einer Zeit diskutiert werden, in der die Geburtenzahlen in Deutschland rückläufig sind, was sich versorgungspolitisch betrachtet verheerend auswirken dürfte, weltweit betrachtet jedoch erwünscht ist (denn es gibt möglicherweise schon mehr Menschen, als versorgt werden können). Es ist also eigentlich schwer zu wissen, ob eigene Wünsche und Bedürfnisse wirklich eigene Wünsche und Bedürfnisse sind. Die Entscheidung wird uns jedoch völlig aus der Hand genommen, wenn wir glauben, dass unsere Gefühle Ausdruck unseres wahren Selbst sind. Es empfiehlt sich also zunächst Skepsis gegenüber den eigenen Gefühlen zu entwickeln, die ja meistens, besonders in psychologischen Ratgebern nicht empfohlen wird.

Hinzu kommt folgende Implikation: Das Portrait von Personen, die selbstaktualisiert sind, verträgt sich nicht mit weiblichen Biographien, die durch eine Vielzahl sozialer Bindungen gekennzeichnet sind. Dadurch werden insbesondere bei Frauen Diskrepanzen zwischen Real- und Idealselbst geschaffen, die nur durch Bindungsreduzierung zu verringern sind. Selbstaktualisierte Personen sind durch Beziehungen zu Personen charakterisiert, die zwar tief sind, sich aber nur auf wenige Personen erstrecken. Gerade jedoch Frauen sind in einem viel höheren Ausmaß als Männer es sind, in viele Lebensbereiche verstrickt, in denen sie zu einer Vielzahl unterschiedlichster Personen Beziehungen führen (müssen). Nicht nur die Erziehung von Kindern liegt zu weiten Teilen (in Zeitstunden berechnet) in weiblicher Hand, sondern auch die Pflege kranker Verwandter. Allein mit der Erziehung der Kinder entwickeln sich Kontakte zu den Freunden/innen der Kinder und deren Eltern, zu Lehrern/innen. Durch Kinder entwickeln sich auch intensivere Kontakte zu anderen Personen, die im selben Wohngebiet leben. Da in der Regel, wie alle auch aktuelle Statistiken zeigen, Frauen auch mehr Zeit zu Hause verbringen, haben sie dort auch das ausgeprägtere soziale Netz. Für die Entwicklung des Selbst oder dessen Aktualisierung mag da wenig Zeit übrig bleiben. Wenn zeitgleich ein humanistisches Menschenbild internalisiert wurde (Ich muß mich selbstverwirklichen), kann dieses Eingebettetsein in komplexe soziale Strukturen als sehr beengend erlebt werden und aus zwischenmenschlichen Beziehungen können Verpflichtungen werden, die als belastend erlebt werden. In dieser Implikation ist dann auch das revolutionäre Potenzial des humanistischen Menschenbildes zu sehen: Indem Personen sich an erster Stelle fragen, was für sie wichtig ist, wird natürlich auch verhindert, dass beispielsweise Macht immer einseitig verteilt wird. Diese positive Implikation verkehrt sich in eine negative, wenn gleichzeitig wieder vorgegeben wird, was wahr und natürlich ist.

Dazu kommt: Gerade Frauen scheinen humanistisch gefärbte Methoden zu favorisieren. Dies zeigt, dass sie möglicherweise anfälliger für die Interpretation von „Natürlichkeit" sind und suggestibler. Wie beispielsweise eine Untersuchung von Gross und Steins zeigt, reagieren Frauen sehr positiv auf einen humanistisch gefärbten Gesprächsstil, der sie in ihren Gefühlen und Gedanken warmherzig und einfühlsam verstärkt und diese nicht in Zweifel zieht oder in irgendeiner Weise kritisiert. Frauen fühlten sich nach einem solchen Gesprächsstil weniger deprimiert und ärgerlich, Männer hingegen nicht. Diese fühlten sich – im Gegensatz zu den Frauen – weniger deprimiert und ärgerlich, wenn sie herausgefordert und in Frage gestellt wurden nach den Disputationsmethoden der rational-emotiven Verhaltenstherapie[122]. Frauen scheinen sich also eher dann wohler zu fühlen, wenn sie verstärkt werden in ihren Wahrnehmungen und Gefühlen, was sie in hohem Grade suggestibler und steuerbarer macht.

Ein gutes Beispiel, um die Implikationen eines humanistischen Menschenbildes für geschlechtsspezifische Identitätsentwicklung zu konkretisieren, stellt die so genannte sexuelle Revolution gegen Ende der sechziger Jahre dar. Im Zuge des Aufrufs zur Selbstverwirklichung – humanistische Ideale erlebten einen Höhepunkt in modernen Gesellschaften – wurde die sexuelle Befreiung ein Imperativ. Das Bedürfnis nach Nähe, Vertrautheit und Liebe zu einer einzigen Person galt als überholt und als Besitzdenken und sollte anders gelebt werden, *„weil wir in Wirklichkeit nur von längst überholten sozialen Konventionen auf den Einen oder die Eine festgenagelt wären und eigentlich mit vielen anderen Personen gerne sexuellen Austausch hätten".* Hierdurch wurde durch Gruppendruck jedoch wieder nur eine andere Norm etabliert, unter der insbesondere Frauen zu leiden hatten, wie sich im nachhinein herausstellte, die sich in hohem Ausmaß sexuell ausgebeutet fühlten. Bruch[123] und Maccoby[50] sehen sogar in diesem Gruppendruck einen weiteren Faktor, der die in dieser Zeit beginnende zunehmende Entwicklung von Essstörungen mit begünstigte. Ihre Argumentation lautet: Durch diesen spezifischen Druck, möglichst früh mit möglichst vielen Personen Sex zu haben, erfahren gerade junge Mädchen, die durch mögliche Schwangerschaften verletzbarer sind, zu der physischen Diskrepanz zwischen Real- und Idealbild eine weitere Diskrepanz zwischen eigenen Bedürfnissen und dem Anspruch anderer, die das Erleben von Hilflosigkeit verstärkt. Eine Reaktion könnte sein, zu hungern, um wenigstens auf einem Gebiet wieder Kontrolle zu erfahren.

Die große Stärke dieses Menschenbildes liegt darin, dass es den Blick auf gesellschaftliche Rahmenbedingungen stärken kann: Möglicherweise müssen nur die „richtigen" Bedingungen da sein, damit sich unsere eigentlichen Gefühle entfalten können. In Kapitel 9 wird die Wichtigkeit der humanistischen Perspektive deutlich werden. Es ist allerdings sehr schwer zwischen den richti-

104

gen und den „künstlichen" Gefühlen zu unterscheiden, vorausgesetzt diese Unterscheidung ist wirklich sinnvoll.

5.3 Schlußfolgerungen

Wir sehen an diesem Beispiel, dass es schwer ist, zu sagen, was natürlich ist und dass es vielleicht generell zu einem großen Mißtrauen führen sollte, wenn behauptet wird, dies ist natürlich für viele, weil es – zumindest innerhalb des Menschenbildes des Humanismus – der doch angenommenen Einzigartigkeit von Individuen zutiefst widerspricht.

Damit hat das nun folgende Menschenbild wenig Probleme: Wir wenden uns nun einem soziobiologischen Menschenbild zu.

6. SOZIOBIOLOGIE, EVOLUTIONÄRE SOZIALPSYCHOLOGIE: EIN BLICK AUF MÄNNCHEN VERSUS WEIBCHEN

Die Behauptung ist: Viele Unterschiede zwischen Männern und Frauen sind naturgegeben und werden von biologischen Prozessen gesteuert, die sich unserem Bewußtsein entziehen.

In seinem berühmten Buch „The selfish gene" formuliert Richard Dawkins[124], bereits auf Seite 2, das folgende grundlegende Argument eines soziobiologischen Menschenbildes: „... *We, and all other animals, are machines created by our genes. ... Our genes have survived, in some cases for millions of years, in a highly competitive world. ... a predominant quality to be expected in a successful gene is ruthless selfishness. This gene selfishness will usually give rise to selfishness in individual behaviour. ... there are special circumstances in which a gene can achieve its own selfish goal best by fostering a limited form of altruism at the level of individual animals.*" Wir Menschen sind demnach Maschinen, die durch unsere Gene geschaffen werden. Diese Gene wollen sich um jeden Preis replizieren, haben also hoch egoistische Motive und treiben uns zu egoistischem Verhalten an.

Dieses Argument führt, konsequent angewendet, zu einer ganz eigenen Sicht dessen, was ein Individuum ist, die sich von den Menschenbildern, die wir bisher betrachtet haben, in vielerlei Hinsicht unterscheidet. Auf Seite 86 führt Dawkins die soziobiologische Definition von „Individuum" ein, die wie folgt lautet: „*We shall continue to treat the individual as a selfish machine, programmed to do whatever is best for the gene as a whole.*" Das Individuum wird als Überlebensmaschine konzipiert, als „survival machine", von seinen Genen gesteuert. Wichtig ist, dass wir uns der Wirkung unserer genetischen Programme auf unser Verhalten nicht bewußt sind. Lassen wir uns nun auf diese Grundannahme ein und sehen wir die Welt aus soziobiologischer Perspektive.

6.1 GRUNDPRINZIPIEN DER SOZIOBIOLOGIE

Betrachten wir zunächst die theoretischen Voraussetzungen dieser Definitionen und Annahmen. Dawkins formuliert sein Argument auf der Basis von Darwins Evolutionstheorie (1859). Darwins Theorie führt zwei wichtige Grundprinzipien der Populationssteuerung ein, nämlich die natürliche Auslese und das Prinzip „Survivial of the fittest". Demnach haben die Gruppen (speziesübergreifend betrachtet) die höchste Wahrscheinlichkeit ihre Gene erfolgreich weiterzugeben, also längerfristig betrachtet, zu überleben, die sich am optimalsten an ihre Umwelt anzupassen verstehen.

Aus dem Tierreich sind zahlreiche Beispiele bekannt: Die Giraffe, aus deren Spezies während einer Dürreperiode die Individuen den Genpool weitertragen konnten, welche einen außergewöhnlich langen Halswirbel aufweisen, der sie befähigte, Nahrung zu bekommen, an die andere Arten nicht heranreichten; das Krokodil, ein Saurier, in dessen Gruppe immer Individuen gewesen sein müssen, die sich auch extremsten Verhältnissen an Land wie an Wasser anzupassen wußten und unzählige andere Beispiele, inklusive des Menschen, der je nachdem, in welchen klimatischen Verhältnissen er lebt, besondere Merkmale ausgebildet hat, um sich optimal diesen Verhältnissen anzupassen.

Es tragen also nicht unbedingt die Stärksten (dazu verleitet die englische Vokabel „fittest") zur Erhaltung der Art bei, sondern die VertreterInnen der Spezies, die sich den gegebenen Umweltbedingungen am besten anzupassen wissen.

Zunächst wurde Darwins Lehre altruistisch interpretiert: Um die Art zu erhalten, gibt sich der/die Einzelne zu Gunsten der Gruppe auf. Diese Interpretation beruht auf der Beobachtung bestimmter Spezien. So wissen wir beispielsweise, dass die Arbeiterbiene kein besonders langes Leben hat und früh stirbt. Ihr kurzes Leben hat sie damit verbracht, Nahrung für ihr Volk zu sammeln. Auch bei Vögeln können wir ein hoch altruistisches Verhalten beobachten, wenn es um den Schutz ihrer Brut geht; so versuchen manche Vogelarten als gefährlich eingeschätzte andere Arten von ihrem Nistplatz abzulenken und setzen sich selber dabei der Gefahr aus, möglicherweise gefangen und gefressen zu werden.

Nicht alle Arten verhalten sich jedoch scheinbar altruistisch, so kann auch festgestellt werden, dass der/die Einzelne versucht ausschließlich seinen eigenen individuellen Genpool zu maximieren. Während der Befruchtung werden bei vielen Spinnenarten die Männchen verzehrt. Es ist also wichtig, verschiedene Ebenen der Betrachtung zu wählen: Spezies, Gruppe, Individuum, Gene und zuletzt die unteilbare Einheit eines Genabschnitts.

Um die Grundprinzipien dieses Menschenbildes zu konkretisieren versucht Dawkins mit deren Hilfe altruistisches Verhalten zu erklären. Ein gutes Beispiel für altruistisches Verhalten stellt die Pflege des eigenen Nachwuchses beim Menschen dar. Wenn wir wirklich aus egoistischen Motiven heraus altruistisch sind, dann sollte altruistisches Verhalten gegenüber den Trägern unserer Gene erhöht sein, also insbesondere bei Verwandten und ähnlichen Personen verstärkt ausgeführt werden.

Wie können wir aber wissen, welche Personen uns ähnliche Gene aufweisen? Wenn wir Menschen als Genträger betrachten, deren Gene mehr oder weniger mit den unseren verwandt sind, dann kommen wir zu einer so genannten Sicherheitshierarchie. Die eigene Person steht an oberster Stelle dieser Hierarchie. Von mir selber weiß ich zu 100%, dass ich meine Gene besitze. Sollte ich einen eineiigen Zwilling haben, so folgt dieser direkt nach mir. Auch hier kann ich mit Sicherheit annehmen, dass es eine ganz starke Überschneidung gibt. Wenn ich die leibliche Mutter von Kindern bin, bei deren Zeugung nur mein eigenes weibliches „Befruchtungsmaterial" zur Verfügung stand, dann kann ich mir bei diesen Kindern auch relativ sicher sein, dass sie eine Überlappung zu meinem Genmaterial aufweisen. Wenn ich Vater bin, kann ich mir nicht so sicher sein, denn ungefähr 10 von 100 Kindern (also 10%; in einer Schulklassen von 30 Kindern also drei Kinder) sind nicht vom Partner der Mutter (wissen dies aber nicht notwendigerweise). Wenn ich Großmutter bin, dann weiß ich sicherer als wenn ich Großvater bin, dass die Enkelkinder meiner Tochter eine Überlappung zu meinen Genen aufweisen. Dies kann ich aus den oben genannten Gründen bei den Enkelkindern meines Sohnes nicht wissen, weder als Frau noch als Mann. Dieselbe Differenzierung gilt auch für die Nichten und Neffen meiner Schwester und meines Bruders.

Der soziobiologische Ansatz sagt nun voraus, dass diese Sicherheitshierarchie unbewußt das Ausmaß unseres altruistischen Verhaltens steuert. Schauen wir uns einige Ableitungen an, die besonders für unsere Fragestellung wichtig sind, nämlich die Beziehung zwischen Mann und Frau.

6.2 DIE BEZIEHUNG ZWISCHEN MANN UND FRAU

Die Beziehung zwischen Mann und Frau aus soziobiologischer Perspektive ist also – das deutet die aufgeführte Sicherheitshierarchie an – zutiefst dadurch getrübt, dass Männer sich niemals wirklich sicher darüber sein können, dass ihre eigenen Kinder auch wirklich *ihre* Kinder sind. Daraus folgt konsequenterweise, wenn wir ernst nehmen, dass unsere Gene egoistisch handeln, dass Männer sich nicht so sehr um ihren Nachwuchs kümmern sollten wie Frauen. So schreibt Dawkins: „*The poor father is much more vulnerable to deception. It is therefore to be expected that fathers will put less effort than mothers into*

108

caring for young." (S. 106). Wir sehen, dass der grundlegende Ausgangspunkt der Betrachtung von Männern und Frauen in der soziobiologischen Sicht der Dinge sich auf die genetische Gemeinsamkeit eines Paares, also den Nachwuchs bezieht. Wenn wir also Mann und Frau in Hinblick hierauf betrachten, dann zeichnet sich der Mann dadurch aus, dass er eine nahezu unbegrenzte Zahl von Sprößlingen zeugen könnte, während der Frau durch neunmonatige Schwangerschaft und die Wechseljahre klare Grenzen hinsichtlich der Zahl des potenziellen Nachwuchses gesetzt sind. Potenziell kann also eine Frau nicht soviel eigenen Nachwuchs hervorbringen wie ein Mann[166]. Dennoch haben Mann und Frau ein gemeinsames Ziel, nämlich soviele überlebensfähige Sprößlinge wie möglich zu produzieren. Frauen müssen jedoch aufgrund ihrer biologischen Definition mehr in die Produktion investieren. Es ist also unwahrscheinlich, dass die Pflege des Nachwuchses an den Mann übergehen wird.

Welche Strategien verfolgen nun Männer und Frauen, um ihren eigenen Vorteil zu maximieren (also möglichst ihren Genpool erfolgreich weiterzugeben)? Eine gute Strategie besteht darin, eine lange Werbephase einzuschalten, bevor ein Paar Nachwuchs produziert. Aus soziobiologischer Sicht ist es hierbei für die Frau relevant, die ja mehr in die Pflege des Nachwuchses investieren muß, den potenziellen Miterzeuger unter den Aspekten der Verläßlichkeit und Treue zu prüfen. Würde sich nämlich der künftige Vater ihrer Kinder promiskuitiv verhalten, dann steigt die Wahrscheinlichkeit, dass er auch mit anderen Frauen Nachwuchs aufzuziehen hat, wodurch die Ressourcen für die Pflege des Nachwuchses ihr nicht optimalerweise zur Verfügung stehen würden. Deren bedarf sie jedoch aufgrund ihrer ungleich höheren Investition an Zeit und Energie.

Für den Mann ist eine lange Werbephase ebenfalls vorteilhaft, um die potenzielle Mutter seiner Kinder in Hinblick auf Treue zu testen, denn er möchte sich gegen so genannte Kuckuckseier schützen, was bei 10% des Nachwuchses jedoch nicht zu gelingen scheint. Jedes Geschlecht stellt bestimmte Bedingungen an den jeweiligen Partner, bevor reproduktive Handlungen stattfinden. So muß der Mann beispielsweise zunächst ein „Nest" bauen. Dies könnte im übertragenen Sinne auch bedeuten, dass er zumindest erst über finanzielle Ressourcen verfügen muß, die überhaupt eine sorglose Pflege des Nachwuchses ermöglichen.

Eine gute Strategie in Hinblick auf Sicherheit hinsichtlich finanzieller Ressourcen besteht in der Strategie von Frauen bei der Partnerwahl darin, ältere Männer zu bevorzugen. Diese haben nämlich schon gezeigt, dass sie überlebensfähig sind. Auch erfolgreiche Männer sind beliebt, denn sie waren in diversen Kämpfen bereits Sieger. Als Beleg für diese Erklärung wird gerne angeführt, dass in der Tat bei den allermeisten Partnerschaften weltweit, Männer älter und statushöher als Frauen sind. Der umgekehrte Fall käme hinsichtlich der

Variable Alter deswegen selten vor, weil mit zunehmendem Alter die Reproduktionsfähigkeit der Frau sinkt. Warum umgekehrt Männer selten Frauen zur Partnerin wählen, die statushöher sind (sowie Frauen dies ja umgekehrt auch nicht tun), kann aus dieser Richtung weniger gut erklärt werden.

Obwohl also in Wirklichkeit jeder und jede – und hier sehen wir eine Überlappung zur sexuellen Revolution 1968 – so viel Sex mit so vielen Partner/innen wie möglich tätigen möchte, – gibt es, so will es das egoistische Gen – bestimmte Bedingungen, die die Wahrscheinlichkeit einer effektiven Genvermehrung erhöhen.

„ Since father and mother are both interested in the welfare of different halves of the same children, there may be some advantage for both of them in cooperating with each other in rearing those children. If one parent can get away with investing less than his of her fair share of costly ressources in each child, however, he will be better off, since he will have more to spend on other children by other sexual partners, and so propagate more of his genes. Each partner can therefore be thought of as trying to exploit the other, trying to force the other one to invest more. Ideally, what an individual would , like' would be to copulate with as many members of the opposite sex as possible, leaving the partner in each case to bring up the children." (S. 140,[124]).

Wir haben gesehen, dass eine dieser einschränkenden Bedingungen darin besteht, dass sowohl für Männer als auch für Frauen die Wahrnehmung des Partners/der Partnerin als treu entscheidend ist. Der Vorteil eines treuen Mannes für Frauen ist jedoch größer als umgekehrt, so dass sich bestimmte so genannte evolutionär stabile Strategien (ESS) herausgebildet haben. Schauen wir uns einmal die Möglichkeiten der Treue als experimentelles Design an. Die Treue beziehungsweise Promiskuität von Mann versus Frau stellen hierbei die unabhängigen Variablen dar. Wieviel Nachwuchs können Männer und Frauen nun zeugen in Abhängigkeit von ihrem eigenen Verhalten? Frauen können – egal ob sie oder er treu oder promiskuitiv sind – immer nur dieselbe Anzahl von Nachwuchs zeugen. Männer jedoch können, egal ob die eigene Partnerin treu oder promiskuitiv ist, immer dann den meisten Nachwuchs zeugen, wenn sie sich promiskuitiv verhalten.

Die effektivste Strategie für Männer besteht also darin, so zu tun, als wären sie treu. Wenn Männer also im Sinne des egoistischen Gens effektiv sein wollen, dann sollten sie lernen effektiv täuschen zu können. Die effektivste Strategie für Frauen besteht darin, die Täuschung erkennen zu lernen. Hieraus wird die Schlußfolgerung gezogen, dass Männer eine Tendenz zur Promiskuität haben und Frauen zur Monogamie.

Es gibt widersprüchliche Belege für diese Thesen. So findet Buss[125] in einer Untersuchung zur Eifersucht, dass Frauen eher eifersüchtig sind, wenn ihr Partner eine andere Frau emotional liebt (emotionale Eifersucht), als wenn er „nur" Sex mit ihr hat (sexuelle Eifersucht). Bei Männern findet er das umge-

110

kehrte Muster. Dieses Muster macht natürlich Sinn im Rahmen eines soziobiologischen Erklärungsansatzes. Da Frauen an den Ressourcen des Mannes zur optimalen Pflege des Nachwuchses interessiert sind, sehen sie diese eher als gesichert an, wenn der Mann sich an sie emotional gebunden fühlt. Da Männer genau wie Frauen an der Vermehrung ihres Genpools interessiert sind, erfüllt sie promiskuitives Verhalten ihrer Partnerin mit Unsicherheit. Allerdings hatte Buss seine VersuchsteilnehmerInnen nach einem entweder/oder gefragt, so dass sich die Versuchspersonen entscheiden mußten, auf welcher Ebene sie eifersüchtig reagieren müßten. Wenn man Versuchsteilnehmern/innen allerdings eine Skala für die Ausprägung beider Alternativen vorgibt, fallen diese Unterschiede zwischen Männern und Frauen kleiner aus, ja, in manchen Untersuchungen können sie nicht repliziert werden$^{(126)}$.

Genauso widersprüchliche Belege finden wir für die These der männlichen Promiskuität und der weiblichen Monogamie. So gibt es eine interessante Untersuchung, die vor einigen Jahren in den U.S.A. durchgeführt wurde$^{(127)}$. Eine attraktive Konföderierte ging auf einem Universitätscampus herum, ging auf jeweils einen männlichen Studenten zu und sprach diesen an. Unter anderem wurden die Studenten danach gefragt, ob sie mit ihr auf ihr Zimmer kommen würden, um Sex miteinander zu haben. Nahezu alle Männer willigten spontan ein. Umgekehrt funktionierte dies allerdings nicht. Der attraktive männliche Konföderierte mußte in allen Fällen einen Korb akzeptieren. Aber auch hierzu gibt es widersprüchliche Befunde, die beispielsweise aus Daten stammen, die soziobiologische Argumente stärken sollen. Wenn 10% aller Kinder so genannte Kuckuckseier sind, dann spricht das eindeutig gegen eine Tendenz zur Monogamie der Frauen, weil wir hier auch von einer hohen Dunkelziffer ausgehen können. Nur weil beim ersten Mal keine Frau zusagte, bedeutet das nicht, dass Frauen monogam sind. Ein Umstand, der durch die aktuelle Debatte um die Legitimation von Vaterschaftstests ebenfalls untermauert wird.

6.3 Schlußfolgerungen und die Einführung einer weiteren Variablen

Was bedeuten diese Aussagen für die Entwicklung von Geschlechtsidentität? Gehen wir von soziobiologischen Thesen aus, dann sind die heterosexuellen Beziehungen dadurch bestimmt, dass Männer sich möglichst breit vermehren wollen und Frauen danach streben möglichst geschützt den limitierten Nachwuchs aufzuziehen, den sie imstande sind, hervorzubringen. Aber auch selbst SoziobiologInnen und evolutionären PsychologInnen ist klar, dass damit nur ein kleiner Verhaltensausschnitt erklärt werden kann und dass es selbst für diesen viele Ausnahmen gibt. Deswegen schlägt bereits Dawkins eine andere

111

Instanz neben den Genen vor, welche diese breite Varianz in der Partnerwahl und im sexuellen Verhalten und anderen Verhaltensbereichen erklären soll, nämlich die so genannten Meme.

„The new soup is the soup of human culture. We need a name for the new replicator, a noun that conveys the idea of a unit of cultural transmission, or a unit of imitation." (S. 192,[124]). Diese neue Einheit sind die Meme, eine sprachliche Erfindung, die sich aus der griechischen Bedeutung Mimeme von Imitation ableitet. Beispiele für Meme sind Melodien, Ideen, Moden, Architektur, also kulturelle Errungenschaften, die durch Imitation, durch Lernen am Modell weitergegeben werden. Meme sind nach dieser Theorie bedeutsam, weil sie entgegen der egoistischen genetischen Maximierung, die angenommen wird, den Einzelnen zugunsten des Ganzen ausrichten können.

Diese Annahmen haben für den Identitätsbegriff im allgemeinen die folgenden Implikation: Identität ist demnach möglicherweise ein Produkt von Memen und die Identitätskonzeptionen, die wir uns zu eigen machen, gaukeln uns möglicherweise eine bestimmte Freiheit vor, die in Wahrheit illusionär ist, weil wir ohne es zu merken, genetisch determiniert sind. Durch die Meme kommt aber auch die Hauptidee des sozialen Konstruktivismus wieder ins Spiel, die darin besteht, dass durch die Internalisierung sozialer Regeln Identität ausgebildet wird, die auch – das zeigen kulturelle Vergleiche – immer eine kulturelle Identität ist. So könnte es sein, dass soziobiologische Thesen eine Mode – eine Melodie – sind, die mal mehr, mal weniger en vogue ist. Indem wir unser Augenmerk dadurch auf unsere genetische Natur richten, und soziobiologische Thesen ernst nehmen, werden Männer möglicherweise wieder im traditionellen Sinn maskuliner und Frauen femininer. Soziobiologische Theorien sind also möglicherweise auch Meme.

6.4 THESE UND GEGENTHESE - EINE KRITISCHE REFLEXION

Im Folgenden möchte ich einige Aussagen und Ableitungen zu Frauen und Männern aus soziobiologischer Sicht vorstellen und diese kritisch reflektieren. Schließlich möchte ich abschließend einige generelle Kritikpunkte anmerken. Dabei beziehe ich mich auf ein Kapitel, das bei Stainton Rogers und Stainton Rogers[114] zu finden ist.

These: Frauen sind genetisch, physiologisch und morphologisch darauf getrimmt, ein Nest zu bauen für eine stabile soziale Gemeinschaft. Frauen sind die Sammler.

Gegenthese: Es ist ebenso plausibel aufgrund der zur Verfügung stehenden Indizien anzunehmen, dass Frauen und Männer zusammen gejagd und gesammelt haben und dass es eher einen Alterseffekt gegeben hat – ältere und schwächere Personen eines Stammes sammelten, jüngere und stärkere jagten[128].

These: Männer und Frauen sind durch ihre Hormone bestimmt. Männer sind dominanter durch ihre Androgene (insbesondere Testosteron) und Frauen sind friedfertiger durch ihre Östrogene. Außerdem unterliegen Frauen aufgrund ihres Zyklus Stimmungsschwankungen.

Gegenthese: Beide Geschlechter haben beide Hormone, nur in unterschiedlicher Ausprägung. So meint McFarlane[114], dass die so genannte PMS (starke Stimmungsschwankungen um die Zeit des weiblichen Zykuls herum) möglicherweise ein soziales Konstrukt ist. Frauen und Männer sollten über einen längeren Zeitraum hinweg ihre Stimmungen notieren. Das Ergebnis war, dass bei Frauen und Männern Stimmungen ständig schwankten. Viel wichtiger: Die Stimmungen der Frauen mit PMS und derjenigen, die hormonell verhüteten, schwankten nicht entsprechend ihres Zyklus. Frauen mit normalem Zyklus jedoch berichteten positivere Stimmungen während und nach ihrer Menstruation. Wenn sich die Frauen jedoch zurückerinnern sollten, dann berichteten die Frauen mit PMS schlechtere Stimmungen vor und während ihrer Menstruation. Viel stärker aber war der Wochenzyklus bei allen Personen ausgeprägt: Montags war die Stimmung schlecht und heiterte sich gegen das Wochenende auf. Dieser Wochenrythmus wiederum ist jedoch auch ein kulturelles Phänomen wie Levine[129] beschreibt: Während die westlichen Industrienationen einen Blue Monday kennen, erleben Japaner ein blue weekend.

Dabbs and Morris[114] untersuchten die Interaktion zwischen Testosteronspiegel und sozioökonomischen Status. Sie fanden, dass nur Männer mit hohem Testosteronspiegel und niedrigem sozioökonomischem Status stärkere Probleme mit aggressivem Verhalten aufweisen und dieses Ergebnis war auch nur ein Trend, also statistisch nicht besonders bedeutend.

These: Männer sind aufgrund ihrer physiologischen Beschaffenheit anfälliger für Herz-Kreislauferkrankungen als Frauen. Männer haben einen Fettanteil von 15% (Frauen 27%) und einen Muskelanteil von 40% (Frauen 23%). Sie weisen durchschnittlich einen höheren Grundumsatz und einen höheren Proteinbedarf auf.

Gegenthese: Die traditionelle Rolle verlangt Männern auch mehr Streßresistenz ab. Streß erhöht die Ausschüttung des Hormons Adrenalin, dass, wenn es nicht genügend abgebaut wird, zu erhöhtem Blutdruck und erhöhter Herzschlagrate führt. Außerdem wächst auch die Anzahl an Herz-Kreislauf-Erkrankungen bei Frauen, die dem typischen traditionellen Streßpotenzial vermehrt ausgesetzt werden. Entsprechende Herzkrankheiten bleiben bei Frauen auch möglicherweise häufiger unerkannt, weil die wissenschaftliche Medizin Frauen als Patientinnengruppe in diesem Bereich lange vernachlässigt hat[164].

These: Frauen sind intellektuell nicht so leistungsfähig wie Männer, da ihr Gehirn kleiner ist. Männer haben spezialisiertere Gehirnhälften (rechts: Raum, links: Sprache), die tendenziell weniger miteinander verbunden sind. Die Gehirnhälften von Frauen sind tendenziell stärker miteinander verbunden (Shaywitz,[114]).

Gegenthese: Die ersten IQ-Tests wurden so konstruiert, dass Männer Vorteile gegenüber Frauen hatten, sonst wären von 11 Kindern nur ein Junge, aber 10 Mädchen eingeschult worden.[114]

Durch den Faktor Geschlecht können nur 1% der kleinen, oft nicht signifikanten Unterschiede in sprachlichen und mathematischen Leistungen aufgeklärt werden[114].Dennoch hält sich diese These von den genannten Unterschieden hartnäckig, obwohl die Befunde eindeutig zeigen, dass die Unterschiede zwischen den Leistungen und der Hirnbeschaffenheit von Männern und Frauen zu vernachlässigen sind[163] und, wenn überhaupt, nur phasisch auftreten.

These: Die ideale Frau sieht jugendlich aus: Die Taille sollte um ein Drittel schmaler sein als die Hüften[114, 125,130]. Dies signalisiert Fruchtbarkeit.

Frauen lieben Männer, die reif und dominant aussehen. Dies signalisiert Schutz.

Gegenthese: Die ideale Frau sieht immer anders aus abhängig vom aktuellen kulturellen und historischem Setting. Wenn es ein anderes Ideal gäbe, dann würde man dies jetzt auch bestätigen können.

Frauen bevorzugen Männer mit Gesichtern, die nicht übermäßig maskulin sind[114].

These: Vergewaltigung ist eine natürliche Folge des unbewußten Bedürfnisses des Mannes, seinen Samen zu verbreiten.

Gegenthese: Vergewaltigung entspringt erwiesenermaßen dem Bestreben Macht auszuüben und hat in der Regel nichts mit Sexualität zu tun. Thesen wie diese beweisen die unethischen Konsequenzen simpler Theorien.

6.5 GENERELLE KRITIK AN SOZIOBIOLOGISCHEN UND EVOLUTIONÄRPSYCHOLOGISCHEN THEORIEN

Die Theorie ist nicht experimentell testbar, weil nur korrelative Zusammenhänge betrachtet werden können. Es wird selektives Verhalten erklärt, die Variabilität sexuellen Verhaltens wird ausgeschaltet. Homosexualität soll beispielsweise eine genetische Abberation sein. Dies wurde „bewiesen" an den sezierten Gehirnen von je zehn homosexuellen Männern und Frauen, die dieselbe Abnormalität aufwiesen. Diese Gruppen waren jedoch überwiegend an den Folgen von AIDS gestorben (nicht aber die Personen der heterosexuellen Gruppe), so dass es unklar ist, ob diese Anomalie nicht auf die HIV-Infektion zurückzuführen ist. Die Meldung, es gäbe ein Homosexualitätsgen, mußte daraufhin korrigiert werden.

„ Der Sex ist der Preis, den Frauen für die Ehe zahlen. Die Ehe ist der Preis, den Männer für den Sex zahlen" (S. 346;[18]): Das ist eine simple Botschaft und das kann jeder verstehen. Darum wird es aber nicht wahrer. Warum sind diese Theorien dennoch so en vogue? Sie sind einfach und klar, gut zu verkaufen und werden insbesondere von Männern mittleren Alters oder älter vertreten, die damit ihre Präferenz für junge Frauen erklären und rechtfertigen können – nach Meinung von Stainton et al[114]. Im Sinne des sozialen Konstruktivismus haben wir es also hier mit einer wissenschaftlichen Gruppe zu tun, die möglicherweise Theorien formuliert, um ihre eigenen sexuellen Gewohnheiten plausibel zu machen. Das Menschenbild liefert keine plausible Grundlage um geschlechtsspezifische Unterschiede zu erklären.

115

7. MENSCHENBILDER: EIN VERGLEICH

Neben den bisher aufgeführten Menschenbildern gibt es ebenfalls noch andere Blickwinkel auf unser Thema, die nicht ausgeführt wurden, wie beispielsweise die Psychoanalyse und der Behaviorismus. Es sollte deutlich geworden sein, dass Menschenbilder nicht unbedingt voneinander losgelöste theoretische Gebäude sind, sondern ineinander übergreifen, sich gegenseitig überlappen. Auch wenn die Grundannahmen mitunter ganz anders anmuten, kommen verschiedene Menschenbilder doch zu ganz ähnlichen Schlußfolgerungen. Nehmen wir anhand einiger Punkte einen Vergleich vor.

7.1 DER ERKLÄRUNGSSPIELRAUM

Durch ein breit angelegtes theoretisches Konzept wie den sozialen Konstruktivismus können wir ein breites Spektrum menschlicher Verhaltensweisen zu erklären versuchen. Wir müssen dafür nach den impliziten Regeln des sozialen Kontextes suchen, nach den damit verbundenen Symbolen, durch die bestimmte Inhalte transportiert werden und finden damit die das Verhalten und das Erleben tragende feingewobene Struktur. Damit ist auf einer Bewertungsebene sowohl negatives wie auch positives menschliches Verhalten eingeschlossen. Das ist nicht so im Menschenbild der humanistischen Psychologie: Hier finden wir eine Konzentration auf das Verhaltensrepertoire des Menschen, das als positiv bewertet wird, also beispielsweise auf Kreativität oder auf ungewöhnliche Bewußtseinszustände. Der Verhaltensrange innerhalb eines soziobiologischen Menschenbildes ist – wenn wir das Konzept der Meme zunächst wegdenken – eng, insofern in der Regel reproduktives Verhalten und damit verbundene Konzepte wie Liebe, Treue, Altruismus und Aggression zu erklären versucht werden.

7.2 VERHALTENSSTEUERUNG UND ENTSCHEIDUNGSFREIHEIT

Der für den sozialen Konstruktivismus wichtige Prozess der Verhaltenssteuerung ist das Bedürfnis des Menschen, einer Gruppe anzugehören und damit auch unbewußt sich mit den Regeln dieser Gruppe zu identifizieren. Während dies innerhalb des sozialen Konstruktivismus durchaus neutral betrachtet wird, sehen humanistische Psychologen/Innen dies zunächst als einen negativen

116

Anreiz von Verhalten, also als Konformitätsdruck, welcher die positive Verhaltenssteuerung, nämlich die Selbstverwirklichung, behindert. Konsequenterweise sehen wir, dass soziale KonstruktivistInnen dem Menschen zwar Entscheidungsfreiheit einräumen, diese aber doch begrenzt ist, denn irgendeiner Gruppe gehören Menschen an und mit deren Regeln werden sie sich identifizieren, wodurch der eigene Entscheidungs- und Handlungsspielraum eingeschränkt wird. Gerade diese Regeln zu durchschauen und zu durchbrechen, wenn sie hinderlich für die Selbstverwirklichung werden, fordern die VertreterInnen eines humanistischen Menschenbildes. Sie sehen zwar den begrenzten Entscheidungsfreiraum von Menschen, nehmen aber idealerweise einen viel breiteren Entscheidungsfreiraum an. Die Antwort des soziobiologischen Menschenbildes ist einfach: Alles, was mit Fortpflanzung zu tun hat, wird stark durch Gene gesteuert, alles andere stark durch Meme. Unser Entscheidungsspielraum ist begrenzter als wir denken.

7.3 WODURCH WERDEN IDENTITÄTSINHALTE VERMITTELT?

Nach den Annahmen des sozialen Konstruktivismus spielt hier die Kultur und die darin enthaltenen sozialen Regeln und Konventionen die entscheidende Rolle, nach dem humanistischen Menschenbild ist diese jedoch gerade so beschaffen, dass sie die Entwicklung von Identität, die als epigenetisches Prinzip verstanden wird, und sich unter günstigen Umständen selbst entfaltet, behindert. Obwohl die Soziobiologie und mit ihr die evolutionäre Psychologie behauptet, dass ein bestimmter Verhaltensausschnitt genetisch gesteuert ist, können TheoretikerInnen in diesem Bereich nicht umhin, Meme anzunehmen, durch die Identitätsinhalte vermittelt werden. Meme aber sind kulturelle Errungenschaften und beinhalten wiederum kulturelle Konventionen. Die reine Annahme der genetischen Steuerung der Identitätsentwicklung finden wir also nicht in einem soziobiologischen, sondern in einem humanistischen Menschenbild.

7.4 WIE ENTSTEHT GESCHLECHTSSPEZIFISCHE IDENTITÄT?

Hier finden wir keine dezidierten Aussagen im Humanismus. Da Identität aber grundsätzlich angeboren ist, können wir diese Annahme wohl auch auf die geschlechtsspezifische Identitätsentwicklung ausweiten. Die Position des sozialen Konstruktivismus ist eindeutig: Geschlechtsidentität wird konstruiert durch den sozialen Kontext und wird dann von dem jeweiligen Individuum als die persönliche Identität erlebt. In der Soziobiologie finden wir die Annahme eines Zusammenspiels von Genen und Memen. Da unser sexuelles Verhalten und alles, was damit zusammenhängt, genetisch gesteuert wird, ist auch dieser

117

wichtige Teilaspekt von Geschlechtsidentität genetisch gesteuert, wird aber durch Meme überformt. Tabelle 2 gibt die hier aufgeführten Aussagen nochmals schematisch wieder.

Tabelle 2: Drei Menschenbilder im Vergleich

	Sozialer Konstruktivismus	Humanistische Psychologie	Soziobiologie
Wichtige Variablen	Soziale Regeln, Symbole, Internalisierung, Rollen, Institutionalisierung	Epigenetisches Prinzip, Selbstaktualisierung	Gene, Reproduktion, Meme
Erklärungsspielraum	Breites Verhaltensspektrum	Positives Verhalten	Reproduktion, Liebe, Treue, Altruismus, Aggression
Verhaltenssteuerung	Internalisierte Regeln Externe Regeln	Epigenetisches Prinzip	Gene, Meme
Entscheidungsfreiheit	Begrenzt	hoch	begrenzt
Vermittlung von Identitätsinhalten	Durch die Kultur, Zugehörigkeit zu einer Gruppe	Selbstaktualisierung	Meme
Vermittlung von geschlechtsspezifischer Identität	Durch Sozialisierungsprozesse in einer Gruppe, mit der man sich identifiziert	?	Gene, Meme
Selbstdefinition	Das Selbst als ein Bündel von Konstruktionen	Wahres Selbst <-> Masken	Produkt der Meme einer Kultur

7.5 INTERAKTIONISTISCHE ANSÄTZE

Während sozialer Konstruktivismus insbesondere den Einfluß von Kultur betont, konzentriert sich der soziobiologische Ansatz auf unsere genetischen Dispositionen als Einflußfaktor. Das Modell des humanistischen Menschenbildes sieht nochmal gänzlich anders aus: Hier werden rationale und irrationale Denkprozesse gegenübergestellt[37]. Dabei sind die irrationalen Prozesse wie Inspiration, Intuition, Phantasie, Leidenschaft angeborene Fähigkeiten, die aber durch die rationale Sprache unserer Kultur (Vernunft, Logik, Gedächtnis, Empfindung) überdeckt werden. Deswegen kann wahre Identität nur gefunden

118

werden, wenn wir zurück zu diesen irrationalen Prozessen finden, also so_ sagen den Kopf ausschalten und aus dem Bauch heraus denken.

Interaktionistische Ansätze betonen die Interaktion zwischen Natur und Kultur, das heißt, zwischen genetischem Erbe und kulturellem, sozialen Kontext. Demnach ist die vermittelnde Instanz zwischen uns als Personen und unserem sozialen Umfeld die innere Stimme, die sowohl rationale als auch irrationale Anteile enthalten kann. Ohne angeborene Basisprozesse kann sich diese Stimme jedoch gar nicht herausbilden und sie kann auch nicht mehr klar wahrgenommen werden. Insbesondere psychopathologische Erkrankungen machen klar, dass die sozial entwickelten Instanzen auch verwoben sind mit dem biologischen Gefüge, in dem sie sich entwickelt haben.

7.6 WELCHE AUSSAGEN KÖNNEN WIR FÜR GESCHLECHTSSPEZIFISCHE IDENTITÄTSENTWICKLUNG TREFFEN, WENN WIR EINE INTERAKTIONISTISCHE POSITION EINNEHMEN?

Wir können annehmen, dass die Wahrnehmung der Welt in zwei Geschlechter zunächst eine angeborene Fähigkeit ist. Genauso wie wir die Unterschiede zwischen Äpfeln und Birnen, Farben usw. wahrnehmen, nehmen wir die Unterschiede zwischen Männern und Frauen wahr. Irgendwann ordnen wir uns selber in eine der Kategorien ein.

Diese Wahrnehmung als solche ist jedoch nicht so neutral, wie es zunächst scheinen mag, denn wir nehmen Frauen und Männer auch immer direkt als VertreterInnen der jeweiligen Geschlechtskonstruktionen wahr. So haben in moderneren Gesellschaften Männer in der Regel kürzere Haare, weniger Schmuck und seltener Make up als Frauen, ihre Kleidung ist weniger farbig und weniger variantenreich und bestimmte Parfüms sind weibliche versus männliche Düfte. Damit einher gehen auch die nun bekannten Verhaltensweisen. Die Wahrnehmung der Kategorie Geschlecht ist also von Anfang an untrennbar verwoben mit den jeweiligen psychologischen und sozialen Attributen, die innerhalb eines sozialen Kontextes Männern und Frauen zugeschrieben werden, so dass diese Konstruktionen als wirklich und wahr erlebt werden. So interagieren angeborene Fähigkeit und soziale Einflüsse untrennbar zusammen und prägen unsere eigenen Verhaltensweisen und inneren Bilder und Stimmen.

Die unterschiedlichen Menschenbilder sollen nun zur Anwendung kommen, zunächst für das Thema Psychopathologie.

ANWENDUNGSFELDER

„Selbstsicher rechnen sie (Frauen) damit, dass das Buch oder das Bild ohne Anstrengung gelingt. Ängstlich, wie sie sind, entmutigt sie die geringste Kritik. Sie wissen nicht, dass der Irrtum dem Fortschritt den Weg bahnen kann, sie halten ihn für eine nicht wiedergutzumachende Katastrophe (...). Sie erkennen ihre Fehler nur verärgert und mutlos, statt aus ihnen fruchtbare Lehren zu ziehen."

(Simone de Beauvoir, *Das andere Geschlecht*, 1951, S. 660)

8. PSYCHOPATHOLOGIE:
DER AGGRESSIVE MANN UND DIE GEMÜTSKRANKE FRAU?

Wie sieht die Landschaft in der Psychopathologie aus, wenn wir sie unter der Perspektive der männlichen und weiblichen Identität betrachten? Wie wir bereits an dem Phänomen der Essstörungen gesehen haben, ist auch die Psychopathologie wahrscheinlich nicht ohne ihren jeweiligen kulturellen und aktuellen sozialen Bezug zu verstehen, so dass wir davon ausgehen können, dass bestimmte auftretende Störungshäufigkeiten bei dem ein oder anderen Geschlecht auch etwas über die mit Mann- und Frau-Sein verbundenen Identitätsinhalte oder -erwartungen aussagen können.

Die Ausführungen hierzu gliedern sich in vier Themen. Zunächst möchte ich – möglichst ohne Kommentierung – die Statistiken zur Verteilung der wichtigsten Störungen in Hinblick auf ihre geschlechtsspezifische Prävalenz vorstellen. Dabei beziehe ich mich auf das DSM IV, also das zur Zeit gültige *Diagnostic and Statistical Manual of Mental Disorders* der American Association[131]. Die Verteilung dieser Statistiken zieht Implikationen nach sich, die ich zunächst als *Implikationen auf den ersten Blick* bezeichne. Danach versuche ich drei Menschenbilder als Erklärung für psychopathologische Störungen anzuwenden, genetische Erklärungen, sozialer Konstruktivismus und interaktionistische Modelle.

8.1 BEFUNDE AUF DER GRUNDLAGE EINES DIAGNOSEINSTRUMENTES

Gibt es Unterschiede in der Anfälligkeit für bestimmte Störungen bei Männern und Frauen und wenn ja, was sind die Gründe dafür? Wenn wir die Angaben im DSM IV betrachten, sehen wir bei den weitaus meisten Störungen eine höhere Prävalenz bei Jungen, bei nur wenigen Störungen ist eine höhere Prävalenz bei Mädchen zu erkennen.

Störungen im Kindesalter nach dem DSM IV:

Leserechtschreibschwäche	Jungen > Mädchen (60-80%)
Störungen des sprachlichen Ausdrucks	Jungen > Mädchen
Störungen des phonologischen Ausdrucks	Jungen > Mädchen
Autismus	Jungen > Mädchen (4-5 : 1)
Disintegrative Störungen	Jungen > Mädchen
Asperger's Disorder	Jungen > Mädchen
ADHD	Jungen > Mädchen (4:1 - 9:1)
Verhaltensstörungen	Jungen > Mädchen
Oppositionelle Störungen	Jungen > Mädchen
Tourette's Disorder	Jungen > Mädchen (x 1.5 - 3)
Enkopresis	Jungen > Mädchen
Enuresis am Tag	**Jungen < Mädchen**
Trennungsangst	**Jungen < Mädchen**
Selektiver Mutismus	**Jungen < Mädchen** (Trend)
Stereotypic Movement Disorder	**Jungen < Mädchen** (sich selbst beißen)
	Jungen > Mädchen (Kopf vor Wand)

Jungen scheinen also eine besonders gefährdete Gruppe zu sein. Bleibt dieses Bild stabil über die Lebensspanne hinweg? Bei den Störungen im Erwachsenenalter differenziert sich dieses Muster. Es bleibt stabil, wenn wir die Prävalenzen bei substanzbezogenen Störungen betrachten.

122

Substanzbezogene Störungen im Erwachsenenalter nach dem DSM IV:

Alkoholabhängigkeit	Männer > Frauen (5:1)
Amphetaminbezogene Störungen	Männer > Frauen (3:1 - 4:1)
Koffeinbezogene Störungen	Männer > Frauen
Cannabisbezogene Störungen	Männer > Frauen (18-30 J.)
Kokainbezogene Störungen	Männer = Frauen
Hallizugene als Ursache	Männer > Frauen (3:1)
Inhalieren als Ursache	Männer > Frauen[1] (70-80%)
Nikotinbezogene Störungen	Männer > Frauen
Opiumbezogene Störungen	Männer > Frauen (3-4:1)

Wir sehen, dass bis auf kokainbezogene Störungen, bei denen wir eine gleiche Prävalenz bei beiden Geschlechtern beobachten können, die überwiegende Zahl der Betroffenen substanzinduzierter Störungen männlich ist. Wenn wir Schizophrenie und psychotische Störungen betrachten, wird dieses Bild differenzierter:

Schizophrenie und andere psychotische Störungen nach dem DSM IV:

Schizophrenie	Frauen = Männer
Spätes Auftreten	Frauen > Männer[2]
Wahnvorstellungen	Frauen > Männer
Eifersuchtswahn (jealous type)	Frauen < Männer

Es gibt kein wirkliches Übergewicht von Männern und Frauen bei der Prävalenz dieser Kategorie von Störungen. Wenn Schizophrenie im späteren Leben auftritt, ist es wahrscheinlicher, dass der/die Betroffene weiblich ist. Bei den Wahnvorstellungen finden wir, dass Frauen eher betroffen sind, dass aber bei einem bestimmten Typ, Eifersuchtswahn, wir häufiger männliche Betroffene vorfinden.

---

[1] (70-80% sind Männer; Beginn im Alter von 9-12, Höhepunkt: Adoleszenz)
[2] Ein späteres Auftreten ist mit einer günstigeren Prognose verbunden

Bei den Störungen der Stimmung finden wir jedoch ein Übergewicht des Vorkommens bei Frauen. Dies ist jedoch nicht so eindeutig, wie man im allgemeinen glaubt.

Störungen der Stimmung nach dem DSM IV:

Depressive Episoden	Frauen > Männer (2:1)
Manische Episoden	Frauen = Männer
Bipolare Störungen:	
Manisch-depressiv	Frauen > Männer
Depressiv-manisch	Frauen < Männer
Bipolare Störungen II	Frauen > Männer

Eindeutiger wird das Bild der Verteilung auf Männer und Frauen bei den Störungen der Angst:

Störungen der Angst nach dem DSM IV:

Panik	Frauen > Männer (2:1)
Panik mit Agoraphobie	Frauen > Männer (3:1)
Agoraphobie	Frauen > Männer
Spezifische Phobien:	
Tiere, Naturgewalten	Frauen > Männer (75-90%)
Blut	Frauen > Männer (55-70%)
Transportsituationen	Frauen > Männer (75-90%)
Höhe	Frauen > Männer (55-70%)
Soziale Phobien/Angst	**Frauen = Männer**
Zwangsstörungen	**Frauen = Männer**
Generalisierte Angststörungen	Frauen > Männer (75%)

Frauen sind bei allen Ängsten, die nicht auf Menschen bezogen sind, mit einer wesentlich höheren Wahrscheinlichkeit betroffen als Männer. Dasselbe Muster finden wir noch wesentlich extremer bei der Verteilung von Essstörungen:

124

Essstörungen nach dem DSM IV:

Anorexia Nervosa	Frauen > Männer (9:1)
Bulimia Nervosa	Frauen > Männer (9:1)

Bei den sogenannten Paraphilien (Exhibitionismus, Fetischismus, Pädophilie, Frotteurismus, Masochismus, Sadismus, Voyeurismus) finden wir jedoch wieder ganz konträre Verteilungen, ebenso bei Störungen der Geschlechtsidentität. Hier ist ein Übergewicht männlicher Betroffener zu finden.

Paraphilie	Männer > Frauen (20:1)
Geschlechtsidentitätsstörung	Männer > Frauen (3:1)

Schließlich ergibt sich wieder ein differenziertes Bild bei den so genannten Persönlichkeitsstörungen, also Störungen, die sich fest in der Identität einer Person verankert haben und vermutlich schon frühkindliche Wurzeln haben.

Persönlichkeitsstörungen nach dem DSM IV:

Antisoziale Persönlichkeitsstörung	Männer > Frauen
Paranoide Persönlichkeitsstörung	Männer > Frauen
Schizoide Persönlichkeitsstörung	Männer > Frauen
Narzißtische Persönlichkeitsstörung	Männer > Frauen
Zwanghafte Persönlichkeitsstörung	Männer > Frauen
Borderline	Frauen > Männer
Theatralische Persönlichkeitsstörung	**Frauen > Männer**
Abhängige Persönlichkeitsstörung	**Frauen > Männer**

Die meisten der hier aufgeführten statistischen Befunde muten plausibel an, weil sie stereotypen Erwartungen entsprechen: Jungen sind nun einmal lauter, aggressiver, auffälliger, Mädchen sind unproblematischer und leichter zu erziehen. Jungen sind zwar intelligenter als Mädchen, haben aber zunächst Probleme mit der Sprache. Frauen sind in der Regel eben ängstlicher, wen wundert es dann, dass extremere Ängste als Störung eher bei ihnen auftreten?

125

Und wen wundert es, dass bei Frauen, die eben emotional sensibel sind, auch Störungen der Stimmung gehäuft zu beobachten sind?

Jungen und Männer lieben indes riskanteres Verhalten, also scheint es nur plausibel zu sein, dass sie mit erhöhter Wahrscheinlichkeit unter den Betroffenen substanzinduzierter Störungen zu finden sind. Und die Verteilung unter den Persönlichkeitsstörungen macht es schließlich ganz evident, dass Persönlichkeitsstörungen, die auf die Vergrößerung des Ich und eine extreme Individualisierung hindeuten, eher männlich sind, solche jedoch, die ganz deutlich auf andere bezogen sind, weiblich sind.

Die Befunde aus der Psychopathologie spiegeln also im großen und ganzen Geschlechtsstereotype wieder, von denen wir wissen, dass sie tief in einem kollektiven Wissen verankert sind. Diese Implikationen sind jedoch nur als *Implikationen auf den ersten Blick* zu verstehen. Die interessante Frage ist nun: Welche Erklärungen werden hier gegeben? Und welche Schlüsse können wir daraus ziehen?

8.2 GENETISCHE UND BIOLOGISCHE ERKLÄRUNGEN

Für viele Störungen gibt es Hinweise darauf, dass in Familien eine Häufung auftritt. So finden wir diesbezügliche Familienhäufungen beispielsweise bei Schizophrenie, Depression und auch bei Störungen des Kindesalters wie die Aufmerksamkeits-Hyperaktivitätsstörung. Dennoch sind hier diese Zusammenhänge so schwach, insbesondere wenn man die Ergebnisse von Zwillingsstudien mit einschließt, dass die erklärte Varianz durch eine genetische Komponente relativ gering erscheint, besonders bei psychotischen Störungen, also auch Schizophrenie. Es gibt bislang jedenfalls keinen Befund, der darauf hinweist, dass es einen spezifischen Genabschnitt gibt, der eine Person für das Auftreten einer psychischen Störung anfälliger macht. Hinzu kommt, dass bei Familienhäufungen die genetische Ähnlichkeit unweigerlich mit vergleichbaren Sozialisationsabläufen konfundiert ist, so dass es schwer zu sagen ist, inwieweit sich eine vermutete genetische Komponente auswirken könnte.

Eindeutiger sind hier die Aussagen beispielsweise zur erhöhten Auftretenswahrscheinlichkeit von Schizophrenie und auch ADHD aufgrund von Geburtskomplikationen, die vermutlich zu hirnorganischen Schädigungen geführt haben und eine Person damit verwundbarerer für das spätere Auftreten einer spezifischen Störung machen. Ein gewisser Prozentsatz der von diesen Störungen betroffenen Personen erlebte Komplikationen bei der Geburt, jedoch längst nicht alle, so dass frühe hirnorganische Defizite nicht eine alleinige Erklärung darstellen können.

126

Mit Vorsicht nach Ansicht von Rosenzweig, Leiman und Breedlove[132] sind die Befunde innerhalb der Neurophysiologie zu bewerten in Hinblick auf die Verursachung von psychopathologischen Störungen. So ist es eindeutig, dass Depression mit einem niedrigen Serotoninspiegel einhergeht. Ein niedriger Spiegel dieses Neurotransmitters führt zur Antriebslosigkeit und Müdigkeit und geht einher mit einer erhöhten Produktion von Melatonin. Auch wenn systematisch solche Veränderungen des Stoffwechsels gefunden werden können, ist damit nicht gesagt, dass diese Veränderungen kausal wirksam für das Auftreten einer Depression sind. Solche Kenntnisse liefern aber gute Ansatzpunkte für die Entwicklung einer medikamentösen Therapie.

8.3 SOZIALER KONSTRUKTIVISMUS: PSYCHIATRIE ALS KONSTRUKTION

Michel Foucault schreibt in seinem Buch „Wahnsinn und Gesellschaft": „Was also ist der Wahnsinn in seiner allgemeinen, aber konkretesten Form für denjenigen, der von Anfang an jede Inangriffnahme des Wahnsinns durch die Wissenschaft ablehnt? Wahrscheinlich nichts anderes als das Fehlen einer Arbeit." (S. 11,[133]). Er beschreibt wie in der abendländischen Kultur Wahnsinn immer mehr als der andere Pol zur Vernunft definiert wird und wie beginnend mit der Entstehung der Asyle im 18. Jahrhundert das Verrückte etwas wird, was aus der Gesellschaft der Vernünftigen ausgegliedert wird, so dass im Alltag nicht mehr darüber gesprochen werden muß. Psychiatrie ist also wie jede gesellschaftliche Institution nicht ein notwendiger Ausdruck der Wirklichkeit, sondern eine geschaffene Institution, deren definitorische Macht über das, was als normal und unnormal gilt, zunehmend gewachsen ist.

8.3.1 Vorurteile bei PsychiaterInnen

PsychiaterInnen als die Machthabenden dieser Institution haben mit ihren diagnostischen Methoden Instrumente der Kontrolle entwickelt, die sie selber oft nicht mehr hinterfragen. Dies zeigt eindrucksvoll eine Untersuchung von Rosenhan[134], die sich über einen Zeitraum von drei Jahren hinweg erstreckte.

Rosenhan veranlaßte, dass sich seine „normalen" Konföderierten freiwillig in einer psychiatrischen Anstalt meldeten und sich dort elf Tage aufhielten. Es war abgemacht, dass sie, sollten sie nicht vorher auffallen, nach elf Tagen um ihre Entlassung bitten sollten.

Diese Pseudopatienten meldeten sich also in der jeweiligen psychiatrischen Ambulanz (es wurden verschiedene Institutionen aufgesucht und es meldete sich dort jeweils nur ein Pseudopatient). Sie berichteten alle, dass sie Stimmen gehört hätten, die Wörter gesagt hätten wie „leer", „hohl", „bums!" Aus-

127

nahmslos alle Pseudopatienten wurden zunächst mit der Diagnose Schizophrenie stationär aufgenommen. Wenn Pseudopatienten enttarnt wurden, dann nur von anderen Patienten, in keinem Fall vom Personal.

Bei der Entlassung schrieben die PsychiaterInnen in ihre Akte: *Schizophrenie in Rückbildung.* Keiner schrieb: Es gibt keine Anzeichen für eine Störung. Rosenhan zog aus seiner Untersuchung den Schluß, dass die Beziehung zwischen Diagnose und Verhalten nicht notwendigerweise eng ist, sondern dass PsychiaterInnen durch die Anwendung ihrer Diagnosen auch Wirklichkeiten schaffen können.

Dieser Prozess ist umso brisanter, insofern ja auch Diagnosen und deren Instrumente zur Diagnostik hergestellt werden. Susan Faludi[135] beschreibt am Beispiel der Diagnose „abhängige Persönlichkeit", wie diese Diagnose überhaupt geschaffen wurde. „Abhängige Persönlichkeit" als Persönlichkeitsstörung gibt es erst seit der neuesten Ausgabe des DSM, bei dessen Überarbeitung eine Kommission von Experten, die überwiegend männlich ist, zusammentrat. Von diesen ExpertInnen hatten einige je einen Fall, den sie nicht ganz einordnen konnten, in den letzten Jahren gehabt. Alle diese Fälle waren Frauen. Auf dieser schwachen empirischen Basis werden dann diagnostische Kategorien gebildet, die aber, wenn sie vergeben werden, ein Etikett bilden für die betroffene Person. Psychiatrie ist so ein Kontrollinstrument für das, was als sozial normal betrachtet wird: Da Autonomie und Unabhängigkeit Werte des leistungsstarken Individuums sind, werden Personen, die auf diesen Dimensionen auffällig werden, pathologisiert. Wie Foucault bereits schrieb: Das Vernünftige ist nur im Kontrast zum Unvernünftigen zu denken. Und je rationaler, je vernünftiger wir werden sollen, desto klarer muß auch die Definition von Irrationalität und Unvernunft werden. So steigen paradoxerweise die Ansprüche an das, was eigentlich nicht so schwer zu erreichen sein sollte, nämlich an Durchschnittlichkeit[14]. Es wird immer schwieriger normal zu sein, so dass, wenn hier das Inventar an Störungen immer mehr ausgeweitet wird, Psychiatrie sich selbst ad absurdum führen wird.

So fasst Fiedler[159] zusammen, dass die Anzahl der Persönlichkeitsstörungen unklar ist und dass es ebenfalls nicht eindeutig ist, ob jemand, der die Kriterien für eine Persönlichkeitsstörung erfüllt, tatsächlich persönlichkeitsgestört ist. Er schlägt als Alternative radikalerweise und theoretisch bestechend vor, den Begriff „Persönlichkeitstörungen" durch „ zwischenmenschliche Beziehungsstörungen" bzw. „Störungen des Bziehungsverhaltens" (S. 542) zu ersetzen um den Fokus weg von der Personstigmatisierung hin zur Problematik eines Kompetenzdefizits zu lenken. Dies bricht zwar mit einer 200 Jahre andauernden Tradition der personfokussierten Perspektiv, aber – nimmt man die Thesen des sozialen Konstruktivismus ernst – stellt Fiedlers Ansatz den hilfreicheren Entwurf dar.

128

8.3.2 Die Wirksamkeit von Geschlechtsrollenstereotypen in der klinischen Diagnose

Wie wir gesehen haben tragen psychiatrische Diagnosen also zur Selbsterhaltung des Systems Psychiatrie bei. Es ist leicht aufgrund von verschiedenen Symptomen Patienten/innen eine passende Diagnose zu geben. Ein Prozess, der für unser Thema hierbei mit bedeutsam ist, ist die Wirksamkeit von Geschlechtsrollenstereotypen im Prozess der Diagnosefindung.

8.3.2.1 Intellektuelle Störungen bei Kindern

Eme[136] geht davon aus, dass die oben beschriebene höhere Prävalenz intellektueller Störungen bei Jungen vermutlich überschätzt wird. Da Jungen als intelligent gelten, finden es Eltern eher besorgniserregend, wenn sie auf dieser Dimension schlecht abschneiden und suchen eher therapeutische Hilfe auf, als wenn ihre Töchter intellektuelle Probleme hätten. Eme geht davon aus, dass auch Therapeuten/innen eine Verzerrung in dieser Richtung aufweisen.

Um wirklich festzustellen, ob die Prävalenzrate intellektueller Störungen stimmt, müßten epidemiologische Vergleiche gemacht werden, das heißt, nicht nur die Kinder, die in Praxen auftauchen, oder solche, die diagnostiziert werden, dürften die Datengrundlage bilden, sondern es müßten breitere Untersuchungen in der Bevölkerung durchgeführt werden.

8.3.2.2 Störungen der Aufmerksamkeit und Hyperaktivität

Ebensolche Verzerrungen finden wir bei der Diagnose von Aufmerksamkeitsstörungen nach der Ansicht von Wolff[137]. Bei der Diagnose von ADHD finden wir eine überwältigende Mehrheit der Patienten/innen bei den Jungen. Diese werden aber erst dann als auffällig empfunden, wenn sie in die Schule kommen, weil sie dann in der Klasse stören und für Lehrpersonen häufig ein weiteres Problem bei der reibungslosen Durchführung des Unterrichts darstellen. Sie bekommen dann therapeutische und medizinische Hilfe und können längerfristig lernen, ihre Störung zu kontrollieren. Aufmerksamkeitsstörungen sind aber nicht notwendigerweise an Hyperaktivität gekoppelt, sondern können auch in Form von geistiger Abwesenheit, von Verträumtheit daher kommen. Diese Form von Aufmerksamkeitsstörung käme – so Wolff – gehäufter bei Mädchen vor. Diese würden aber damit nicht den Unterricht stören, fielen deswegen also nicht unangenehm auf. Die mit jeder Aufmerksamkeitsstörung verbundenen schlechteren Schulnoten jedoch werden damit erklärt, dass das Mädchen eben nicht intelligent genug sei. Therapeutische Hilfe bliebe so aus und somit auch die Chance für das Kind, Kontrolle über seine Aufmerksamkeit zu entwickeln.

129

8.3.2.3 Angststörungen

Die Ergebnisse einer aktuellen Studie im deutschsprachigen Raum von Margraf und Poldrack[138] zeigt eindeutig, wie Geschlechtsrollenstereotype bei dem Umgang mit Angststörungen wirksam sind. Wenn Frauen bei ihrem Arzt Symptome von Angst beschreiben, werden sie mit hoher Wahrscheinlichkeit als neurotisch abgestempelt mit dem Resultat, dass sie – zur Erleichterung ihrer Symptome – Tabletten verschrieben bekommen. Dennoch erhalten viel mehr Frauen als Männer therapeutische Hilfe bei Angstproblemen, wenn Frauen das Glück haben, einen einigermaßen gut ausgebildeten Arzt anzutreffen. Angst wird Frauen einfach eher zugestanden.

Im Gegensatz zu Frauen werden Männer, die Angstsymptome schildern, als überlastet wahrgenommen. Statt Tabletten werden ihnen mit hoher Wahrscheinlichkeit Kuren und andere Mittel zur Erholung verschrieben. Relativ viel seltener kommen sie in den Genuß einer effektiven therapeutischen Behandlung. Dieser Mangel an professioneller Therapie führt bei Männern vermehrt zur Flucht in den Alkohol, denn Alkohol lindert zunächst Symptome von Angst.

So tauchen in den Statistiken zu Angststörungen viel mehr Frauen als Männer auf, in denen zum Alkoholmißbrauch viel mehr Männer als Frauen. Und das scheint die Diagnose wiederum zu rechtfertigen, die dann weiterhin stereotyp angewendet wird.

8.3.2.4 Depression

Auch bei so weit verbreiteten und lange bekannten Krankheiten wie Depression spielen bei Diagnose und statistischen Daten zu dieser Krankheit Geschlechtsrollenstereotype eine entscheidende Rolle.

Wie wir gesehen haben, wird in den diagnostischen Handbüchern davon ausgegangen, dass Depression gehäuft bei Frauen auftritt. Es paßt auch mit den Geschlechtsrollenstereotypen eher zusammen, dass Frauen eher passiv auf Ereignisse reagieren, mit Rückzug, als mit Angriff. Egeland und Hostetter[139] nahmen nun an, dass die Männerrolle in modernen Gesellschaften durch ihre hoch wünschenswerte Maskulinität Depression im Grunde genommen verbietet und Männer so ihre Gefühle von Hoffnungslosigkeit eher durch die Flucht in Alkohol und andere Drogen maskieren. Eigentlich jedoch sollten sie mit der gleichen Wahrscheinlichkeit depressiv sein. Sie testeten ihre Hypothese, indem sie eine Untersuchung bei den Amish People durchführten. Diese Subgruppe, die in den USA lebt, zeichnet sich durch ein sehr streng reglementiertes Leben und Zusammenleben aus. Drogenkonsum, inklusive Alkohol, sowie Kaffee und Tee sind dort verboten. Man findet bei den Amish People nicht nur eine wesentlich niedrigere Rate bei allen Formen von Krebserkrankungen,

130

sondern auch eine Gleichverteilung der Depressionsraten auf die Geschlechter. Durch diesen Befund wird die Annahme der Autoren gestützt: Es gibt vermutlich keine Geschlechtsunterschiede bei der Prävalenz der Depression, Alkohol maskiert Depression bei Männern.

8.4. INTERAKTIONISTISCHE MODELLE

Interaktionistische Modelle ziehen bei Modellen zur Pathogenese immer physiologische, genetische und kulturell-soziale Faktoren mit ein. Im folgenden sollen drei interaktionistische Modelle beschrieben werden, eines zu Phobien, eines zur Depression und eines zu Essstörungen.

8.4.1 Phobien

Fodor[140] stellte ein Modell auf, mit Hilfe dessen sie erklären wollte, warum gerade so häufig Frauen unter Phobien leiden. Sie räumt einer genetischen Prädisposition zur sogenannten Verwundbarkeit eine Rolle ein, die zusammen mit traditionellen Rollenerwartungen und traditionellen Ideologien über das Geschlecht auf das Erleben von Autonomie und Selbstständigkeit wirkt. Hinzu können auch persönliche Defizite kommen. Das so gering ausgebildete Erleben von Autonomie und Selbstständigkeit führt zu Vermeidung, Angst und Abhängigkeit, womit wir genau das psychologische Muster haben, welches charakteristisch für Phobien ist. Traditionelle Rollenerwartungen, so elaboriert später Wolfe[141] das Konzept, sind Geschlechtsimperative. Mädchen internalisieren, dass es gut ist maskulin zu sein, sie aber dieses Ziel nicht erreichen können. Außerdem werden sie eher für Vermeidungsverhalten verstärkt. Wenn ein Mädchen beispielsweise einen Ort nicht aufsucht, vor dem es Angst hat, dann wird dies eher verstanden und akzeptiert, als wenn das gleiche Verhalten von einem Jungen gezeigt würde. Gerade aber die Genese von Phobien ist durch Vermeidungsverhalten gekennzeichnet. Je öfter wir den Gegenstand unserer Angst vermeiden, desto größer wird die Angst vor ihm, desto geringer unser Selbstwert und die von uns empfundene Autonomie.

8.4.2 Depression

Für die Entstehung von Depression nehmen Cox und Radloff Sawyer[142] eine Reihe von Faktoren an, die zusammenwirken. Stereotype Geschlechtsrollen werden durch Sozialisationsprozesse transportiert. Die damit einhergehende Erfahrungswelt von Frauen ist häufig, dass sie keine Anerkennung bekommen.

131

Sind sie nicht berufstätig, bekommen sie sowieso keine Anerkennung, sind sie berufstätig, dann sind sie zum größten Teil unterbezahlt. Leistung und Kompetenz wird bei Männern mehr belohnt als bei Frauen. Kompetente Frauen werden weitaus häufiger schlicht ignoriert. Dazu kommen andere biologische und soziale Faktoren, die eine individuelle Empfänglichkeit für Depression darstellen und natürlich die Ereignisse, die auf der biologischen und sozialen Ebene ablaufen. Stereotype, Empfänglichkeit (wieder die auch oben genannte Vulnerabilität, d.h. Verletzbarkeit) und das Ausgesetztsein gegenüber vorausgegangenen Faktoren führen zur Herausbildung von Reaktionsweisen und Gewohnheiten, die in der Theorie der gelernten Hilflosigkeit gut beschrieben werden und ebenso von Beck[143]. Beck schreibt, dass mit Depression auch immer eine sogenannte kognitive Triade einhergeht, d.h. die eigene Person, die Welt und die Zukunft werden negativ gesehen. So finden wir bei Frauen, dass sie, wenn sie in einem Bereich Erfolg gehabt haben, häufiger als Männer sagen: *„Ich hatte Glück"*, oder *„Es war Zufall"*. Männer hingegen sagen weitaus häufiger als Frauen: *„Ich bin eben gut! Ich kann das!"*. Bei Mißerfolg ist es genau andersherum. Da sind Frauen in der Lage, Mißerfolg auf sich zu schieben: *„Ich kann es nicht!"* Männer schieben Mißerfolg auf äußere Faktoren: *„Der Prüfer war ungerecht. Die Aufgabe war hinterhältig gestellt."* Solche Reaktionen führen auf der kognitiven Ebene zu weiteren Verzerrungen, auf der somatischen Ebene zu Symptomen wie Apathie, Müdigkeit, Antriebsschwäche, auf der Verhaltensebene zu Rückzug und auf der affektiven Ebene zu Hoffnungslosigkeit und Hilflosigkeit.

8.4.3 Essstörungen: Ein Beispiel für die Interaktion zwischen Individuum und Gesellschaft

Im folgenden möchte ich detailliert auf das Thema Essstörungen eingehen. Der Grund hierfür ist, dass wir es hier mit einer Störung zu tun haben, mit Hilfe derer es sich klar darstellen läßt, welche Nachteile bestimmte Diagnosen nach sich ziehen können, und wie leicht bestimmte Diagnosen zu Tage treten können. Außerdem haben wir es mit einer weiteren Kategorie von Psychopathologie zu tun, in der Geschlechtsrollen und Erwartungen an diese wirksam werden.

8.4.3.1 Gesellschaftliche Bedingungen von Essstörungen

Für Frauen gilt zunehmend seit den sechziger Jahren ein extremes Dünnheitsgebot (in der Fachliteratur euphemisierend als Schlankheitsideal bezeichnet), das in gleicher Wucht modern war während der Romantik, als tuberkulosekranke Menschen mit ihrer weißen Haut und schmalen Figur als Vorbilder galten[102]. Dieses Ideal weiblichen Aussehens wird vor allem durch die Me-

132

dien, aber bereits auch durch das kontrollierte Essverhalten der meisten Frauen und damit der Mütter vermittelt. Medizinisch gilt ein Körpergewicht bedenklich, das gleich oder unter einem BMI von 17 liegt. Diesen Wert des Body Mass Index ermittelt man, wenn man das eigene Körpergewicht durch die eigene Körpergröße zum Quadrat dividiert. Frauen hätten gerne im Schnitt eine Kleidergröße, die ihre eigene durchschnittliche Kleidergröße unterschreitet und zwar um 2-3 Nummern und würden gerne durchschnittlich 5 Kilogramm weniger wiegen[144].

8.4.3.2 Geschichte und Diagnostik von Essstörungen

Was versteht man – nimmt man eine klinische Perspektive ein – unter Essstörungen? Als Anfang der achtziger Jahre die Sängerin Karen Carpenter an den Folgen einer Essstörung starb, wurde das Phänomen allgemein publik. Das zentrale Merkmal der sogenannten Essstörungen Magersucht und Ess- und Brechsucht, also Anorexie und Bulimie, ist die intensive Verfolgung des Ziels dünn zu sein und eine panische Angst davor, dick zu werden. 1972 gab es genau 52 Publikationen über Essstörungen. Nach der Publikation des Werkes der Psychoanalytikerin Hilde Bruch 1973 stieg die Anzahl der Publikationen wie auch die der diagnostizierten Fälle von Essstörungen sprunghaft an. 1982 gab es bereits 161 Publikationen, gleichzeitig wurde das International Journal of Eating Disorders gegründet: Seitdem wächst die Anzahl von Publikationen zu dem Thema beständig.

Auch wenn Essstörungen zu den modernen Krankheiten gehören und teilweise mit Schlagworten belegt wurden wie „ die Krankheit der Siebziger", werden Fälle von Anorexie und Bulimie schon seit tausend Jahren immer wieder diagnostiziert. Der erste bekannte, etwas modernere Fall datiert aus dem Jahre 1689 und wird von dem englischen Arzt Thomas Morton beschrieben (in Gordon[145]). Er beschreibt zwei Fälle, den eines 18-jährigen Mädchens–Mr. Duke's Tochter–und den eines 16-jährigen Jungens. Er berichtete, dass beide Jugendliche traurig und verängstigt wären, findet aber keine Erklärung für ihren Zustand. 1870 treten das erste mal Versuche auf, Anorexie zu erklären: Sir William Gull erfindet den Begriff Anorexia nervosa und interpretiert dieses Phänomen als das Ergebnis eines von der Tuberkulose stammenden morbiden mentalen Zustandes. Charles Lasegue, ein Pariser Neurologe, hingegen meinte, dass Anorexia eine hysterische Reaktion wäre. 1920 wurde Anorexie auf eine endokrinologische Fehlfunktion zurückgeführt und mit der sogenannten Simmond's Krankheit gleichgesetzt. Anorektischen Patientinnen wurden entsprechende Medikamente gegeben. Es ist psychoanalytisch orientierten Betrachtungsweisen zu verdanken, dass Anorexia und auch Bulimie neu betrachtet wurden, auch wenn die Erklärungen mittlerweile unplausibel erscheinen dürften. So wurde Magersucht beispielsweise als die Angst des Mädchens vor

133

oraler Empfängnis interpetiert. Der positive Effekt dieser Annahme war, dass die psychologische Natur von Essstörungen ins Spiel kam.

Standardisierte Diagnostikmanuale wie das amerikanische DSM unterteilen die Essstörungen in verschiedene Kategorien. Die zwei großen Essstörungen, die auch mittlerweile allgemein bekannt sind, werden Anorexia Nervosa (Magersucht) und Bulimia Nervosa (Ess- und Brechsucht) genannt. Vier epidemiologische Merkmale kennzeichnen diese Essstörungen. Sie treten vornehmlich unter der weiblichen Bevölkerung auf: Auf zehn Frauen und Mädchen, die unter Anorexie leiden, kommt ein Mann bzw. Junge. Bulimia tritt 10 bis 15 mal häufiger auf, aber die Verteilung auf die Geschlechter ist die gleiche. Desweiteren treten sie hauptsächlich in gehobeneren Schichten auf, obwohl dieser Trend sich abschwächt. Schließlich treten sie gehäuft nur in Gesellschaften auf, in denen ein relativer Wohlstand gepaart mit westlichen Werten vorherrscht, d.h. beispielsweise in den U.S.A., Nord- und Westeuropa, zunehmend auch in Japan. Auch hier finden wir im Zuge der Globalisierung und somit der Übernahme westlicher Ernährungsgewohnheiten und Werte eine Annäherung aller Gesellschaften[146]. Desweiteren sind die Jahre um die Pubertät der Beginn der Krankheiten, wobei Bulimie durchschnittlich später diagnostiziert wird als Magersucht.

Magersucht zeichnet sich dadurch aus, dass in der Regel ein Mädchen irgendwann eine Diät beginnt und nicht mehr damit aufhört. Anorektikerinnen reduzieren ihr Gewicht fortlaufend entweder durch strenges Fasten oder Fasten mit anstrengenden körperlichen Übungen oder aber indem sie aufgenommene Nahrung wieder erbrechen.

Bulimikerinnen haben in der Regel ein normales Gewicht, das sie halten, indem sie die großen Nahrungsmengen, die sie anfallartig zu sich nehmen, wieder erbrechen und darüberhinaus auch häufig Abführmittel nehmen.

Essgestörte Personen sind vornehmlich mit Gedanken an Nahrung und Essen beschäftigt und meinen, zu dick zu sein. Desweiteren haben sie eine panische Angst vor Gewichtszunahme. Beide Essstörungen sind gefährlich für die betroffenen Personen; die Mortalitätsrate bei Anorektikerinnen ist relativ hoch, die gesundheitlichen Langzeitfolgen für Anorektikerinnen und Bulimikerinnen sind beträchtlich.

8.4.3.3 Hunger als Schlüssel zum Verständnis von Diäten und Essstörungen

Wichtig für ein psychologisches Verständnis der Esstörungen ist die Betrachtung der natürlichen Folgen des Hungers[147]. Symptome von Hunger, die mit fortschreitendem Nahrungsentzug bei allen Menschen zunehmen, sind (1) Hyperaktivität. Alle Menschen, die bereits eine Diät oder eine Fastenkur gemacht haben, kennen den Kick, der nach 24 bis 48 Stunden Hungern kommt

134

und für das subjektive Erleben von Energie und Power verantwortlich ist. Dafür sind bestimmte Reaktionen des Stoffwechsels verantwortlich, die durchaus sinnvoll sind. (2) Die Gedanken hungriger Personen kreisen intensiv um Essen und Nahrung. Jede Person, die schon einmal Hunger gehabt hat, weiß, das dies eine natürliche Folge von Hunger ist. Wenn wir hungrig sind, denken wir an Nahrung – solche Gedanken haben eine simple funktionale Bedeutung, insofern sie uns genau wie die energetische Reaktion in der Regel dazu bringen, unseren Körper mit der notwendigen Nahrung zu versorgen. (3) Eine andere Folge von Hungern ist die verringerte mentale Kapazität der hungernden Personen: Je unterernährter Personen sind, desto veränderter ist ihr Denken. Denken wird simpel. Alles-oder-nichts-Kategorien sind vorherrschend, also Schwarz-Weiß-Denken. Als erstes verschwindet die Kapazität für abstraktes Denken – mathematische Ideen fallen schwer nachzuvollziehen. Flexibles Denken, das Denken in unterschiedlichen Nuancen, kreative Denkakte, fallen schwer und es ist häufig eine gewisse Rigidität bei hungernden Personen in ihren Denkvorgängen zu beobachten, die durch das ständige Kreisen der Gedanken um Nahrung verstärkt wird. (4) Die Frustrationstoleranz sinkt. Auf unvorhergesehene Ereignisse kann nicht mehr flexibel reagiert werden. (5) Die Konzentrationsfähigkeit verschwindet, es treten körperliche Koordinationsstörungen auf, Disorientierung und Realitätsverlust. (6) Weiterhin ist eine Folge von Hunger, dass bestimmte Sensibilitäten gegenüber physikalischen Reizen auftreten: Lichtempfindlichkeit, Reizbarkeit gegenüber Lautstärke. Das Erleben der Umwelt wird schmerzhaft intensiv und teilweise wie ein Sinnenrausch beschrieben. (7) Die Sexualität verändert sich. Die Reproduktionsbildung wird gestoppt. (8) Die Stimmungen und Gefühle schwächen sich ab.

In ihrer sogenannten Whirlpool-Theorie stellen Marilyn Duker und Roger Slade[147] die physiologischen Aspekte in Interaktion mit den psychologischen Aspekten in den Vordergrund. Der Akt des Hungerns an sich führt zu den genannten körperlichen Symptomen, die wiederum einen Einfluß auf das Denken, Fühlen und Verhalten der hungernden Personen haben und dieses so verändern können, dass die Entscheidung weiterzuhungern auf einem ganz anderen Niveau getroffen wird als die ursprüngliche Entscheidung, eine Diät zu machen. Dies ist das Spezielle an Essstörungen: Sie sind nicht rein biologisch erklärbar, was sie entschuldbar machen würde, sie unterliegen aber auch nicht der willentlichen Kontrolle der betroffenen Person. Keine Person entscheidet sich, magersüchtig zu werden. Essstörungen beginnen alle ausnahmslos mit einer Diät, mit dem Wunsch, dünner zu sein, als man tatsächlich ist, auch wenn die betroffenen Personen vorher normalgewichtig waren. Durch das Hungern selber ergeben sich spezifische Veränderungen. Persönlichkeit ist hier nicht die unabhängige, sondern die abhängige Variable.

135

Sobald man diesen grundlegenden Prozess in der Theorienbildung vernachlässigt, werden notwenigerweise Metaphern ins Spiel kommen. Nehmen wir das Beispiel Hyperaktivität: Theorien, welche die spezifischen Schwierigkeiten der Frauenrolle in den modernen Gesellschaften betonen, interpretieren das Symptom Hyperaktivität als den Versuch der essgestörten Patientinnen mit der passiven Rolle der Frau zu brechen und aktiv viele Bereiche des Lebens zu erobern. Die Anorektikerin und die Bulimikerin sind im übertragenen Sinne wie Rebellinnen, die zwar mit unvollkommenen Mitteln, aber dennoch, der üblichen passiven Frauenrolle mit Widerstand begegnen. Dazu kommt, dass Hungerstreiks Mittel von Personen sind, beispielsweise politische Ziele durchzusetzen und insbesondere bestimmte Figuren wie beispielsweise Mahatma Ghandi lösen durch ihr bewußtes Hungern, das zur Rebellion eingesetzt wird, bei uns Bewunderung aus. Bezieht man jedoch die physiologischen Ursachen von Hunger mit ein, dann wird man dem Symptom „Hyperaktivität" nicht mit einer psychologischen Erklärung begegnen müssen.

Ein anderes Beispiel stellt die gedankliche Beschäftigung mit Nahrung und Essen dar. Psychoanalytische Theorien nehmen dieses Symptom als Beleg für ihre Annahme, dass essgestörte Patienten auf die sogenannte orale Phase fixiert sind, in der Gedankenprozesse durch Nahrung und Hunger dominiert werden. Die Regression auf diese frühe Entwicklungsstufe in der Kindheit wird durch eine ambivalente Beziehung zur Mutter erklärt. Diese sendet ihrer Tochter doppeldeutige Signale aus – einerseits, dass sie sie liebt, andererseits dass sie diese ablehnt. Dies wirke verunsichernd auf das Kind und die Folge ist, dass das Kind beginnt, alles zu tun, um geliebt zu werden und eine eindeutige Antwort zu bekommen. In der Adoleszenz, die Phase, in der vornehmlich Essstörungen auftreten, werden die ambivalenten Gefühle wieder geweckt und die essgestörte Person reagiert nun symbolisch auf diese ambivalenten Gefühle über das Essen. Obsessive Gedanken an Essen stellen jedoch ein Symtom des Hungers dar.

Die Folgen des Hungerns für die verringerte mentale Kapazität mag den Schluß nahelegen, Anorektikerinnen seien rigide und starrsinnig, also eine Zuschreibung auf die Persönlichkeit der essgestörten Personen wird vorgenommen, die wiederum persönliche Verantwortung nahelegt. Diese Denkmuster sind aber eher als Folge des Hungers zu betrachten denn als Persönlichkeit der Anorektikerin, die zu der Erkrankung geführt haben könnte. Die Vorstellungskraft wird schwächer. Komplizierte und herausfordernde Situationen werden als sehr anstrengend erlebt und daher vermieden. Dies erschwert es hungernden Menschen, sich flexibel in komplexen sozialen Situationen zu verhalten. Beispielsweise ist es für essgestörte Personen mühsam, eine soziale Situation zu ertragen, an der mehr als eine andere Person teilnimmt. Die Folgen sind Rückzug, soziale Isolation und in Folge dessen Schwierigkeiten in der Familie bzw. eine Verstärkung der Schwierigkeiten, die zuvor bestanden. Sieht

136

man das nicht, dann wird die Familie als Ursache der Krankheit in den Vordergrund rücken.

Hilde Bruchs Theorie zur Genese von Magersucht streicht insbesondere die Bedeutung der Familienstruktur heraus. Magersüchtige sind ein Spatz im goldenen Käfig: Die Mutter ist überdurchschnittlich intelligent, eigentlich eine Karrierefrau, hat aber ihre glänzende berufliche Laufbahn, die ihr bevorstand, aufgegeben, um sich ganz dem Kind bzw. den Kindern zu widmen. Dies macht sie aber eigentlich unzufrieden. Sie ordnet sich zwar äußerlich dem Ehemann unter, respektiert diesen aber eigentlich nicht. Der Ehemann selber ist beruflich sehr erfolgreich, fühlt sich aber immer nur als der zweitbeste. Das äußere Aussehen ist ihm sehr wichtig. Die Ehe ist zwar äußerlich harmonisch, aber innerlich nicht. Deswegen werden überhöhte Ansprüche an die Tochter gestellt. Das spürt die Tochter. Da sie aber ihre negativen Gefühle nie äußern durfte und das nicht gelernt hat, muß sie das anders ausdrücken. Sie wird krank. Auch wenn sie eine perfekte Kindheit hatte in dem Sinne, dass sie nie auffiel, kommt sie nun mit dem Übergang zum Erwachsenwerden nicht klar, weil sie nicht gelernt hat, sich von den Eltern abzugrenzen und ihre eigene Persönlichkeit, ihr „natürliches Selbst"[123] zu entfalten. Die Erziehung der Eltern hat dazu geführt, dass sie schon als Kind passiv am Leben teilgenommen hat, die Dinge der Welt nur aufgenommen hat, ohne sie aktiv zu integrieren. Aufgrund der überhöhten Ansprüche der Eltern leidet sie von Kindheit an an inneren Zweifeln, ob sie gut genug ist und weist einen Mangel an Selbstvertrauen auf. Sie darf nicht durchschnittlich sein. Die Anorektikerin ist also wie ihre Familie; durch ihre extremen Verhaltensweisen stellt sie die Familie in einem karrikierenden Sinne dar.

Die Familie der Bulimikerin jedoch ist anders strukturiert: Hier gibt es fast immer einen negativ besetzten Vater, der von der Patientin idealisiert wird. Der Vater zeichnet sich entweder durch Abwesenheit oder ein Drogenproblem aus, sexueller Mißbrauch der Tochter ist nicht ausgeschlossen. Die Mutter ist schwach und hilflos und keine Leitfigur für die Tochter. Hingegen gibt es in der Großelterngeneration immer eine starke Großmutter, die den Leitsatz tradiert: Auf Männer ist kein Verlaß. So werden an die bulimische Patientin widersprüchliche Ansprüche gestellt: Einerseits die schwache, hilflose, passive Mutter, andererseits soll sie stark sein, denn auf Männer ist kein Verlaß.

Anorektikerinnen kommen also aus hoch kontrollierten Familien, in denen Konflikte nicht offen ausgetragen werden. Sie hungern. Bulimikerinnen kommen aus Familien, in denen es sehr turbulent zugeht, in denen es viele Streitereien gibt, die offen ausgetragen werden. Sie selber sind emotional sehr labil und stürmisch, offen selbstdestruktiv, impulsiv, explosiv genau wie ihre Familien und deswegen nicht immer klar von der sogenannten Borderline Persönlichkeit abzugrenzen. Bulimikerinnen spiegeln das Chaos wieder, das ohnehin in ihrer Familie enthalten ist.

137

In dieser Konzeptualisierung ist die Familie die unabhängige Variable. Bezieht man jedoch die veränderten mentalen Fähigkeiten durch den Hunger bzw. die Ess-Brechzyklen mit ein, muß man dahin kommen, zu sehen, dass durch den Ausbruch der Krankheit sehr wahrscheinlich bestimmte Schwierigkeiten in der Familie verstärkt und auch erst hervorgerufen werden.

Die Frustrationstoleranz sinkt. Dadurch steigt die Rate der erlebten Frustrationen, die bei den Anorektikerinnen wiederum zu vermehrtem Hungern führt oder auch zu bulimischen Verhaltensweisen, bei den Bulimikerinnen die Rate der Essen-Erbrechen-Kreisläufe steigert. Auf unvorhergesehene Ereignisse kann nicht mehr flexibel reagiert werden. Deswegen werden Routinen herausgebildet, die unvorhersehbare Ereignisse minimieren. Das gibt essgestörten Personen den Anschein von Kontrolle. Dazu kommt, dass die Stimmungen und Gefühle sich bei Anorektikerinnen sehr abschwächen, was als belohnend empfunden wird: man steht darüber – sie wird als distanziert, überlegen und reserviert beschrieben – wieder werden Eigenschaften verwendet, welche Kontrolle nahelegen. So schreibt Hilde Bruch, dass magersüchtige Patientinnen wie Marionetten seien, alle nach demselben Bauplan zusammengesetzt. Dies sind jedoch keine psychologischen Persönlichkeitseigenschaften, sondern Symtpome des Hungers.

Die Sexualität verändert sich. Die Reproduktionsbildung wird gestoppt, der Körper wird in einem vorpubertären Stadium gehalten, jedenfalls in anorektischen Phasen. Diese vorpubertäre Erscheinung kann dann als Angst interpretiert werden, eine Frau zu werden und impliziert genau wie das Symptom Hyperaktivität eine Ablehnung der Frauenrolle.

Wie wir gesehen haben, erklären die Akte des Hungerns und vermehrter Nahrungsaufnahme und Erbrechens an sich eine Anzahl der Zuschreibungen, die essgestörte Personen charakterisieren sollen. Viele der Symptome, die man bei essgestörten Personen beobachten kann, würde man ebenfalls auch bei Personen betrachten können, denen über längere Zeit das angemessene Ausmaß an Nahrung entzogen wird.

Ähnliche Symptome wie das Hungern können auch durch Essen-Erbrechen-Kreisläufe hergestellt werden, so dass die Konsequenzen für den unterschiedlichen Umgang mit Nahrung und Essen sich für Anorektikerinnen und Bulimikerinnen gleichen.

Müssen essgestörte PatientInnen also nur normal essen, um wieder „normal" zu werden? Viele der Symptome würden in der Tat verschwinden. Doch, wenn man dann alle diese Metaphern der Krankheit abgestreift hat, was bleibt dann übrig? Die interessante Frage lautet: Was führte zu der Entscheidung, nicht zu essen?

138

8.4.3.4 Was führte zu der Entscheidung nichts mehr zu essen?

Die in nahezu allen Theorien auftauchende Erklärung, seien sie nun psycho-analytisch oder kognitiv, oder systemisch oder anthropologisch oder soziologisch lautet: Die Anorektikerin und die Bulimikerin hat kein Selbst aufgebaut, das es ihr erlaubt, autonom zu sein. Ein autonomes Selbst fehlt.

Eine Theorie aus der Soziologie und Anthropologie mag beispielhaft herhalten, um diese Erklärung zu verfolgen: Der zentrale Gedanke ist, dass essgestörte Personen im Grunde genommen dieselben Werte haben wie ihre soziale Bezugsgruppe, also im engeren Sinne die Familie und die Gesellschaft, in der sie leben. Anthropologen wie Georges Devereux[148] bezeichnen Essstörungen infolgedessen als eine ethnische Störung. Der grundlegende Gedanke ist hier, dass jede moderne Krankheit die gesellschaftlichen Verhältnisse widerspiegelt. Demnach leidet jemand an einer ethnischen Störung, der die psychologischen Probleme einer Gesellschaft auf der persönlichen Ebene durchlebt. In den modernen Gesellschaften werden widersprüchliche Erwartungen an die Personen gestellt, insbesondere aber an Frauen und insbesondere in Übergangs-formen von einer Gesellschaftsform in die andere so wie hier in den letzten dreißig Jahren. Frauen sollen autonom, unabhängig und stark sein, gleichzeitig werden jedoch viele wichtige Institutionen durch Männer reglementiert. Insbesondere essgestörte Personen sind jedoch sensibel für von außen kommende Erwartungen, vor allem im Leistungsbereich und haben idealistische Ansprüche an sich selber, denen sie nicht gerecht werden können. Dabei gehen sie individuell unterschiedlich mit den inneren Spannungen um.

Man mag sich nun fragen, ob ein autonomes Selbst versus ein nicht-autonomes Selbst nicht wieder einen Begriff darstellt, der im Grunde genommen keine brauchbare Erklärung liefert. Wir haben es hier jedoch nicht mehr mit einer Metapher zu tun, sondern mit einem psychologischen Konstrukt: Verschiedene Variablen spielen für dieses Konstrukt eine Rolle; es gibt äußere Variablen, die es beeinflussen können, es gibt innere Prozesse, welche es steuern können.

Das Modell von Duker und Slade ist hier differenzierter als Devereuxs Erklärung und macht klarer, wie die Wechselwirkungen zwischen Gesellschaft und Person zu Essstörungen führen können. Die Autoren definieren drei Merkmale essgestörter Personen, welche sich nicht grundlegend, jedoch in ihrer Extremität von der Normalpopulation unterscheiden. (1) Demnach zeichnen sich essgestörte Personen durch extreme moralische Standards aus, die aus ihrer sozialen Bezugsgruppe stammen, aber extremer vertreten werden. Harte Arbeit, Selbst-Kontrolle, persönliche Verantwortlichkeit, hohe Leistungsstandards, das Gefühl, Anerkennung und Belohnung (calvinistische Wertvorstellungen) nicht verdient zu haben. Diese Werte werden insbesondere auf die Regulation des Körpergewichts übertragen und durch das Hungern extremisiert. Äußerungen dieser Werte sind beispielsweise, dass Komplimente eher

139

mißtrauisch machen, während Kritik eine fundamentale Wahrheit über eine Person darstellt; den eigenen Gefühlen wird kein Wert zugemessen, nur wenn es die richtigen Gefühle sind. (2) Beide Personengruppen sind äußerst sensibel gegenüber den Gefühlen und Bedürfnissen anderer Personen, wobei es hier nicht sicher ist, ob diese Bedürfnisse den anderen nicht einfach zugeschrieben werden. Essgestörte Personen können nicht unterscheiden zwischen wahrgenommener Verantwortlichkeit und Handeln; wenn sie sich verantwortlich fühlen, müssen sie auch etwas tun. Dieser Druck ist so groß, dass insbesondere essgestörte Personen in anorektischen Phasen sich ganz verschließen, um die externe Kontrolle, die sie subjektiv empfinden, zu reduzieren. (3) Essgestörte Personen fühlen sich chronisch wertlos. Der Ursprung bei den Essstörungen ist, dass kein wirkliches Selbst ausgebildet werden konnte. Ein öffentliches Selbst zeigt eine perfekte Fassade, eine Person, die kompetent ist und gefallen möchte; das private Selbst dagegen ist bedürftig, voller negativer Gefühle und Hilflosigkeit.

Duker und Slade betonen, genau wie es in der soziologisch-anthropologischen Sichtweise getan wird, dass diese Merkmale auch die bestehenden Gesellschaften auszeichnen, dass aber durch den Hunger diese Standards und Einstellungen extremisiert werden. Der eigentlich erklärende Punkt in ihrer Theorie besagt, dass das allgemeine Bedürfnis nach Kontrolle in modernen Gesellschaften in diesem Falle über das Essen ausgetragen wird. Dies führt insbesondere darum auch zu schwerwiegenden Konsequenzen, weil wir aufgrund unserer biologischen Abhängigkeit von Nahrungszufuhr immer wieder mit diesem Thema konfrontiert werden, was dann schwierig wird, wenn man auf diesem Gebiet ein gestörtes Verhalten etabliert hat. Erfüllt man das Bedürfnis nach Kontrolle auf andere Art und Weise vielleicht durch eine wissenschaftliche Karriere – entspricht man bestens den Leistungsstandards der Umgebung und entgeht der offensichtlich krankmachenden Extremisierung der eigentlichen Grundwerte moderner Gesellschaften.

8.4.3.5 Eine prozessorientierte Diagnose

Sieht man nun das Bedürfnis nach Kontrolle und dessen Erfüllung durch Hungern als die entscheidende Ursache für die Etablierung des Whirlpools Essstörungen, dann hat das auch Implikationen für deren Konzeptualisierung.

Als Diagnosemittel mag es angemessen erscheinen, verschiedene Kategorien von Krankheitsbildern ausfindig zu machen. Der Nachteil ist, dass hiermit auch verschiedene Persönlichkeitsbeschreibungen verbunden sind, die unweigerlich mit dem jeweiligen Zustand verknüpft werden. So wird die Anorektikerin als überlegen, rigide, starrsinnig, perfektionistisch, überdurchschnittlich intelligent, sensibel, schön, wohlhabend und kontrolliert beschrieben. Sie entspricht genau dem Image, welches die Herzogin von Windsor einmal formuliert hat:

140

„Man kann niemals reich genug sein. Man kann niemals dünn genug sein.“[102] Die positiven Attribute und die Zuschreibung von Stärke führen dazu, dass Anorektikerinnen eine hohe persönliche Verantwortung für ihr Leiden zugeschrieben wird. Das implizit in der Literatur gezeichnete Bild der Bulimikerin wirkt wenig vertrauenderweckend: Sie ist impulsiv, unkontrolliert, promiskuitiv, gelegentlich kleptomanisch, desorientiert, unkoordiniert, perfektionistisch und emotional labil. Es ist schwieriger, sie einzuordnen, da sie aufgrund ihres Profils viele Überschneidungen mit dem Borderline-Syndrom aufweist.

Nichts spricht jedoch dagegen, Essstörungen als Kontinuum zu betrachten. Dies ist insbesondere dann sinnvoll, wenn man der Annahme ist, dass es einen grundlegenden gemeinsamen Prozess wie den Whirlpool geben muß, der durch gesellschaftliche Werte in Gang gesetzt wird. So wissen wir beispielsweise, dass die für Essstörungen typischen Einstellungen schon relativ lange sehr weit verbreitet sind[144]. Viele Personen ziehen für sich selbst einen positiven Gewinn aus Diäten und Dünnsein; Schlanksein stellt eindeutig einen gesellschaftlich allgemein anerkannten Wert dar. Dicksein dagegen ist eine soziale Niederlage[145].

Viele Personen, insbesondere Frauen, sind also mit Dünnsein, Schlanksein und infolgedessen mit Nahrung und Essen beschäftigt. Anorektikerinnen und Bulimikerinnen tun dies in einem extremen Ausmaß und beide versuchen auf selbstschädigende Art und Weise ein Gewicht zu halten bzw. es zu reduzieren. Das verschafft ihnen ein grundlegendes Kontrollgefühl, das sie in anderen Lebensbereichen nicht verspüren. Während jedoch die Anorektikerin mehr Kontrolle über ihre Pläne hat, hat die Bulimikerin das nicht. Die Anorektikerin ist also das Ideal der Bulimikerin, die Bulimikerin der Alptraum der Anorektikerin[147]; bei beiden sind aber die mit dem jeweiligen Zustand verbundenen Verhaltensweisen im Fluß. Sobald Kontrolle durch einen speziellen Umgang mit Nahrung verbunden wird, dessen Ideal die Abstinenz von Nahrung ist, kann man davon ausgehen, dass alle essgestörten Personen sich in einer Reihe von bestimmten Zuständen abwechseln. In den Phasen, in denen sie hungern und Kontrolle haben, oder aber heftigste körperliche Übungen absolvieren und Kontrolle haben, beziehungsweise beides simultan erleben, fühlen sie sich auch innerlich gut. Das eigene Selbsterleben, definiert über diesen spezifischen Umgang mit Nahrung, ist positiv. Unweigerlich führt dieser Zustand jedoch dazu, dass der biologische Hunger ein hohes Bedürfnis nach Nahrungsaufnahme aktiviert - bulimische Anfälle sind der Ausdruck dieses Kontrollverlustes, der mit Haß und Panik einhergeht und unweigerlich in Erbrechen mündet oder den Mißbrauch von Abführmittel nach sich zieht. Diese bestimmte Art von Kontrolle wird im nachhinein als erleichternd erlebt und macht ein zeitweiliges Fasten wieder möglich. Die bulimischen Anfälle können jedoch auch als so beschämend erlebt werden, dass der Konsum von Drogen oder aber auch autoaggressive Akte hinzukommen. Wie auch immer die ge-

141

naue Verteilung dieser Zustände ist, sie sind in ihrer Kombination lebensbedrohlich.

Der Vorteil dieser Konzeptualisierung ist, dass man essgestörten Personen in ihrem jeweilig spezifischen Zustand besser begegnen kann und feste Zuschreibungen an eine angenommene Essenz nicht mehr nötig ist. Außerdem kann durch das Konstrukt der Kontrolle ein weites Spektrum an Verhaltensweisen erklärt werden, ohne dass man diffizile Kategorien bilden muß, welche die Essstörungen an sich nicht erklären und auch nur ungenügend beschreiben.

Essstörungen liegt also vermutlich die gemeinsame Ursache des Bedürfnisses nach Kontrolle zugrunde, das auch in der Normalpopulation in abgeschwächter Form, im Vergleich zu anderen Kulturen in ausgeprägter Form vorliegt.

8.4.3.6 Schlußfolgerungen

Essstörungen sind ein Ausdruck einer geschlechtsspezischen Krise. Diese Ausführungen zeigen, dass geschlechtsspezifische Krisen Mädchen mehr schwächen als Jungen. In einer Phase, in der insbesondere Entschlossenheit und Autonomie gefragt ist, wird für beide Geschlechter auch das Aussehen als der Aspekt, der auf das andere Geschlecht wirkt, entscheidend. Dabei sind für Mädchen Dimensionen entscheidend, die als kontrollierbar wahrgenommen werden und zu einer enorm hohen Zahl von Diätversuchen führen. Wie wir aber gesehen haben, schwächt physisches Hungern die Entwicklung eines autonomen Selbst. Die Bedeutung dieser Kriterien an Aussehen sind kulturell konstruiert und werden durch Modelle weitergegeben. Das wird insbesondere deutlich, wenn man die Entwicklung von Essstörungen in Gesellschaften beobachtet, die eigentlich andere Maßstäbe an Aussehen haben. So gelten auf den Fitschi-Inseln Maßstäbe, die eher stämmige Frauen attraktiv machen. Seit der Möglichkeit amerikanische Sendungen zu empfangen durch die Installation von Satellitenschüsseln, was in den neunziger Jahren zum erstenmal möglich wurde, werden auf den Fitschi-Inseln zum erstenmal Diäten gemacht und die Anzahl der Fälle von Bulimie steigt[157]. Die Konstruktion von Dünnsein als Quelle von Erfolg scheint für manche Frauen unwiderstehlich zu sein und liefert ihnen ein Betätigungsfeld, das sie glauben kontrollieren zu können, das sie in Wirklichkeit jedoch nur krank macht.

Die Ausführungen zu Essstörungen zeigen aber auch besonders gut, dass je nach dem wie ein Krankheitsbild konstruiert wird, wie es also innerhalb des momentanen Zeitgeistes und der modernen Denkmoden interpretiert wird, auch bestimmte Persönlichkeitszuschreibungen zustande kommen, die die Betroffenen dann wieder übernehmen und die zur Stigmatisierung und zur Selbststigmatisierung führen. So konnten Münstermann und Steins[149] zeigen,

142

dass Personen, die ein Gespräch mit einer Bulimkerin erwarteten und vorher entsprechende Informationen über dieses Krankheitsbild bekommen hatten, sich durchschnittlich 20 cm weiter weg setzten als solche, die ein Gespräch mit einer Anorektikerin erwarteten. Bulimikerinnen werden als unkontrolliert wahrgenommen und das macht mehr Angst als eine anorektische Frau, der Kontrolle zugeschrieben wird. Außerdem fanden wir, dass in der Gruppe der Frauen, die als Information über Essstörungen das Kontinuummodell von Duker und Slade bekommen hatten, sich weitaus mehr Frauen selber outeten und zugaben, selber Probleme mit Diät, Gewicht und Essen zu haben.

Im ersten Kapitel haben wir gelernt, dass maskulinere Menschen psychologisch besser angepaßt sind, das heißt, sie kommen mit dem Leben in der modernen Gesellschaft besser zurecht. Wie die in 1.2.3 angeführten Befunde von Klingenspor und Schneider-Düker und Kohler zeigen, erleben sich essgestörte Frauen als besonders wenig maskulin. Wenn wir nun davon ausgehen, dass Maskulinität synomym mit Selbstwirksamkeit zu beschreiben ist, dann ist diese Interpretation der maskulinen Befriffe erstaunlich deckungsgleich mit den Befunden, die wir in der Psychopathologie machen können, nämlich, dass mit den meisten psychischen Störungen ein Erleben von Hilflosigkeit, also mangelnder Selbstwirksamkeit verbunden ist. Dieser Punkt – Selbstwirksamkeit und die ihr zugrundeliegende kausale Wahrnehmung der Welt als die möglicherweise entscheidende Variable in der Entwicklung geschlechtsspezifischer Identität – wird auch in dem folgenden Anwendungsfeld wichtig werden.

143

9. DIE KLASSISCHEN THEMEN:
LEISTUNG, BERUFSWAHL UND KARRIERE

Dieser Anwendungsbereich ist wichtig, insbesondere für moderne Gesellschaften, in denen Leistung und die damit verbundenen Attribute wie Erfolg, finanzielle Macht, Status, Prestige und Einfluß vorrangig zählen. Wir werden uns insbesondere mit dem Phänomen beschäftigen, warum bei gleicher Begabung in der Kindheit, die Karriereverläufe von Männern und Frauen in modernen Gesellschaften statistisch betrachtet, so unterschiedlich verlaufen.

9.1 JUNGEN UND MÄDCHEN: KOGNITIVE FÄHIGKEITEN, PHYSISCHE FÄHIGKEITEN

Die Unterschiede hinsichtlich der generellen Intelligenz zwischen Jungen und Mädchen sind vernachlässigenswert. Dennoch finden wir immer wieder Befunde, die zeigen, dass Mädchen im sprachlichen Ausdruck überlegen seien. Wenn überhaupt Intelligenzunterschiede auftauchen, dann können wir sie ab der Pubertät – also dann, wenn Geschlechtsrollenstereotype wirksam werden – beobachten. Dennoch können wir feststellen, dass Mädchen durchschnittlich bessere Schulnoten erreichen als Jungen und seltener eine Klasse wiederholen müssen[150].

Hinsichtlich der physischen Entwicklung sehen hier die Verhältnisse anders aus: Bei den meisten Sportarten ist hier eine wachsende Überlegenheit von Männern gegenüber Frauen zu beobachten. Jedoch bedeutet dieser Befund nicht, dass Frauen durchschnittlich physisch unterlegen wären. Die körperliche Belastbarkeit ist gemessen am Energieverbrauch gleichverteilt. So erfordert beispielsweise Stillen den gleichen Energieaufwand wie die Arbeit in einem Bergwerk[114].

144

9.2 BERUFSWAHL UND KARRIEREN VON FRAUEN UND MÄNNERN

9.2.1 Das Phänomen

Wenn wir uns die Berufswahl und die Karriereverläufe von Frauen und Männern anschauen, dann erkennen wir folgendes Phänomen: Die schulische Leistung und spätere Berufswahl korrelieren bei Männern positiv – bei Frauen ist ein Auseinanderdriften dieser beiden Variablen ab der Pubertät zu beobachten. Das bedeutet also, dass bei Männern eine proportionale Beziehung zwischen Grad der Bildung und späterer beruflicher Beschäftigung und Bezahlung zu beobachten ist, bei Frauen diesbezüglich jedoch ein disproportionales Verhältnis.

Dieses Verhältnis läßt sich an einigen Beobachtungen belegen: Frauen schreiben sich seltener an prestigereichen, forschungsorientierten Universitäten ein (U.S.A.) und sie bleiben seltener in der Forschung (z.B. Deutschland). Selbst in weiblichen Domänen werden Männer die Chefs (Beispiel: Der Starkoch). So kommen wir zu dem Befund, dass der Bildungsgrad von Frauen nicht die Wahrscheinlichkeit einer entsprechenden Berufstätigkeit erhöht, und sich bei Frauen Bildung nicht in der Höhe der Bezahlung niederschlägt.

Dieses Phänomen ist umso erstaunlicher und erklärungsbedürftiger als dass wir bei Jungen und Mädchen die gleichen Ausgangsfähigkeiten beobachten können und darüberhinaus sogar einen besseren Schulerfolg bei Mädchen. Versuchen wir das Phänomen zunächst zu präzisieren, indem wir die Verhaltensebene, die psychologische Ebene und die schulische Entwicklung von Mädchen und Frauen beschreiben.

9.2.2 Die Verhaltensebene: Was machen Frauen?

Mädchen, wenn sie die Gelegenheit haben, wählen häufiger als Jungen Mathematik und Naturwissenschaften in der Schule ab. Mathematik ist jedoch eine der Schlüsselfähigkeiten, die wir erwerben müssen, wenn wir später in interessanten, verantwortlichen und gut bezahlten Berufsfeldern agieren möchten[150].

Damit einher geht der Befund, dass Frauen niedrigere Bildungsziele als Männer wählen auch wenn sie durchschnittlich bessere akademische Leistungen zeigen und gleich häufig wie Männer studieren, aber seltener höhere Abschlüsse machen.

145

9.2.3 Die psychologische Ebene: Wie denken Mädchen und Jungen über ihre Leistung?

Nehmen wir den Bereich Mathematik, um die psychologische Ebene für eine Schlüsselkompetenz zu analysieren. Mathematik gilt also als kritischer Filter für Frauen, da ihre Beherrschung die Voraussetzung für die besten Karrieremöglichkeiten in modernen Gesellschaften darstellt und somit den Bereich von Alternativen erweitert, unter denen man später wählen kann.

Das in Deutschland dominante Geschlechtsrollenstereotyp betrachtet allerdings Mathematik als eine männliche Domäne. Das führt dazu, dass Mädchen durchschnittlich ihre mathematische Begabung unterschätzen, sich also bei gleicher objektiver Leistung für schlechter als Jungen halten und intensivere Angst vor Mathematik empfinden. Auch sehen Frauen Mathematik als nützlicher für Männer an – Männer übrigens auch.

9.2.4 Was passiert mit intelligenten Mädchen?

Diese Frage hat sich Carol Dweck[151] gestellt und nach ihren Untersuchungen in verschiedenen Schulklassen ist sie zu folgenden Beobachtungen gekommen. Intelligente Mädchen bringen die besten Leistungen, besonders in der Grundschule. Sie stellen jedoch eine so genannte hoch vulnerable Gruppe dar, also eine extrem verwundbare Gruppe von Personen. Ein Teil dieser Gruppe entwickelt nämlich ein gelerntes Hilflosigkeitsmuster angesichts von Schwierigkeiten.

Dies macht sich folgendermaßen bemerkbar: Hochbegabte Mädchen wählen, wenn sie die Wahl haben, häufiger leichte Aufgaben im Vergleich zu anderen Kindern, eine Aufgabe, die so leicht ist, dass ein Fehler unwahrscheinlich wird. Hingegen wählen Jungen seltener leichte Aufgaben, sondern häufiger Aufgaben, für die sie sich anstrengen müssen. Auch hier entdecken wir bei Jungen eine positive und sinnvolle Korrelation zwischen Intelligenz und Wahl eines Themas: Je höher der IQ von Jungen, desto eher können sie schwierige Themen meistern. Dweck beschreibt hier ein kontraintuitives Datenmuster für die Mädchen: Je höher der IQ von Mädchen, desto schneller sind sie bei Schwierigkeiten verwirrt und bringen schlechtere Leistung.

146

9.3 ERKLÄRUNGEN FÜR VULNERABILITÄT

9.3.1 Wirksame Prozesse

Dweck zieht als Erklärung für diese Befunde die Theorie der gelernten Hilflosigkeit, die auch attributionstheoretische Elemente enthält, ein[152, 158]. Sie geht davon aus, dass begabte Mädchen ein globales Konzept von Intelligenz und Begabung entwickeln. Ein globales Konzept besagt, dass eine Person entweder intelligent ist oder nicht. Intelligenz ist nach dieser Auffassung keine flexible, sich entwickelnde Größe, sondern eine Persönlichkeitsdisposition. Analog zu der im ersten Kapitel eingeführten Dimension Permanenz/Veränderung, wäre Intelligenz eine permanente Größe, über die man verfügt oder aber nicht. So kann es kommen, dass begabte Mädchen trotz guter Leistungen, die sich in Schulnoten zeigen, ein Hilflosigkeitsmuster entwickeln. Trotz ihres Erfolges erleben sie keine Kontingenz, sie sehen keinen Zusammenhang zwischen ihren Tätigkeiten, ihren Anstrengungen und ihrer Leistung.

Es bildet sich ein hoch ungünstiges Attributionsmuster, also ein Muster von Ursachenzuschreibungen heraus, dass wir tendenziell für Mädchen und Jungen, insbesondere aber für begabte Mädchen entdecken können. Haben Mädchen Erfolg, so sind sie geneigt, dies auf äußere Umstände, die unkontrollierbar sind zurückzuführen. Sie nehmen an, es sei Glück gewesen, dass sie wiederholt eine gute Note in Mathematik erzielt haben. Bei Mißerfolg indes sind sie geneigt, die schlechte Leistung auf mangelnde Fähigkeit und mangelnde Intelligenz zurückzuführen, also auf Faktoren, die ebenfalls schwer zu kontrollieren sind, insbesondere darum, weil begabte Mädchen häufig ein globales Konzept von Intelligenz verinnerlicht haben. Darüberhinaus sind diese Faktoren personenspezifisch, was die Verantwortlichkeit der Person für ein unerwünschtes Ereignis erhöht, dennoch aber keine gute Prognose für die Zukunft liefert, insofern diese Faktoren als permanent angesehen werden. Bei Jungen können wir tendenziell genau das umgekehrte Attributionsmuster entdecken: Erfolg wird auf hohe Fähigkeit, Intelligenz zurückgeführt und Mißerfolg auf variable Faktoren wie mangelnde Anstrengung oder aber unfaire Benotung.

Mädchen gelangen also trotz objektiven Erfolgs häufiger bei dem ersten Mißerfolg zu dem Schluß: „Ich bin nicht schlau". Auch erinnern sie Mißerfolg eher als Erfolg und ziehen negative Schlüsse über die eigene Person bei Versagen.

Bei Jungen bildet sich bei Schwierigkeiten eher der Fokus auf Anstrengung heraus. Ein Problem wird als Problem angesehen und nicht als Merkmal der eigenen Person. Fehler werden so als Möglichkeit zum Lernen, als Herausforderung aufgefaßt, nicht als Ausdruck persönlichen Versagens. Diese Wahr-

147

nehmung führt langfristig dazu, dass sie ihre Leistungen steigern können. Da gerade intelligente Mädchen eine globale Theorie von Intelligenz verinnerlicht haben, bedeutet für sie eine Herausforderung eine Bedrohung und Fehler sind eine persönliche Verdammnis.

9.3.1.1 Sozialer Konstruktivismus: Die Rolle der Schulumgebung

Geschlechtsrollenstereotypen werden während der primären Sozialisation verinnerlicht, und werden erst verhaltenswirksam ab der Pubertät, da hier die Kinder immer mehr ihren erwachsenen Modellen ähneln und beginnen die Stereotypen auf sich und andere Gleichaltrige anzuwenden.

Teilweise werden diese Stereotype auch durch den Stoff in der Schule selbst eingeübt, aber auch durch das schulische Umfeld selbst – so sind die Lehrerinnen weiblich, die Direktoren überwiegend männlich. Mädchen und Jungen werden also schon recht früh mit Informationen über „angemessene" Begabungen versorgt, die so weit gehen, dass für Mädchen die „soften" Fächer, für Jungen die „harten" Fächer vorgesehen sind[158].

Die Rolle von Feedback

Da Mädchen zunächst generell besser sind, werden sie durch spezielle Rückmeldung von Eltern und LehrerInnen mit globalen Theorien versorgt. Globales Lob ist jedoch tückisch: *Die Zuversicht, dass man etwas kann* ist nicht so wichtig, wie *die Zuversicht, dass man lernen kann, wenn man sich anstrengt und Strategien anwendet.* Durch globales Lob wird also ein Selbstkonzept konstruiert, dass zur Entwicklung gelernter Hilflosigkeitsmuster beiträgt. Da Jungen zunächst schlechtere Leistungen zeigen, geben Eltern und LehrerInnen Ihnen mehr Feedback hinsichtlich Anstrengung, sie lernen dadurch strategisch zu denken und gewinnen Kontrolle.

Konkretes Lob ist also das Beste. Es ist ungünstig zu sagen: „Du bist aber schlau! Das kannst Du aber toll!". Günstiger ist es anerkennend zu fragen: „Wie bist Du zu dieser guten Lösung gekommen? Wie hast Du diese tolle Farbe hinbekommen?".

Erklärungen aus der Sicht des sozialen Konstruktivismus für die Berufswahl und Karriereverläufe von Frauen

Wie wir gesehen haben, geht Begabung bei Mädchen nicht mit dem Schulerfolg einher, aber ebenso wenig mit der späteren Berufswahl. Welche Erklärungen bieten sich aus der Perspektive des sozialen Konstruktivismus an?

Indirekte Diskriminierung. Das Unterlassen von Ermutigung ist eine effektive Strategie der Diskriminierung von Frauen, die sicherlich strukturell eine große Rolle spielt. Weibliche Schützlinge sind selten, möglicherweise auch deshalb, weil männliche Führungskräfte sich auch eher mit männlichem Nachwuchs

148

identifizieren können und ihm deswegen eine bessere Promotion bereiten können.

Fehlen von Modellen. Auch das Fehlen weiblicher Leitbilder, Vorbilder und Modelle ist einer der subtilen Faktoren, die es Frauen psychologisch schwerer machen können, Erfolg zu suchen. Erfolgreiche Männer berichten in der Regel von männlichen Modellen, erfolgreiche Frauen berichten sowohl von männlichen als auch weiblichen Rollenmodellen. Dies beweist insgesamt, dass Modelle wichtig für den Verlauf der eigenen Karriere sind und das eine Subpopulation von Frauen es möglicherweise als förderlicher empfindet, wenn sie sich auch weibliche Modelle aussuchen könnten[150].

Insbesondere in den Wissenschaften und neuen Feldern sind weibliche Modelle selten vertreten. Das führt implizit zu geringeren Selbstwirksamkeitserwartungen der an diesen Bereichen interessierten Frauen.

Womit hängt Karriereorientierung bei Frauen zusammen? Oder: Ist Leistung nicht eigentlich egal? Karriereorientierte Frauen berichten im Vergleich zu Hausfrauen ein positiveres Selbstkonzept und zwar nicht erst nachdem sie beruflichen Erfolg gehabt haben, sondern bereits ab der Adoleszenz. Dies gilt insbesondere bei Frauen in männerdominierten Berufen. Karriereorientierte Frauen sind feministischer orientiert und haben tolerantere Einstellungen gegenüber der Frauenrolle. Sie sind eher Single oder kinderlos, auch wenn sie verheiratet sind und haben mehr ökonomische Macht. Sie weisen eine geringere Selbstmordrate und höhere Maskulinitätswerte auf[150].

Höhere Maskulinitätswerte bei Frauen hängen wiederum zusammen mit einer stärkeren Berufsorientierung trotz Kinder, einem besserem Status im Beruf, einer stärkeren Leistungsmotivation und einem stärkeren Selbstwert im Leistungsbereich. Maskulinere Frauen schätzen ihre Fähigkeiten höher ein, orientieren sich stärker in nicht-traditionellen Berufsfeldern und bringen mehr Zuversicht in ihre mathematischen Fähigkeiten auf. Sie zeigen eine stärkere Passung zwischen Können und Beruf und generell, wie auch bereits im ersten Kapitel berichtet wurde, eine bessere psychologische Anpassung in vielen Lebensbereichen. Wichtig ist hier: Diese Zusammenhänge sind bereits in der Kindheit prognostisch, sind also nicht im nach hinein durch bereits erlangten beruflichen Erfolg zu erklären[150].

Parallel zu den Schlüssen, die wir aus dem ersten Anwendungsbereich gezogen haben – Psychopathologie – kommen wir auch hier wieder zu dem Punkt, dass Maskulinität, also Selbstwirksamkeit, eine Schlüsselvariable darstellt, die das relativ stabile und zuversichtliche Verfolgen eigener Ziele vorhersagen kann. Was können wir also tun, um diese Selbstwirksamkeit zu steigern? Auch wenn das nun folgende letzte Kapitel diese Frage nicht vollständig zu beantworten vermag, kann es möglicherweise einige Denkanstöße geben.

10. WAS KÖNNEN WIR TUN?

10.1 UM EIN MACHTGLEICHGEWICHT HERZUSTELLEN ZWISCHEN MÄNNERN UND FRAUEN?

Wenn es um die Entwicklung geschlechtsspezifischer Identität geht, dann geht es auch immer um die Entwicklung einer Asymmetrie zwischen den Geschlechtern, die hauptsächlich durch eine durchschnittlich ungleiche Machtverteilung charakterisiert ist. Wie wir gesehen haben, beginnt diese Asymmetrie schon in der frühen Kindheit und führt zunehmend zu einer Geschlechtersegregation in verschiedenen Lebensbereichen. Der entscheidende psychologische Punkt ist hierbei, dass Frauen dazu neigen, sich im schulischen und beruflichen Sektor als durchschnittlich nicht so selbstwirksam zu erleben (selbstwirksam = maskulin) wie Jungen und Männer unabhängig von der tatsächlich beobachtbaren Leistung. Wir beobachten also den Ausdruck psychologischer Unterschiede. Es wäre aber falsch, daraus den Schluß zu ziehen, dass Mädchen generell benachteiligter wären. Richtig, aufgrund der bisher vorliegenden Forschungsbefunde, ist der Schluss, dass es für Teilgruppen beider Geschlechter zu Asymmetrien in verschiedenen Lebensbereichen kommt, die das Verhaltensrepertoire einschränken.

Wenn wir uns die Eigenschaften vor Augen führen, die als charakterisierend für Maskulinität angesehen wurden (beispielsweise: entschlossen", „sachlich", „nicht leicht beeinflußbar", „unerschrocken", „intelligent", „hartnäckig", „bereit, etwas zu riskieren", „kraftvoll", „furchtlos", „sicher", „zeigt geschäftsmäßiges Verhalten" und „konsequent"), dann wird deutlich, dass diese Eigenschaften nichts anderes als Kontrolle und das Erleben von Selbstwirksamkeit widerspiegeln. Feminine Eigenschaften sind weit entfernt von dieser Dimension, thematisieren aber in weitaus stärkerem Ausmaß die Anpassung an von außen vorgegebene Reize: „abhängig", „weichherzig", „bemüht, verletzte Gefühle zu besänftigen", „nachgiebig", „bescheiden", „empfänglich für Schmeicheleien", „empfindsam", „selbstaufopfernd", „benutzt keine barschen Worte „achtet auf äußere Erscheinung", „liebt Sicherheit". Die meisten Frauen beschreiben sich als femininer als die meisten Männer und umgekehrt. In anderen Worten: Männer erleben sich durchschnittlich als selbstwirksamer als Frauen. Die Frauen mit hohen maskulinen Anteilen – die androgyneren Frauen – kommen also nicht deswegen besser mit dem Leben zurecht, weil sie unweiblicher wären, sondern weil sie sich als selbstwirksamer erleben als „feminine Frauen".

150

Im Folgenden geht es um das, was bereits getan wird, damit beide Geschlechter ihre individuellen Potenziale besser entwickeln können und sich in den jeweils asymmetrischen Lebensbereichen selbstwirksamer fühlen. Letztendlich geht es hier auch um die Verteilung von Macht in spezifischen Bereichen des Lebens. Zunächst werden unterschiedliche Vorgehensweisen beschrieben. Dann beschäftigen wir uns mit der Frage, welche Implikationen sich aus den unterschiedlichen Menschenbildern ergeben.

10.2 WAS BEREITS GETAN WIRD

In modernen Gesellschaften gibt es eine Vielzahl von Bemühungen, die sich darum drehen, eine Gleichstellung der Frau mit dem Mann zu erreichen. Dabei geht es vornehmlich um die Gleichstellung im beruflichen Bereich. Nieva und Gutec[153] unterscheiden hier verschiedene Vorgehensprogramme, um diese Gleichstellung zu erreichen.

Sie nennen unter anderen das individuelle Modell. Nach dieser Vorgehensweise versucht das einzelne Individuum die als persönlich erkannten Defizite auszugleichen. Diese Vorgehensweise ist am weitesten verbreitet: Mann besucht ein Seminar oder einen Workshop, um seine emotionale Intelligenz zu verbessern, Frau besucht einen Selbstbehauptungs- oder Selbstverteidigungskurs. Dahinter steht der Glaube, dass jeder durch die Stärkung der fehlenden maskulinen beziehungsweise femininen Anteile zu einer stärkeren Persönlichkeit gelangt, die sich insgesamt besser an die geforderten Umstände anpassen und gleichzeitig ihre Interessen besser durchsetzen kann. Implizit verfolgt dieses Modell also die Erreichung eines androgynen Ideals. Dieses Modell repräsentiert also eine psychologische Lösung: Die Psyche des einzelnen Individuums wird zu verbessern, zu verändern versucht.

Das zweite Modell wird von den Autoren als strukturelles Programm bezeichnet. Das Problem wird in der Struktur eines Systems, nicht in dem Defizit eines Individuums angesehen. Im beruflichen Sektor liegt also das Problem in der Struktur der Arbeitsorganisation, die es prinzipiell nur gut verdienenden Frauen ermöglicht, Mutter zu sein und einen interessanten und verantwortlichen Beruf auszuüben und Männer häufig dazu bringt, zu einer Asymmetrie in den ökonomischen Verhältnissen in der eigenen Familie entscheidend beizutragen, um die Familie mit den nötigen finanziellen Ressourcen zu versorgen. Strukturelle Programme zielen deswegen darauf ab, Geschlechtersegregation am Arbeitsplatz abzubauen und Diskriminierung von Personen aufgrund ihrer Geschlechtszugehörigkeit aufzudecken und zu reduzieren. Dies wird in der Regel über die Einführung gesetzlicher Regelungen versucht (wie beispielsweise das Gleichstellungsgesetz).

151

Auch das dritte Modell, das sogenannte Geschlechtsrollenmodell, ist ein psychologisches Modell. Männer und Frauen, so die grundlegenden Idee, handeln aufgrund sanktionierter Geschlechtsrollennormen, die als solche erkannt werden müssen. Nur die Veränderung dieser Normen, so die Idee, führt zu langfristigen Veränderungen.

Auf allen drei Ebenen sind Fortschritte zu verzeichnen. Hierbei ist es aber wichtig, zu verstehen, dass gesetzliche Regelungen ohne die psychologische Bereitschaft der einzelnen Individuen und Gruppen, diese umzusetzen, wenig nützen. Wenn eine Frau es als sexuell diskriminierend ansieht, dass im Büro ihres Vorgesetzten ein Kalender mit pornographischen Abbildungen hängt, wird es ihr wenig nützen, sich auf gesetzliche Regelungen zu berufen, wenn sie nicht weitere Verbündete finden kann.

Umgekehrt sehen wir an der aktuellen Diskussion um Jungen als Versager des Schulsystems, dass unabhängig von Geschlecht (und Intelligenz – siehe 9.2.4) bestimmte Gruppen von Individuen einer Förderung bedürfen.

10.3 ANTWORTEN AUS SOZIALEM KONSTRUKTIVISMUS UND HUMANISMUS

Die Positionen des sozialen Konstruktivismus und der humanistischen Psychologie wirken auf den ersten Blick unvereinbar. In humanistischen Wachstumstheorien wird das angeborene Potenzial des einzelnen Individuums betont – Normen, Sanktionen und andere gesellschaftliche Einflüsse werden als eher hinderlich für die Entwicklung dieses Potenzials betrachtet. Die eigentliche individuelle Identität ist also angeboren und entfaltet sich unter günstigen Umständen. Innerhalb des sozialen Konstruktivismus ist Identität notwendigerweise kulturell geformt, weil sie nur in der Interaktion mit anderen entsteht. Wie Kultur und Sozialisation mit Gruppen von Individuen umgeht, bestimmt in hohem Maße wie sich diese Individuen entwickeln.

Dennoch legen beide Positionen einen großen Wert auf den Sozialisationsaspekt. Beide Positionen sind sich darin einig, dass durch bestimmte Praktiken innerhalb des Sozialisationsprozesses Identität gefördert (Humanismus) oder gebildet (sozialer Konstruktivismus) wird.

Wenn wir also die Verschiedenartigkeiten der beiden Menschenbilder in ihrer Definition von Identität beiseite lassen, dann wird deutlich, dass im sozialen Miteinander eine entscheidende Quelle liegt, um eine Identität zu fördern oder zu schaffen, welche ein Individuum befähigt, sich nicht ohnmächtig zu fühlen, sondern als selbstwirksam zu erleben.

Einen Ansatz, der die soziale Rückmeldung als entscheidend für die Entwicklung des Selbstkonzeptes ansieht, haben wir im letzten Kapitel bereits ken-

152

nengelernt, nämlich den Ansatz von Dweck im Bereich des schulischen Selbstkonzeptes. Ich möchte im folgenden an Dwecks Modell exemplarisch zeigen, wie sich hier beide Menschenbilder ergänzen und zu fruchtbaren und hilfreichen Implikationen für unsere Frage kommen. Außerdem möchte ich praktische Implikationen für diesen Bereich nochmals vertiefen, weil die schulische Umwelt eine der Umwelten ist, die während der ganzen Kindheit und Adoleszenz eine große Rolle spielt und entscheidenden Einfluß auf das Konzept der eigenen Begabung ausübt, also unmittelbare Relevanz für den weiteren beruflichen Weg hat (konkret: für das, was wir später einen großen Teil unserer Lebenszeit machen werden).

Interessant ist nun, dass Dweck zunächst die humanistische Praktik in Frage stellt, den Selbstwert eines Individuums als eine der entscheidenden Voraussetzungen für Selbstverwirklichung zu stärken. Wie sie an ihrer Studie über besonders begabte Mädchen zeigen konnte, war es kein Problem des Selbstwertes, dass sich diese angesichts schwieriger schulischer Herausforderungen als hilflos erlebten. Dweck ist also der Meinung, dass die übliche Einstellung – entweder man hat Selbstwert oder nicht, wenn ja, führt dies zu guten Ergebnissen, wenn nein, dann zu schlechten – eine unwahre Behauptung darstellt. Diese unwahre Behauptung, die aus der undifferenzierten Definition von Selbstwert stammt, führt konkret oftmals dazu, dass Eltern, LehrerInnen und andere Bezugspersonen der Meinung sind, sie müßten ihren Kindern unabhängig von deren Leistungen unbedingt den Eindruck vermitteln, dass sie viele gute Dinge in sich tragen, wie z.B. hohe Intelligenz.

Wie wir gesehen haben, führt der Glaube, man habe eine hohe Intelligenz, also der Glaube an ein stabiles, persönliches Merkmal (Dweck nennt dies „Entity-Theorie", also ganzheitliche oder globale Theorie, über sich selbst), jedoch dazu, dass ein Versagen, dass diagnostisch für dieses Merkmal ist, in das Erleben von Hilflosigkeit umschlagen kann und nicht zu vermehrter Anstrengung führt, denn diese wäre auch wiederum ein Beweis dafür, dass man nicht intelligent wäre. Bezugspersonen meinen jedoch, genau solche Entity-Theorien stärken den Selbstwert. Diese Praxis führt jedoch dazu, dass Kinder häufig angelogen werden: Die guten Leistungen an ihnen werden übertrieben („Du bist brilliant in Mathematik!", „Dieses Bild ist wunderschön!"), während die schlechten Leistungen kaschiert werden („Das ist eigentlich ganz gut" oder „Doch, es gefällt mir wirklich") oder ganz versteckt werden („Du hast wohl einen schlechten Lehrer", „Diese Lehrerin habe ich noch nie leiden können"). Bezugspersonen und Lehrpersonen haben oftmals Angst, dass negative Kritik den Selbstwert minimieren könnte und daraufhin zu noch schlechteren Resultaten führen könne. Das Resultat dieser Verstärkungspraxis ist jedoch, dass das Ego der Kinder aufgebläht wird und sie kein angemessenes, für die Erreichung von Zielen jedoch notwendiges Konzept von Anstrengung entwickeln. Dieses kann jedoch nur entwickelt werden, wenn Defizite bewältigt statt versteckt werden und mit Hindernissen umgehen gelernt wird statt sie für Kinder aus dem Weg zu räumen.

Genau diese Wirkung von konstanter positiver Rückmeldung – ein aufgeblähtes Ego – ist einer der häufigsten Kritikpunkte an Praktiken, insbesondere therapeutischen Praktiken, die aus dem Humanismus hervorgegangen sind[154-155]. Die Folge eines aufgeblähten Egos ist ein Anspruchsdenken, das eine Person völlig unfähig macht, mit Hindernissen und Rückschlägen kompetent umzugehen. Anstatt, dass Anstrengung bei der Erreichung von Zielen erwartet und auch genossen werden kann, und Rückschläge als Information und Herausforderung begriffen werden, führt ein hoher Selbstwert in diesem Sinne zu einer Angst vor Versagen und einem Rückzug aus dem Leistungsbereich (beispielsweise das Abwählen von Mathematik).

Dweck schließt nun nicht daraus, dass Selbstwert unwichtig wäre, sondern sie schärft den im Humanismus nur schwammig definierten Begriff, der in der Folge zu so vielen Mißverständnissen geführt hat. Selbstwert baut demnach nicht auf einer globalen Theorie auf, also auf der Annahme, dass die eigene Identität aus einer bestimmten Anzahl positiver Persönlichkeitszuschreibungen besteht, sondern Selbstwert ist demnach eine bestimmte Art und Weise, sich selbst zu erfahren, wenn die eigenen Ressourcen gut genutzt werden, um Herausforderungen zu meistern, zu lernen und anderen zu helfen – das was Bandura als Selbstwirksamkeit bezeichnet[156] und implizit in der Definition von Maskulinität enthalten ist.

Wie wir in *Leistung, Beruf und Karriere* gesehen haben, zieht Dweck aus dieser Position ganz praktische Implikationen für die Art des Feedbacks, das gegeben werden kann, um Kinder zu befähigen sich auch angesichts von Schwierigkeiten als selbstwirksam zu erleben. Diese Implikationen stehen voll mit den praktischen Implikationen aus dem sozialen Konstruktivismus in Einklang und beruhen auf den Aussagen der sozial-kognitiven Lerntheorie und Attributionstheorien. Demnach sollen Bezugspersonen modellhaft die Wichtigkeit von Lernen, Herausforderungen annehmen, Anstrengung und dem vernünftigen Einsatz von Strategien darstellen. Nur Bezugspersonen können modellhaft vorleben, dass Anstrengung nichts ist, was vermieden werden soll, sondern etwas ist, was auch Spaß machen kann, also etwas Positives ist. Nur Bezugspersonen können vorleben, dass die Suche nach Strategien, um ein Problem zu lösen, auch etwas Interessantes sein kann. Sie können an ihrem Verhalten zeigen, wie Versagen und Niederlagen immer auch Informationen darüber enthalten, warum manche der eingesetzten Strategien nichts genutzt haben. Und sie können ihre Kinder schon mit angemessenen Aufgaben betrauen, die bei den Kindern das Erleben von Unabhängigkeit (maskuliner Wert = Selbstwirksamkeit) fördert. Aber das alles erfordert die Bereitschaft, Kindern verläßliche, realistische Rückmeldung zu geben und es zu ertragen, dass Kinder sich mitunter frustriert fühlen. Dweck räumt hiermit im Sinne des sozialen Konstruktivismus den Sozialisierungsprozessen als dem wichtigsten identitätsformenden Bereich während der Kindheit *die* entscheidende Rolle zu.

Alle ihre Implikationen bettet sie jedoch in ein humanistisches Rahmenkonzept ein und hier zeigt sich, wie sich beide Menschenbilder sinnvoll ergänzen können. Die Betonung von Lernstrategien und Anstrengung bedarf einer Richtung, denn eine Überbetonung von Anstrengung als der Königsweg für alles, wäre nicht sinnvoll. Hier zieht Dweck humanistische Ziele heran: Anstrengung im Dienste von Lernen und Wachstum und nicht im Dienste der Erreichung guter Noten, Selbstwert durch die Nutzung eigener Ressourcen und nicht auf der Basis einer positiven Beurteilung durch die Bewertung von Eltern und LehrerInnen formuliert sie als den sinnvollen inhaltlichen Rahmen für die Umsetzung ihrer Implikationen. Dies entspricht den Ergebnissen von Wachstumstheoretikern: Kreative Menschen fühlen sich dann wohl, wenn sie sich angestrengt haben, etwas Neues zu verstehen, wenn sie unabhängig Dinge gemeistert haben und wenn sie ihr Wissen eingesetzt haben, um anderen zu helfen. *„Within an incremental framework, self-esteem is how you feel when you are striving wholeheartedly for worthwhile things; it's how you experience yourself when you are using your abilities to the fullest in the service of what you deeply value"*[(151)], S. 128).

Nehmen wir also Sozialen Konstruktivismus und Humanismus ernst, dann sollten wir als Personen, die auf die Sozialisationsprozesse anderer Einfluß nehmen können, bewußt und gezielt mit den emotionalen, sozialen und sachlichen Informationen umgehen, die wir Mädchen und Jungen geben. Die differenzierte Rückmeldung im Leistungsbereich stellt dabei nur ein Beispiel dar, wie Kinder sich als selbstwirksam erleben lernen (was sich dann bei psychologischen Tests möglicherweise in höheren Maskulinitätswerten niederschlägt). Ob die Empfänger unseres Feedbacks Jungen oder Mädchen sind, ist unerheblich: Unser Feedback, soll es helfen, muss realistisch und konkret sein.

10.4 SOZIOBIOLOGISCHE ANSÄTZE: GIBT ES ANTWORTEN?

Obwohl die konkrete Forschung im soziobiologischen und evolutionärpsychologischen Bereich nur auf ganz bestimmte Themen beschränkt ist, mehren sich die Ratgeber und Sachbücher, welche die in dieser Forschung festgestellten Differenzen zwischen den Geschlechtern – die wie wir gesehen haben, statistisch betrachtet zu vernachlässigen sind – betonen und daraus versuchen Richtlinien abzuleiten. Da beispielsweise Frauen nach der soziobiologischen Auffassung emotionale Treue erwarten und also romantischer veranlagt sind, geben Pease und Pease[(18)] folgenden Tip für Männer, die ihre Liebesbeziehung erhalten möchten: *„ Vergessen Sie niemals, dass eine Frau eine Romantikerin ist! Sie liebt Wein, Blumen und Schokolade. Zeigen Sie ihr, dass auch Sie an* *diese Dinge denken ... indem Sie gelegentlich darüber reden."* (S. 363). Männer werden angewiesen auf die Umgebung zu achten, ihr Nahrung anzubieten, ein Feuer anzuzünden, ihr Blumen zu schenken, mit ihr tanzen zu gehen und ihr Schokolade und Champagner zu kaufen. Frauen wird hingegen empfohlen, sich ihrem Mann direkt nackt zu präsentieren, denn das ist es, was er sofort und immerzu will.

Auch die Ratschläge für die Gestaltung des beruflichen Bereichs fallen simpel aus (S. 381): *„Wenn Sie als Frau in einer männlichen Hierarchie arbeiten, haben Sie zwei Möglichkeiten: Entweder Sie gehen, oder Sie passen Ihr Wesen dem der Männer an."*

Wenn wir also annehmen, dass unser Verhalten zu einem großen Ausmaß von biologischen Prozessen und Merkmalen wie der Zusammensetzung der Geschlechtschromosomen und -hormone geprägt ist, also davon, ob wir als Frau oder Mann geboren werden, dann werden wir die Unterschiede, die es möglicherweise tendenziell zu erkennen gibt, nicht hinterfragen, sondern sie als natürlich auffassen, als determiniert begreifen und uns dementsprechend so verhalten, und damit diese Theorie als bestätigt ansehen.

Welche Implikationen hat so ein Menschenbild für die Erziehung von Kindern? Wenn eine erwachsene Bezugsperson ein solches Menschenbild hat, dann wird sie von vorneherein einem Kind in Abhängigkeit von seinem Geschlecht unterschiedliche Präferenzen und Begabungen zuschreiben und es entsprechend fördern oder aber eine solche Förderung unterlassen. Dadurch wird sie im Sinne des sozialen Konstruktivismus im Sinne einer selbsterfüllenden Prophezeiung ihr Menschenbild bestätigen können.

Biologische und soziobiologische Ansätze bergen also die große Gefahr in sich, dass sie Unterschiede zwischen Männern und Frauen übertreiben, Gemeinsamkeiten vernachlässigen, nicht an dem Potenzial von Individuen interessiert sind, und somit zu der Schaffung und Vergrößerung von Unterschieden beitragen. Dies ist umso negativer zu bewerten, als die Ergebnisse der Untersuchungen in dieser Domäne in hohem Maße widersprüchlich, häufig nur korrelativ sind und oft nur kleine Effekte wiederspiegeln, die keinesfalls auf die Gesamtheit von Männern und Frauen zu generalisieren sind. Es lassen sich aus diesen Ansätzen keine kreativen Lösungen für die Konstruktion von sozialen Umwelten oder die Entwicklung von Persönlichkeit ableiten.

10.5 Was zeigen die Anwendungen der Menschenbilder auf die Frage „Was können wir tun?"

Die Frage nach „Wer bin ich?" führt also je nachdem, wie wir sie beantworten, zu ganz unterschiedlichen Antworten auf die Frage „Was soll ich tun?".

156

Die Frage nach Identität ist nicht trivial, denn ihre Beantwortung führt uns möglicherweise zu der falschen Antwort. Je nachdem welches Menschenbild wir einnehmen, betonen wir die Unterschiede zwischen Männern und Frauen, oder aber, wir sehen in jedem Menschen ein einzigartiges Individuum mit bestimmten Ausprägungen von dem, was in der Literatur als maskulin und feminin bezeichnet wird.

Wenn wir es ernst nehmen, dass Maskulinität nichts anderes als Selbstwirksamkeit und Kontrolle ausdrückt, dann können wir sagen, dass dies eine der Variablen ist, die zwischen Individuen differenzieren, weil es mit massiven Konsequenzen für die gesamte Lebensgestaltung und die Entwicklung der eigenen Identität verbunden ist, als wie selbstwirksam wir uns erleben. Wie in dem Kapitel Psychopathologie gezeigt wurde, ist dies eine der Variablen, die ganz entscheidend das Ausmaß unserer psychischen Gesundheit bestimmen.

Rufen wir uns nochmals die entscheidenden Dimensionen zur Beschreibung von Identität ins Gedächtnis: Permanenz/Veränderung und Einheit/Verschiedenartigkeit. Bei dem Versuch der Anwendung dieser Dimensionen auf uns nun bekannten Menschenbilder sehen wir, dass soziobiologische und biologische Ansätze zur geschlechtsspezifischen Identitätsentwicklung den Aspekt der Permanenz sehr stark betonen: Unterschiede sind gegeben und natürlich und schwanken in Abhängigkeit von dem biochemischen Gleichgewicht des Körpers. Humanismus und sozialer Konstruktivismus hingegen – so unterschiedlich sie sind – betonen den Aspekt der Veränderung. Hierbei ist jedoch der soziale Konstruktivismus und alle ihm untergeordneten Theorien weitaus radikaler, insofern die humanistische Position die wahre Identität als permanent und einheitlich auffasst.

Unsere bewußten und unbewußten Annahmen von Identität – dies sollten die vorausgegangenen Ausführungen idealerweise gezeigt haben – haben einen großen Einfluß auf die Gestaltung unserer Gesamtbiographie. Da die erste Zuschreibung, die wir an uns selbst vornehmen, die unseres eigenen Geschlechts ist (Ich bin ein Mädchen!, Ich bin ein Junge!), leiten unsere Annahmen über Frauen und Männer auch die Entwicklung unserer eigenen Identität.

Die Fragen „Wer bin ich?" und Was kann ich tun?" sind also nicht unabhängig voneinander. Wenn Sie sich für einen spezifischen Ausschnitt von Wissen über sich entscheiden (beispielsweise: Ich bin ein soziales Konstrukt und somit veränderbar, wenn auch eingebunden im Sinne des sozialen Konstruktivismus; beispielsweise: Ich bin biologisch betrachtet weiblich und deshalb bestimmten Gesetzen unterworfen, die ich nur mit großem Aufwand ein bißchen verändern könnte im Sinne biologischer und soziobiologischer Ansätze; beispielsweise: Ich bin ein einzigartiges Individuum mit einem bestimmten Potenzial, das ich entwickeln möchte im Sinne des Humanismus), dann können Sie dementsprechend logischerweise auch nur bestimmte Dinge tun. So wie ein Klient, der sich einer Psychoanalyse unterzieht, beginnt von phallischen Ob-

157

jekten zu träumen, aber ein Klient, der eine Verhaltenstherapie durchläuft, plötzlich die verstärkenden Mechanismen in seiner Umwelt zu identifizieren lernt, entdecken wir je nach Menschenbild unterschiedliche Aspekte unserer Identität. Und alle führen, wenn aus ihnen Handlungskonsequenzen abgeleitet werden, zu bestimmten Problemen.

Beschränken wir uns auf ein soziobiologisches Menschenbild, werden bei einem Mann promiskuitive sexuelle Wünsche so interpretiert, dass es völlig natürlich ist, wenn er sie auslebt, sonst ist er vielleicht auch gar kein richtiger Mann. Bei Frauen hingegen werden diese Neigungen unterdrückt, denn Frauen sind monogam. Vielleicht bin ich nicht weiblich genug, wenn ich Sex und Liebe trennen kann?, mag sich eine Frau denken, wenn sie ein soziobiologisches Weltbild internalisiert. Auf alle Fälle stehen in seinem solchen Menschenbild nicht die persönlichen Bedürfnisse eines Individuums im Vordergrund, sondern es werden wiederum bestimmte Normen etabliert, die – bewertend ausgedrückt – als reaktionär zu bezeichnen sind. Der Nachteil, sein eigenes individuelles Potenzial nicht in Betracht zu ziehen, wird gerechtfertigt durch den Vorteil klarer Richtlinien, die traditionelle Rollen widerspiegeln.

Favorisieren wir ein rein humanistisches Menschenbild, dann konzentrieren wir uns auf unser individuelles Potenzial. Es ist aber schwer, das, was wir wirklich als Individuum wollen, von dem zu trennen, was wir vielleicht fälschlicherweise denken, was wir wollen. Auch könnte das Interesse an uns selbst dazu führen, dass wir unsere soziale Umwelt vernachlässigen und ein bestimmtes Anspruchsdenken entwickeln, dass uns von der Realität entfernt. Der Vorteil der Beschäftigung mit dem individuellen Potenzial, das Geschlechtszugehörigkeit völlig unberücksichtigt läßt, wird erkauft durch den Nachteil der subjektiven Gefahr, eingebettet in einem sozialen Netz zu sein.

Auch die alleinige Favorisierung einer sozial-konstruktivistischen Position hat Vor- und Nachteile. Der Vorteil, sich angemessen in einer Gruppe bewegen zu können, die Gesetze der Kultur und Gesellschaft zu kennen und bewußt an der eigenen Lebenskonstruktion zu arbeiten steht der Gefahr gegenüber, dass man dabei möglicherweise individuelle Ziele oder ethische Aspekte aus den Augen verliert.

10.6 ZUKUNFTSPERSPEKTIVEN

Bei der Beantwortung der Frage „Was können wir tun?" macht sich die Einfachheit soziobiologisch und biologischer Perspektiven auf Identität bemerkbar. Wir können idealerweise, egal ob männlich oder weiblich, hoffen, dass wir soviele Nachkommen zeugen werden, wie es uns möglich ist. Dabei kann eine Frau darauf hoffen, dass ihr Partner ihr treu bleibt (emotional) und dass sie einen Beruf findet, in dem sie ihre weiblichen Fähigkeiten entwickeln kann,

158

die optimalerweise etwas mit anderen Menschen zu tun haben. Ein Mann kann darauf hoffen, dass seine Partnerin sich nicht von ihm trennt, wenn sie dahinter kommt, dass er seine männliche promiskuitive Natur einfach manchmal ausleben muß und dass er mit seinem Beruf möglichst viel Prestige und Geld erhält, so dass er seine promiskuitiven Neigungen leichter ausleben (weil ihm dann mehr Partnerinnen zur Verfügung stehen) und seine Nachkommen optimal versorgen kann. Alles was wir darüberhinaus erhoffen, zeigt die Wirkung nicht der Gene und unserer biologischen Disposition, sondern die Wirkung von Memen, also den kulturellen Erzeugnissen.

Humanistisch orientierte Menschen hoffen, dass sie ihre Träume und Ziele trotz aller Hindernisse erreichen können und soziale KonstruktivistInnen hoffen, dass durch die Rekonstruktion bestimmter Regeln und Normen innerhalb der primären und sekundären Sozialisation sich auch die Möglichkeiten bestimmter Gruppen und einzelner Individuen verbessern.

Je nachdem welches Menschenbild wir einnehmen, erhoffen wir uns also gänzlich andere Inhalte identitätsbildender Aspekte.

10.7 SCHLUßBEMERKUNGEN

Fassen wir alle Befunde, die hier berichtet wurden, zusammen, müssen wir zu dem Schluß gelangen, dass nicht möglich ist, zu sagen, so ist eine Person, oder so ist ein Mann oder so eine Frau. Dies ist nur dann möglich, wenn wir bestimmte Blickwinkel vernachlässigen und auf widersprüchliche Befunde nicht eingehen.

Die Frage nach Identität ist zu komplex, als dass sie einfach zu beantworten wäre. Wir können feststellen, dass unsere Annahmen über unsere Identität entscheidend zu unserem Erleben von Identität beitragen und zu bestimmten Handlungen führen. Wir können diese Annahmen auf ihre Plausibilität hin prüfen, wenn wir bereit sind, sie in Frage zu stellen und können versuchen, unvoreingenommen falsche Annahmen zu identifizieren und wahrere Annahmen über uns zu entwickeln. Aber werden es dann die wirklich wahren Annahmen sein?

Eine Antwort auf die Fragen „Woher kommen wir?", „Wer sind wir?" und „Wohin gehen wir?" kann immer nur eine vorläufige sein. Und das gilt auch für Antworten auf die Fragen: Was ist eine Frau? Und was ein Mann? Was ist ein Mensch?

LITERATUR

(1) The Encyclopedia of Philosophy (1972). In: P.Edwards (Ed.), Volume 3. New York: The Macmillan Company and The Free Press.
(2) Foucault, M. (1993). Technologien des Selbst. in L.H. Martin, H. Gutmann, & P.H. Hutton. Technologien des Selbst (24-62). Frankfurt/M.: Fischer.
(3) Ovid (1989). Metamorphosen. Zürich: Artemis & Winkler.
(4) Schwab, G. (1986). Die schönsten Sagen des Klassischen Altertums. Stuttgart: Philipp Reclam jun.
(5) Colvin, C.R. & Block, J. (1994). Do positive illusions foster mental health? An examination of the Taylor and Brown Formulation. Psychological Bulletin, 1994, 116, 3-20.
(6) Taylor, S.E., & Brown, J.D. (1988). Illusion and Well-Being: A Social Psychological Perspective on Mental health. Psychological Bulletin, 193-210.
(7) Rogers, C. R. (1959). A theory of therapy, personality, and interpersonal relationships, as developed in the client-centred framework. In S. Koch (Hr.), Psychology: A study of science (3). New York: McGraw-Hill.
(8) Maslow. A. (1954). Motivation and personality. New York: Harper·& Row.
(9) Gergen, K. (1996). Das übersättigte Selbst. Identitätsprobleme im heutigen Leben. Heidelberg: Carl-Auer.
(10) Linville, P.W. (1985). Self-complexity and affective extremity: Don't put all of your eggs in one cognitive basket. Social Cognition, 3, 94-120.
(11) Platon (2000). Symposium. Hamburg: Mainer.
(12) Strodach, G.K. (1963). The philosophy of Epicurus: letters, doctrines, and parallel passages from Lucretius. Evanstone, I..: Northwestern University Press.
(13) Greiner, U. (1995). Mein Name sei Schwerte. Die Zeit, 12.9.1995.
(14) Szczesny-Friedmann C. (1991). Die kühle Gesellschaft. München: Goldmann
(15) Konrad, J. (1947). Schicksal und Gott. Gütersloh: Bertelsmann.
(16) Aurnhammer, A. (1994). Die eins waren, eins sind oder eins sein möchten. In: H. Meeresmann & B. Sill, Androgyn. Jeder Mensch in sich ein Paar! Deutscher Studienverlag Weinheim.
(17) Gray, S. (1998). Männer sind anders. Frauen auch. Männer sind vom Mars. Frauen von der Venus. München: Goldmann.
(18) Pease, A., Pease, B. (2001). Warum Männer nicht zuhören und Frauen schlecht einparken. Ganz natürliche Erklärungen für eigentlich unerklärliche Schwächen. München: Ullstein.
(19) Schneider-Düker, M. & Kohler, A. (1988). Die Erfassung von Geschlechtsrollen – Ergebnisse zur deutschen Neukonstruktion des Bem Sex-Role-Inventory. Diagnostica, 3, 256-270.
(20) Bem, S.L. (1974). The measurement of psychological androgyny. Journal of Consulting and Clinical Psychology, 42, 155-162.
(21) Cook, E.P. (1985). Psychological androgyny. New York: Pergamon.
(22) Alfermann, D. (1994). Geschlechterrollen und geschlechtstypisches Verhalten. Stuttgart: Kohlhammer.
(23) Rosenkrantz, P., Vogel, S., Bee, H., Broverman, D.M. (1968). Sex-role stereotypes and self-concepts in college students. Journal of Consulting and Clinical Psychology, 32, 287-295.

(24) Rustemeyer, R. (1988). Geschlechtsstereotype und ihre Auswirkungen auf das Sozial- und Leistungsverhalten. Zeitschrift für Sozialisationsforschung und Erziehungssoziologie, 8, 115-129.

(25) Boring, E.G. (1930). A new ambiguous figure. American Journal of Psychology, 42, 444-445.

(26) Herkner, W. (1991). Sozialpsychologie. Bern: Huber.

(27) Cronbach, L.J. (1955). Processes affecting scores on „understanding of others" and „assumed similarity". Psychological Bulletin, 52, 177-193.

(28) Asch, S. (1946). Forming impresssions of personality. Journal of Abnormal Social Psychology, 41, 258-290.

(29) Rosenberg, S., Nelson, C., & Vivekananthan, P.S. (1968). A multidimensional approach to the structure of personality impressions. Journal of Personality and Social Psychology, 9, 238-294.

(30) Thorndike, E.L. (1920). A constant error in psychological rating. Journal of Applied Psychology, 4, 25-29.

(31) Pheterson G.B., Kiesler S.B., Goldberg P.A. (1971).Evaluation of the performance of woman as a function of their sex, achievement, and personal history. Journal of Personality and Social Psychology, 19, 114-118.

(32) Greenglas, E.R.C. (1986). Geschlechterrolle als Schicksal. Stuttgart: Klett-Cotta.

(33) Klingenspor, B. (1986). Bulimarexie – Korrelierte Persönlichkeitsmerkmale. Unveröffentlichte Diplomarbeit, Psychologie, Heidelberg.

(34) Bem, S. L. (1974). The measurement of psychological androgyny. Journal of Consulting and Clinical Psychology, 42, 155-162.

(35) Pedhazur, E.L., & Tetenbaum, T.J. (1979). Bem Sex Role Inventory: A theoretical and methodological critique. Journal of Personality and Social Psychology, 37, 996-1016.

(36) Gaylin, W. (1993). Die Helden sind müde – das männliche Ich. Düsseldorf: Econ.

(37) McCrone, J. (1993). The myth of irrationality. The Science of the Mind from Plato to Star Trek. New York: Carrol & Graf.

(38) Condon, W.S. (1982). Cultural microrhytms. In M.Davis (Hr.), Interaction rhythms: Periodicity in communicative behavior (53-76). New York: Human Sciences Press.

(39) Bischof-Köhler, D. (1989). Spiegelbild und Empathie. Die Anfänge der sozialen Kognition. Bern: Huber.

(40) Steins, G. (1998). Diagnostik von Empathie und Perspektivenübernahme: Eine Überprüfung des Zusammenhangs beider Konstrukte und Implikationen für die Messung. Diagnostica, 3, 117-129.

(41) Hatfield, E., Cacioppo, J.T., & Rapson, R.L. (1994). Emotional Contagion. New York: Cambridge University Press.

(42) Cole, M., & Cole, S.C. (1979). The Making of the Mind: A Personal Account of Soviet Psychology, Alexander Romanovich Luria (1902-1977). Cambridge, Mass.: Harvard University Press.

(43) Whorf, B.L. (1956). Sprache, Denken, Wirklichkeit. Beiträge zur Metalinguistik und Sprachphilosophie. Reinbek/Hamburg: Rowohlt.

(44) Rosch, E. (1975). Cognitive representations of semantic categories. Journal of Experimental Psychology: General, 104, 192-223.

(45) Owusu, H. (2000). Symbole der Inka, Maya und Azteken. Darmstadt: Schirner.

(46) Wassermann, J. (1908). Caspar Hauser oder Trägheit des Herzens. München: Langen Müller, 1984.

(47) Duval, S. & Wicklund, R.A. (1972). A theory of objective self-awareness. New York: Academic Press.

(48) Diener, E. (1980). Deindividuation: The absence of self-awareness and self-regulation in group members. In P. Paulus (Hr.), The psychology of group influence (209-242). Hillsdale, NJ: Erlbaum.

(49) Maccoby, E.E., & Jacklin, C.N. (1987). Gender segregation in childhood. In: H.Reese (Hg.), Advances in Child Behavior and development. New York: Academic Press.

(50) Maccoby, E.E. (2000). Psychologie der Geschlechter. Sexuelle Identität in den verschiedenen Lebensphasen. Stuttgart: Klett-Cotta.

(51) Miller, C.L. (1983). Developmental changes in male/female voice classification by infants. Infant Behavior and Development, 6, 313-330.

(52) Leinbach, M.D., & Fagot, B.I. (1986). Acquisition of gender labels: a test for toddlers. Sex Roles, 15, 655-666.

(53) Permien, H., & Frank, K. (1995). Schöne Mädchen – Starke Jungen? Gleichberechtigung: (K)ein Thema in Tageseinsrichtungen für Schulkinder. Freiburg i. Breisgau: Lambertus.

(54) Carli, L.L. (1990). Gender, language, and influence. Journal of Personality and Social Psychology, 59, 941-951.

(55) Larson, R., & Richards, M.H. (1991). Daily companionship in late childhood and early adolescence: Changing developmental contexts. Child Development, 62, 284-300.

(56) Dowell, K.A., LoPresto, C.T., & Sherman, M.F. (1991). When are AIDS patients to blame for their disease? Effects of patient's sexual orientation and mode of transmission. Psychological Reports, 69, 211-219.

(57) Koss, M.P., Gidycz, C.A., & Wisniewski, N. (1987). The scope of rape: Incidence and prevalence of sexual aggression and victimization in a national sample of higher education students. Journal of Consulting and Clinical Psychology, 55, 162-170.

(58) Roscoe, B., M.S. Diana, Brooks, R.H. (1987). Early, middle, and late adolescents' views on dating and factors influencing partner selection. Adolescence, 3, 59-68.

(59) Baumeister, R.F., & Tice, D. (1986). How adolescence became the struggle for self: A historical transformation of psychological development. In J. Suls & A. Greenwald (Hrsg.), Psychological Perspectives on the Self (3, 183-202). Hillsdale: Lawrence Erlbaum.

(60) Garner, D.M., Garfinkel, P.E., Schwartz, D., & Thompson, M. (1980). Cultural expectations of thinness in women, Psychiatric Reports, 47, 483-491.

(61) Moses, N., Banilivy, M., & Lifshitz, F. (1989). Fear of obesity among adolescent girls, Journal of Paediatrics, 83, 393-398.

(62) DeJong, W. (1980). The stigma of obesity: The consequences of naive assumptions concerning the causes of physical deviance. Journal of Health and Social Behavior, 21, 75-87.

(63) Bundesministerium für Familie, Senioren, Frauen und Jugend (1997). Gleichberechtigung von Frauen und Männern - Wirklichkeit und Einstellungen in der Bevölkerung 1994. Berlin: Kohlhammer.

(64) Strober, M.H., & Catanzarite, L.M. (1994). The relative attractiveness theory of occupational segregation by gender. In: Beckmann, P.& Engelbrech, G. (hg), Arbeitsmarkt für Frauen 2000: Ein Schritt vor oder ein Schritt zurück? Nürnberg (Institut für Arbeitsmarkt- und Berufsforschung der Bundesanstalt für Arbeit).

(65) Steins, G. Spreche, B. (2003). Maskulin oder schön, Man oder Frau? Maskulin schön! Auswirkungen von Attraktivität und Geschlechtspezifität auf die zugeschriebene berufliche Qualifikation. IFF Info, 20,7-15.

(66) Sherif, M. (1936). The psychology of social norms. New York: Harper.

(67) Festinger, L. (1957). A theory of cognitive dissonance. Stanford: Stanford University Press.

162

(68) Gergen, K.G. (1985). The social constructionist movement in modern psychology. American Psychologist, 40, 266-275.

(69) Heider, F. (1958). The psychology of interpersonal relations. New York: Wiley.

(70) Moscovichi, S. (1979). Social influence and social change. London:Academic Press.

(71) Nemeth, C., Swedlund, M., & Kanki, B. (1974). Patterning of the minority's responses and their influence on the majority. European Journal of Social Psychology, 4, 53-64.

(72) Moscovichi, S. (1980). Toward a theory of conversion behaviour. In L. Berkowitz (Hr.), Advances in experimental social psychology (13, 208-239). New York: Academic Press.

(73) Amabile, T.M. (1983). Brilliant but cruel: perceptions of negative evaluators. Journal of Experimental Social Psychology, 19, 146-156.

(74) Forsyth, D.R. (1999). Group Dynamics. Bonn: Brooks/Cole, Wadsworth.

(75) Berger, L.B., & Luckmann, T. (1998). Die gesellschaftliche Konstruktion der Wirklichkeit. Frankfurt am Main: Fischer Verlag.

(76) Baumeister (1987). How the self became a problem: A psychological review of historical research. Journal of Personality and Social Psychology, 52, 163-176.

(77) Sennett, R. (1998). Der flexible Mensch. Die Kultur des neuen Kapitalismus. Berlin: Berlin Verlag.

(78) Rüthlein, M.G. (2000). Der Geburtenrückgang in der Bundesrepublik. Deutschland zwischen 1969 und 1996 im Blickpunkt der Öffentlichkeit. Die Deutsche Bibliothek.

(79) Augustinus (1986). Selbstgespräche: Von der Unsterblichkeit der Seele. München: Artemis.

(80) Flade, A. (1987). Wohnen psychologisch betrachtet. Bern: Huber.

(81) Hatfield, R., & Rapson, R.L. (1996). Love & Sex. Cross-Cultural Perspectives. Needham Heights, Mass.: Allyn & Bacon.

(82) Tannahill, R. (1980). Sex in history. New York: Stein & Day.

(83) Behringer, W. (2000). Hexen: Glaube, Verfolgung, Vermarktung. München: Beck.

(84) Goethe, J.W. (1774, 1948). Die Leiden des jungen Werthers. Stuttgart: Reclam.

(85) Sternberg, R.J. (1988). Triangulating love. In R.J. Sternberg & M-L- Barnes (Hrsg.), The psychology of love (119-138). New Haven, CT: Yale University Press.

(86) Badinter, E. (1981). Die Mutterliebe. München: Piper.

(87) Beck-Gernsheim, E. (1989). Mutterwerden – der Sprung in ein anderes Leben. Frankfurt/M. Fischer.

(88) Bowlby, J. (1969). Attachment and loss, Vol I. Attachment. New York: Basic Books.

(89) Bowlby, J. (1979). The making and breaking of affectional bonds. London: Tavistock Publications.

(90) Ainsworth, M.D.S., Blehar, M.C., Waters, E. & Wall, S.C. (1978). Patterns of attachment. A psychological study of the Strange Situation. Hillsdale, NJ: Erlbaum.

(91) Main, M., Kaplan, K. & Cassidy, J. (1985). Security in infancy, childhood and adulthood: A move to the level representation. In I. Bertherton & E. Waters (Hrsg.), Growing points of attachment theory and research (66-104). Monographs of the Society for Research in Child Development, 50, (1-2, Serial No. 209).

(92) Fremmer-Bombik, E. (1995). Innere Arbeitsmodelle von Bindung. In: G. Spangler & P. Zimmermann (Hrsg.), Die Bindungstheorie: Grundlagen, Forschung und Anwendung (109-119). Stuttgart: Klett-Cotta.

(93) Bowlby, J. (1988). A secure base. Clinical applications of attachment theory. London: Routledge.

(94) Suess, G., Grossmann, K.E. & Sroufe, L.A. (1992). Effects of infant attachment to mother and father on quality of adaptation in preschool: from dyadic to individual organization of self. International Journal of Behavioral Development, 15, 43-65.

(95) Zimmermann, P. (1997). Bindungsentwicklung von der frühen Kindheit bis zum Jugendalter und ihre Bedeutung für den Umgang mit Freundschaftsbeziehungen. In: G.

163

Spangler & P. Zimmermann (Eds.). Die Bindungstheorie: Grundlagen, Forschung und Anwendung (311-332).

(96) Steins, G. (1994). Mutterwerden. Die Reaktionen der anderen. Weinheim: Quadriga; Düsseldorf: Econ.

(97) Markus, H.R., & Kitayama, S. (1991). Culture and the self: Implications for cognition, emotion, and motivation. Psychological Review, 98, 224-253.

(98) Hofstede, G. (1983). National culture revisited. Behavior Science Research, 18, 285-305.

(99) Fischer, K.W., Shaver, P.R., & Carnochan, P. (1990). How emotions develop and how they organize development. Cognition and Emotion, 4, 81-127.

(100) Ellis. A. (1994). Reason and Emotion in Psychotherapy. New York: Birch Lane.

(101) Georges, E. (1995). A cultural and historical perspective in confession. In: J.W. Pennebaker (Hg), Emotion, disclosure & health (11-24). Washington, D.C.: American Psychological Association.

(102) Sontag. S. (1978). Krankheit als Metapher. München: Carl Hanser.

(103) Kleinmann, A. (1986). Social origins of distress and disease: depression, neuroastenia and pain in modern china. New Haven: Yale University Press.

(104) Petrie, K.J., Booth, R.J., & Davison, K.P. (1995). Repression, Disclosure and Imune Function:Recent Findings and Methodological Issues. In: J.W. Pennebaker (Hg), Emotion, disclosure & health (223-240). Washington, D.C.: American Psychological Association.

(105) VanderVoort, D.J., & Ragland, D.R. (1996). Expressed and suppressed anger and health problems among transit workers. Current Psychology, 15, 179-194.

(106) Shweder, R.A., & Bourne, E.J. (1984). Does the concept of the person vary cross-culturally? In R.A. Shweder & R.A. LeVine (Hrsg.), Culture theory: Essays on mind, self, and emotion (158-199). Cambridge, England: Cambridge University Press.

(107) Buss, D.M. (1989). Sex differences in human mate preferences: Evolutionary hypotheses tested in 37 cultures. Behvaioral and Brain Sciences, 12, 1-49.

(108) Abelson, R.A. (1976). A script theory of understanding, attitude, and behavior. In J. Carroll & T. Payne (Hrsg.), Cognition and social behavior. Hillsdale, N.J.: Erlbaum Press.

(109) Langer, E.J. (1978). Rethinking the role of thought in social interaction. In J.H. Harvey, W.J. Ickes & R.F. Kidd (Hrsg.), New directions in attribution research (2). Hillsdale, N.J.: Erlbaum Press.

(110) Cowan, P.A., & Walters, R.H. (1963). Studies of reinforcement of aggression. I. Effects of scheduling. Child Development, 34, 543-552.

(111) Walters, R.H., & Brown, M. (1963). Studies of reinforcement of aggression: III. Transfer to responses to an interpersonal situation. Child Development, 34, 536-571.

(112) Geen, R.G., & Stonner, D. (1971). Effects of aggressiveness habit strength on behavior in the presence of aggression-related stimuli. Journal of Personality and Social Psychology, 17, 149-153.

(113) Bandura, A. (1986) Social foundations of thought and action: aocial cognitive theory. Englewood Cliffs, V. J.: Prentice Hall.

(114) Stainton Rogers, W. & Stainton Rogers, R. (2001). The psychology of gender and sexuality. Philadelphia: Open University Press Buckingham.

(115) Steins, G., & Wickenheiser, R. (1995). Konzepte von „Frau", „Selbst" und „Führung": Ein Vergleich zwischen Managerinnen und Betriebswirtschaftsstudentinnen. Zeitschrift für Arbeits- und Organisationspsychologie, 39, 78-80.

(116) Perry, D.G., & Bussy, K. (1979). The social learning theory of sex differences: Imitation is alive and well. Journal of Personality and Social Psychology, 37, 1699-1712.

(117) Weiner, B. (1986). An attributional theory of motivation and emotion. New York: Springer.

164

(118) Maslow, A.H. (1971). The farther reaches of human nature. New York: Viking Press.
(119) Rogers. C.R. (1959). Significant learning: In therapy and education. Educational leadership, 16, 232-242.
(120) Keller, F.S. (1968). Good-bye teacher! Journal of Applied Behavioral Analysis, 1, 79-84.
(121) Orwell, G. (1976). 1984. Frankfurt/M.: Ullstein.
(122) Gross, A., & Steins, G. (1998). Geschlechtsspezifische Auswirkungen von empathischem vs. kritischem Kommunikationsstil auf die Befindlichkeit in einem therapeutischen Erstgespräch. Zeitschrift für Klinische Psychologie, 27, 262-270.
(123) Bruch, H. (1982). Der goldene Käfig. Das Rätsel der Magersucht. Frankfurt: Fischer.
(124) Dawkins, R. (1989). The selfish gene. Oxford University Press.
(125) Buss, D.M., Larsen, R.J., Westen, D., & Semmelroth, J. (1992). Sex differences in jealousy: Evolution, physiology, and psychology. Psychological Science, 3, 251-255.
(126) Ott, K. (2002). Geschlechtsspezifische Unterschiede bei der Bewertung von Untreue in einem faktoriellen Design. Unveröffentlichte Diplomarbeit. Universitätsbibliothek Bielefeld.
(127) Clark, R.D. III & Hatfield, E. (1989: Gender differences in reciptivity to sexual offers. Journal of Psychology and Human Sexuality, 2, 39-55.
(128) Kovach, B.E. (1990). Sex Roles and Personal Awareness. London: University Press of America.
(129) Levine, R. (2001). Eine Landkarte der Zeit: wie Kulturen mit Zeit umgehen. München: Piper.
(130) Cunningham, M.R. (1986). Measuring the physical in physical attractiveness: Quasi experiments on the sociobiology of femal facial beauty. Journal of Personality and Social Psychology, 50, 925-935.
(131) American Psychiatric Association (1994): Diagnostic and Statistical Manual of Mental Disorders. 4. Auflage. Washington, DC, American Psychiatric Association.
(132) Rosenzweig, M. R., Leiman, A. L. & Breedlove, S. M. (1999). Biological Psychology. An Introduction to Behavioral, Cognitive, and Clinical Neuroscience, Kapitel 16. Sinauer Associates, Inc.: Sunderland Massachusetts.
(133) Michel Foucault (1973). Wahnsinn und Gesellschaft. Frankfurt am Main: Suhrkamp.
(134) Rosenhan, D.L. (1973). On being sane in insane paces. Science, 179, 250-258.
(135) Faludi, S. (1993). Die Männer schalgen zurück: wie die Siege des Feminismus sich in Niederlagen verwandeln und was Frauen dagegen tun können. Hamburg/Reinbek: Rowohlt.
(136) Eme, R.F. (1984). Sex-role stereotypes and the epidemiology of Child Psychopathology. In Cathy Spatz Widom (Hr.), Sex Roles and Psychopathology. London: Plenum Press.
(137) Wolff, G. (1999). Die Aufmerksamkeits-Defizit-Hyperaktivitäts-Störung (ADHS) bei Erwachsenen. Unveröffentlichtes Manuskript. Universität Frankfurt.
(138) Margraf, J. & Poldrack, A. (2000). Angstsyndrome in Ost- und Westdeutschland. Eine repräsentative Bevölkerungserhebung, Zeitschrift f. Klinische Psychologie 29, 157-169.
(139) Egeland, J.A., & Hostetter, A.M. (1983). Amish study, 1: Affective disorders among the Amish, 1976-1980. American Journal of Psychiatry, 140, 56-71.
(140) Fodor, I.G. (1974). The phobic syndrome in women. In V. Franks and V. Burtle (Hrsg.), Women in therapy (132-168). New York: Brunner/Mazel.
(141) Wolfe, B.E. (1984). Gender Ideology and Phobias in Women. In Cathy Spatz Widom (hr.), Sex Roles and Psychopathology. London: Plenum Press.
(142) Cox, S. & Radloff Sawyer, L. (1984). Depression in Relation to Sex Roles. Differences in Learned Suspectibility and Precipitating Factors. In Cathy Spatz Widom (Hr.), Sex Roles and Psychopathology. London: Plenum Press.
(143) Beck, A.T. (1976). Cognitive therapy and the emotional disorders. New York: International University Press.

165

(144) Buddeberg-Fischer, B. (2000). Früherkennung und Prävention von Essstörungen: Essverhalten und Körpererleben bei Jungendlichen. Stuttgart: Schattauer.

(145) Gordon, R. A. (1990). Anorexia and bulimia. Oxford: Basil Blackwell.

(146) Nasser, M. (1997). Culture and weight consciousness. London: Routledge.

(147) Duker, M. & Slade, R. (1988). Anorexia nervosa and bulimia: How to help. Milton Keynes, Philadelphia: Open University Press.

(148) Devereux, G. (1978). Ethnopsychoanalyse: die komplementaristische Methode in den Wissenschaften vom Menschen. Frankfurt/M.: Suhrkamp.

(149) Münstermann, S. & Steins, G. (2002). Stigmatisierung essgestörter Frauen in Abhängigkeit vom Diagnosematerial und der Form der Essstörung. In: Zeitschrift für Klinische Psychologie und Psychotherapie 31 (4).

(150) Betz N. E., & Fitzgerald L. F. (1987) The Career Psychology of Woman New York: Academic Press.

(151) Dweck C.S., (1999). Self-Theories: Their Role in Motivation, Personality and Development. Philadelphia: Psychology Press

(152) Meyer, W.-U. (2000). Gelernte Hilflosigkeit. Bern: Huber.

(153) Nieva, V.F., & Gutek, B.A. (1981). Women and work: A psychological perspective. New York: Praeger.

(154) Wallach, M.A., & Wallach, L. (1983). Psychology's sanction for selfishness. San Francisco: W.H. Freeman.

(155) Wicklund, R.A., & Eckert, M. (1992). The self-knower. A hero under control. New York: Plenum Press.

(156) Bandura, A. (1998). Self-efficacy: the exercise of control. New York: Forman.

(157) Steins, G. (2007). Sozialpsychologie des Körpers. Wie wir unseren Körper konstruieren. Stuttgart: Kohlhammer.

(158) Steins, G. (2005). Sozialpsychologie des Schulalltags. Stuttgart: Kohlhammer.

(159) Fiedler, P. (2001). Persönlichkeitsstörungen. 5. Auflage. Weinheim: BeltzPVU.

(160) Markus, H.R., & Kitayama, S. (1994). A collective fear fort he collective: Implications for selves and theories of selves. Personality and Social Psychology Bulletin, 20, 568-579.

(161) Markus, H.R., & Kitayama, S. (1998). The cultural psychology of personality. Journal of Cross-Cultural Psychology, 29, 63-87.

(162) Güntürkün, O., Hausmann, M., & Tegenthoff, M. (2003). „Der kleine Unterschied" im menschlichen Gehirn. Neurorubin, 5-8.

(163) Hyde, J.S. (2007). Half the human experience: That of women. 6th. Edition. Boston: Mifflin.

(164) Hurrelmann, K., & Kolip, P. (2002). Geschlecht, Gesundheit und Krankheit. Männer und Frauen im Vergleich. Bern: Huber.

(165) Hatfield, E., & Rapson, R.L. (1996). Love & Sex. Cross-cultural perspectives. London: Allyn and Bacon.

(166) Krebs, R. K., & Davies, N.B. (1996). Einführung in die Verhaltensökologie. Berlin: Blackwell.

166

ÜBUNGEN

Hier sind zu jedem Kapitel einige Übungen zusammengestellt, die der Anregung zur Reflexion dienen sollen.

Zu 1 und 2

Was ist Ihrer Meinung nach geschlechtsspezifische Identität? Wie entsteht sie?

Zu 3

Beobachten Sie das Verhalten von Kindern auf einem Spielplatz oder einem Schulhof. Notieren Sie Ihre Beobachtungen und diskutieren Sie dies in Hinblick auf die aufgeführten Befunde.

Zu 4

Stellen Sie einem Gesprächspartner/in Ihrer Wahl dieses Menschenbild vor und fassen Sie die Diskussion, die sich daraus ergibt, zusammen.

Reflektieren Sie Ihre Position zu der historischen Verankerung von Gefühlen und versuchen Sie diese zu formulieren.

Welcher Kultur würden Sie lieber angehören? Bitte begründen Sie Ihre Position.

Diskutieren Sie den sozialen Konstruktivisus kritisch. Was finden Sie warum plausibel, was unplausibel?

Zu 5

Diskutieren Sie im Bekanntenkreis die humanistischen Grundannahmen und fassen Sie diese Diskussion zusammen.

Zu 6

Diskutieren Sie im Bekanntenkreis die soziobiologischen Grundannahmen und fassen Sie diese Diskussion zusammen.

Zu 7

Was ist Ihr Menschenbild und was bedeutet dies in Hinblick auf Ihren (zukünftigen) Beruf?

Zu 8

Für (zukünftige) Lehrer/innen:
Versetzen Sie sich in die Perspektive Ihrer zukünftigen Schüler/innen: Wie kann das Thema Essstörungen in den Unterricht eingebracht werden?

Allgemein:
Kennen Sie „psychiatrisch diagnostizierte" Menschen? Wie verhalten Sie sich diesen gegenüber? Was denken Sie über diese?

Zu 9

Für (zukünftige) Lehrer/innen:
Wie könnten die hier vorgestellten Erkenntnisse auf die Unterrichtsgestaltung übertragen werden?

Allgemein:
Nach welchen Kriterien gestalten Sie Ihre persönliche Feedbackkultur?